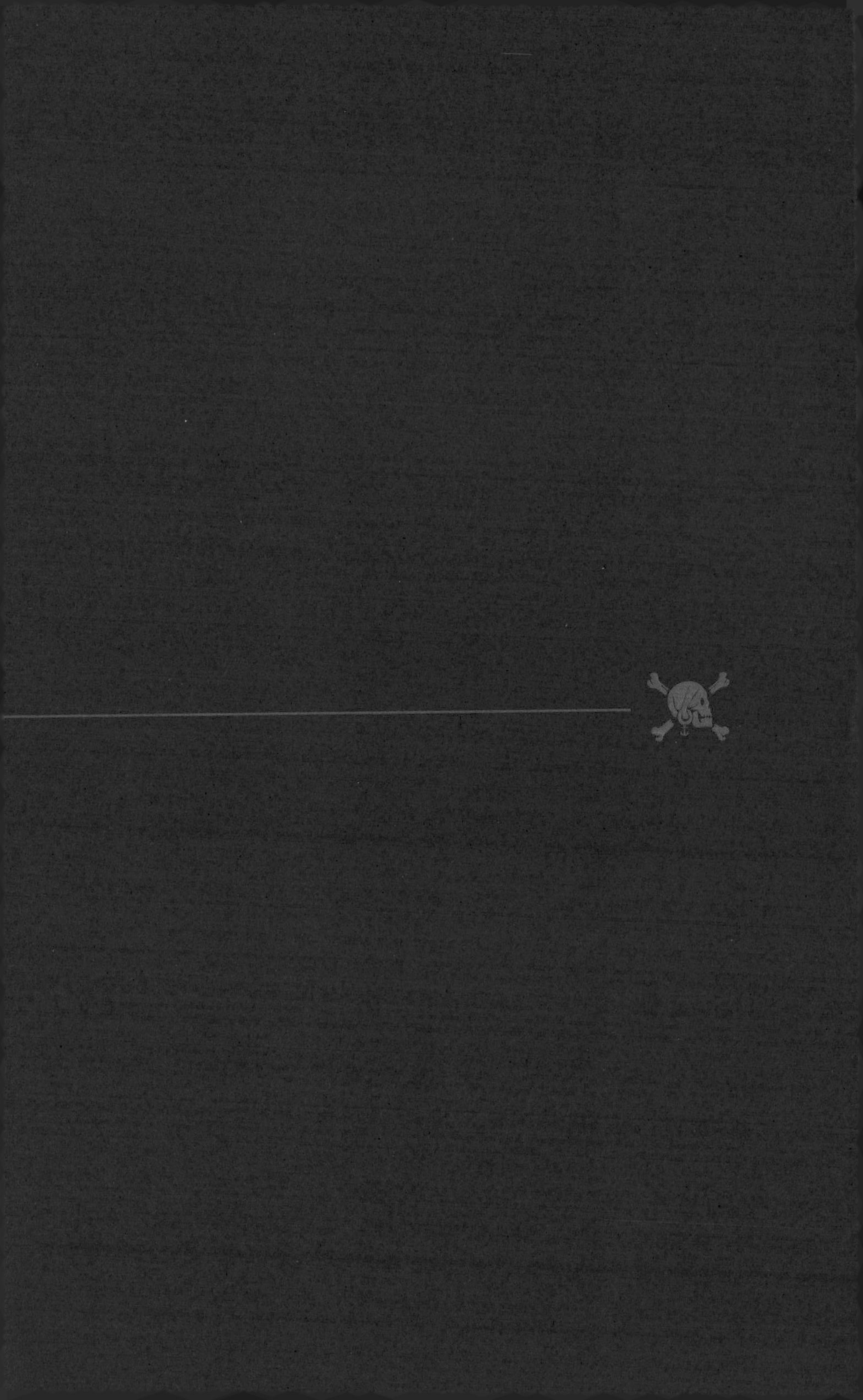

인류 모두의 적

인류 모두의 적

해적 한 명이 바꿔놓은 세계사의 결정적 장면

스티븐 존슨 지음
강주헌 옮김

Enemy of All Mankind

한국경제신문

마케도니아의 알렉산더 대왕(Alexandros the Great)이 해적을 생포한 후에, 바다에서 그처럼 남들을 약탈하고 괴롭히는 이유가 무엇이냐고 해적에게 물었을 때 그들의 대답은 실로 명쾌하고 뛰어났다. 해적은 대왕 앞에서 주눅 들지 않고 이렇게 대답했다.

"당신은 왜 온 세상을 괴롭히십니까? 저는 작은 배로 그런 짓을 하기 때문에 도적이라 불리고, 당신은 큰 함대를 이끌고 그런 짓을 하기 때문에 황제라고 불리는 겁니다."

성 아우구스티누스(Aurelius Augustinus), 《하나님의 도성(*The City of God*)》

"해적을 묵인하면 세상의 상거래가 중단될 것입니다."

헨리 뉴턴(Henry Newton)

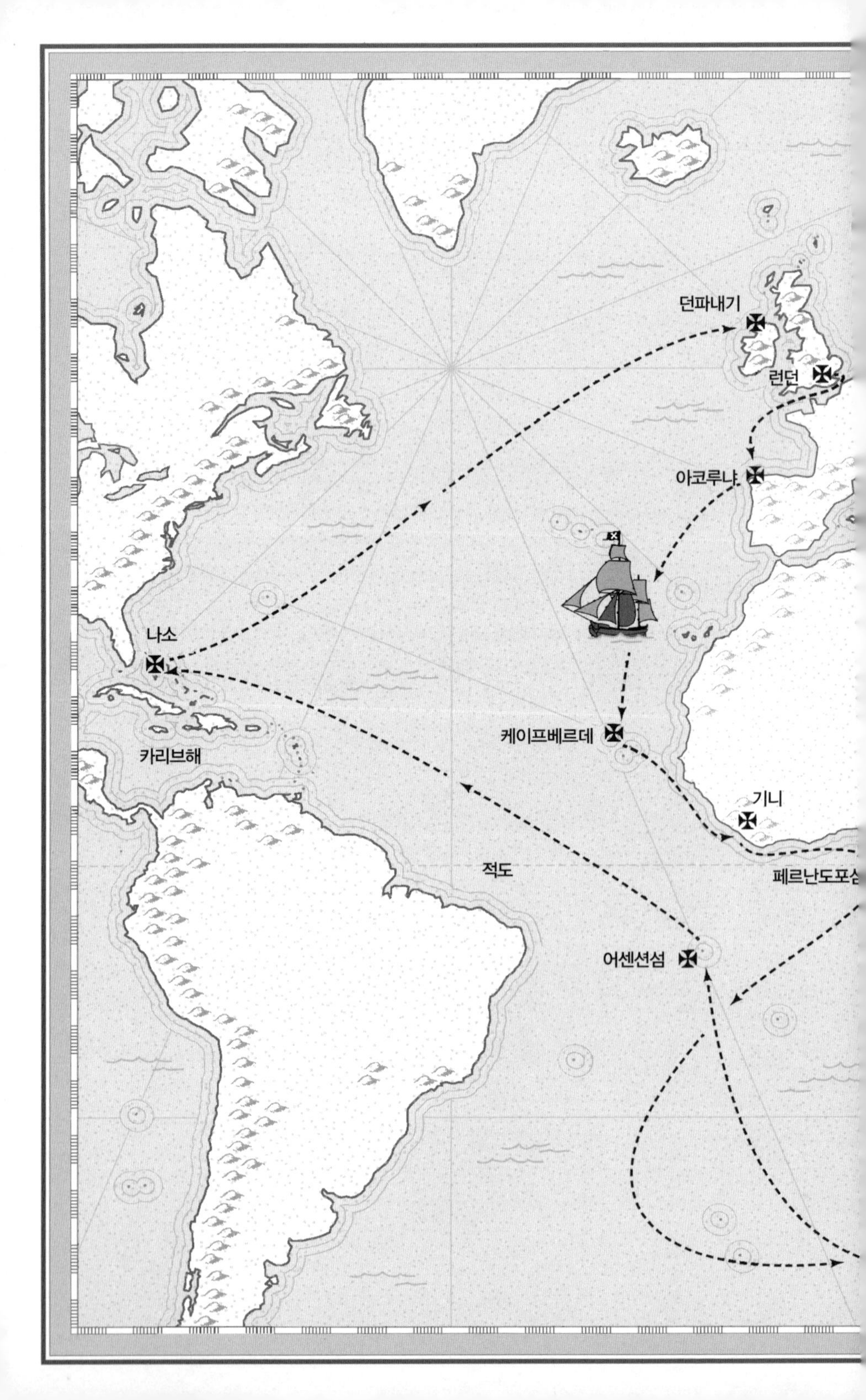
던파내기
런던
아코루냐
나소
케이프베르데
카리브해
기니
적도
페르난도포
어센션섬

에브리
선장과
팬시호의
항로
(1693~1696)
건스웨이호를 공격
수라트
봄베이
페림섬
마이드섬
아라비아해
적도
인도양
코모로제도
마다가스카르
생오귀스탱만
레위니옹섬
© 2020 Jeffrey L. Ward

Enemy of All Mankind

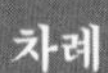

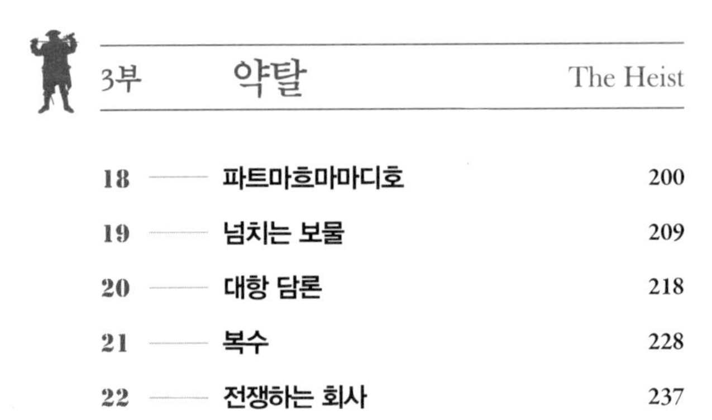

3부 약탈 The Heist

4부 추적 The Chase

5부 재판 The Trial

프롤로그

○

결정적 장면

수라트 서쪽 인도양
1695년 9월 11일

날씨는 화창했다. 무굴제국 보물선에 있는 12미터 높이의 주 돛대 위에 걸터앉은 망꾼에게도 시야의 한계인 수평선 바로 앞, 거의 16킬로미터 밖까지 보였다. 그러나 때는 늦여름이었고, 그곳은 인도양의 열대 바다였다. 습한 공기 때문에 작은 망원경의 렌즈에 낀 흐릿한 김이 시야를 방해했다. 따라서 영국 선박이 시야에 들어왔을 때에는 보물선과 이미 8킬로미터밖에 떨어지지 않은 거리에 있었다.

해적왕, 무굴제국의 보물선을 습격하다

인도양에서 영국 선박의 존재는 그다지 특별할 것이 없었다. 인도양은 수라트에서 며칠만 항해하면 닿는 곳이었고, 수라트는 당시 인도에서 가장 번창하는 도시 중 하나인 데다 동인도회사의 본부가 처음 세워진 곳이었다. 그래서 처음에 망꾼은 경종을 울려야 한다고 생각하지 않았다. 하지만 몇 초가 흐른 뒤, 흐릿한 형체의 선박이 망원경에 나타났을 때 망꾼은 그 배가 의심스럽다는 생각이 들었다. 깃발을 내걸지도 않은 채 빠른 속도로 접근하고 있었기 때문이다. 돛을 활짝 펴고 바람을 받아 전속력으로 다가오는 게 분명히 보였다. 그 배는 적어도 10노트(knot), 어쩌면 그 이상의 속도로 움직이고 있었다. 그 정도면 보물선의 최고 속도보다 두 배나 빨랐다. 망꾼은 망망대해에서 범선이 그처럼 빠른 속도로 항해하는 걸 본 적이 없었다.

망꾼이 갑판 위의 선원들에게 경종을 쳐 알렸을 때, 그 영국 선박은 어느새 육안으로도 보이는 곳까지 다가와 있었다.

보물선 선장은 선미 갑판에서 영국 선박과 주변 정황을 살펴본 후, 그 배가 엄청난 속도로 다가오고 있지만 그 배를 두려워할 이유는 없다고 판단했다. 보물선의 포열 갑판에는 80문의 대포가 있었고, 그 외에도 400정의 머스킷총과 거의 1,000명에 가까운 승조원이 있었다. 그의 짐작에, 영국 선박의 대포는 많아야 50문을 넘지 않고, 선원 수도 보물선과 비교가 되지 않을 것 같았다. 영국 배에 공격적인 해적들이 타고 있더라도 보물선의 선장은 크게 걱정할 이유가 없었다. 항해를 시작한 지 여러 달이 흘렀지만 아무런 사고가 없었고, 악명 높은 해적의 소굴인 홍해 입구에서도 어떤 도전도 받지 않은 터였다. 더구나 모항인 수라트를 눈앞에 두고 있었다. 그런데 감히 어떤 해적이 별다른 화력도 지니지 않은 채 이 바다에서 그에게 도전하려 하겠는가?

그러나 보물선 선장은 두 배가 그렇게 만나기 오래전부터 어떤 흉계가 있었는지 전혀 몰랐다. 정확히 말하면, 영국 배가 엄청난 재물을 싣고 모항으로 귀환하는 무굴제국의 배에 가까이 접근할 기회를 얻으려고 수천 킬로미터를 뒤쫓아 항해했고, 그 소중한 기회를 1년 이상 기다렸다는 것을 몰랐다. 물론 영국 배의 선원들이 어떤 능력을 지녔고, 과거에 어떤 범죄를 저질렀는지도 몰랐다.

또한 보물선 선장은 조만간 닥칠 사건, 즉 잠시 후에 보물선의 이점을 완전히 무력화해버린 두 사건, 도무지 있을 법하지 않은 두 사건이 동시에 일어날 거라고는 꿈에도 생각하지 못했다.

파국적 결과는 지극히 사소한 실수로부터 시작되는 법이다. 예컨대 경험이 부족한 포수(砲手)가 대포 약실에 1~2온스의 화약을 더 채웠을 수 있고, 며칠 전에 포수들이 대포를 깨끗이 청소하지 않아 약실에 화약 찌꺼기가 남았을 수도 있다. 어쩌면 실수의 고리가 먼 옛날까지 거슬러 올라가, 인도 어딘가에 있던 용광로에서 시작되었을 수도 있다. 예컨대 점화실을 감싼 주철 보강재에 미세한 결함이 있었지만 오랫동안 전혀 감지되지 않았고, 대포를 발사할 때마다 점화실이 조금씩 약화되어 결국에는 고철 덩어리로 변했을 수도 있다.

대포는 기술적으로 단순한 무기다. 대포는 사방으로 터져나가는 폭발 에너지를 한 방향으로 집중시키는 장치다. 그 방향을 결정하는 포열은 포탄이 겨냥한 표적을 향해 날아가도록 유도하는 긴 원통이다. 대포의 물리학을 이해하는 건 그다지 어렵지 않다. 인간이 약 1,000년 전 유황과 숯과 질산칼륨을 섞어 화학적 혼합물, 즉 지금 화약이라 일컫는 것의 제조 방법을 처음 생각해낸 거의 직후에 대포가 발명되었다. 대포의 발명은 화약의 추진력을 발견한 데 따른 당연한 수순이었던 듯하다. 인간은 폭발을 일으키는 방법을 생각해낸 후, 곧 그 폭발 에너지를 이용해 무거운 발사제를 빠른 속도로 대기를 가로질러 날려보내는 방법까지 생각해냈다.[1] 그 이후로 폭발을 이용한 그 밖의 발명품, 예컨대 내연기관, 수류탄, 수소폭탄이 탄생하는 데는 수 세기가 걸렸지만 말이다.

대포는 단순하면서도 효과적이어서 기본적인 설계와 운영 방식이 수백 년 동안 변하지 않았다. 화약이 이른바 '전장(muzzle-loading)'이라는 과정을 통해 포열의 앞쪽에서 점화실로 흘러 들어가면, 일반적으로 종이로 만들어진 충전재를 채운다. 그 후에 포탄을 넣고, 충전재와 맞닿도록 꽉 누른다. 점화실 위의 작은 관은 대포의 위쪽으로, '점화구(touch hole)'라 일컬어지는 작은 구멍까지 이어진다. 심지는 점화구에서부터 점화실까지 연결되어 있었다. 정상적인 경우에는, 포수가 심지에 불을 붙이면 잠시 후에 화약이 점화되면서, 철과 탄소의 결합체인 주철 보강재를 댄 한쪽을 제외한 모든 곳에 억눌려 있던 에너지가 엄청난 폭발을 일으켰다. 거의 모든 폭발 에너지가 포구 쪽으로 쏟아져나가며, 포탄을 힘껏 밀어냈다.

하지만 주철이 아무리 강하고 견고하다 해도 보이지 않는 불순물로 인해 때로는 결정 구조에 결함이 생길 수 있다. 특히 철에 대한 탄소의 비율이 적정하게 조절되지 않으면, 재앙적인 결과로 이어지기 십상이다. 점화실을 감싼 주철 보강재가 망가지면, 대포는 더 이상 대포가 아니다. 대포 자체가 폭탄이 된다.

그런 대포 옆에 네 명의 포수가 서 있었다. 주철 보강재가 수백 개의 조각으로 산산조각 나며, 그들은 폭발음이 귀에 닿기도 전에 죽음을 맞았다. 그래도 그들은 운이 좋은 편이었다. 화약이 점화되면 점화실 내의 기압이 급격히 증가한다. 일반적인 상태에서는 점화실 압력이 평방인치당 15파운드 정도지만, 점화되면 평방인치당 수천 파운드 이상으로 올라간다. 폭풍파가 그 압력을 사방으로 밀어내며 초속 6킬로미터 이상의 속도, 즉 소리의 속도보다 열 배나 빠른 속도로 이동한다. 그런 폭풍파를 맞은 근처의 포수들은 팔다리가 잘려나갔고, 온몸이 파열되었다. 여기에 열파와 압력까지 더해지며 그들의 눈알은 녹아버렸다. '충격파(shock wave)'라 일컬어지는 두 번째 에너지 파에 대포의 주철 조각들이 초음속으로 퍼져나가며 포수들의 목숨을 끊어버렸다. 충격파와 대포 조각들은 요즘의 못폭탄(nail bomb)처럼 멀리 서 있던 포수들의 살과 뼈에 파고들었다. 그들의 손과 다리, 귀가 떨어져나갔고, 포열 갑판은 순식간에 피와 살점으로 뒤덮였다. 그러고는 그 폭발로 생긴 진공 상태를 채우려고 거센 바람이 밀려왔고, 보물선의 나무 판자들은 불길에 휩싸였다.

수백 미터 떨어진 곳에 있던 영국 배의 포열에서는 화약병들이 대포 주변에 모여 있는 포수들에게 부지런히 장약을 전달했다. 겉으로는 혼란스럽게 보였지만 기계적인 움직임에는 질서가 있었다. 한 사관이 포수들의 위치를 점검하며 일정한 간격으로 우렁차게 지시를 내렸다. "대포를 풀어라!" 이 명령이 떨어지기 무섭게, 포수들은 좌현에 대포를 묶고 있던 삭구를 풀었다. "대포를 내려라. …… 포구 마개를 벗겨라. …… 대포를 배치하라!" 명령이 떨어질 때마다 포수들은 일사불란하게 대포를 끌어당기고 밀며 균형을 잡아 전투 준비를 끝냈다. "발사 준비!" 사관의 명령에 화약이 점화구를 통해 흘러 들어갔다. 포수들은 인도 보물선의 포열 갑판을 불바다로 만든 폭발을 그때까지 알아채지 못한 채 발포 전의 최종 단계, 즉 사관의 여러 명령 가운데 가장 까다로운 명령을 실행하는 데 집중했다. "조준!"

17세기에 대포의 조준은 기술이 아니었다. 과학은 더더욱 아니었다. 시속 수백 킬로미터의 속도로 공기를 가로질러 돌진하는 발사체의 궤적을 정확히 계산해내기는 육지에서도 어려웠다. 수학의 역사에서 발사체의 궤적을 알아내는 것만큼 수학적 영감을 줬던 현실적인 과제는 거의 없었다. 실제로 초기의 미분방정식 중 일부는 포탄의 궤적을 예측하기 위해 개발되었다.[2] 또한 제2차 세계대전 동안 개발된 컴퓨터들 중 다수는 로켓탄의 궤적을 계산하려고 설계되었다. 그러니 1695년 인도양 한복판에 서서, 파도에 들썩이는 배를 작은 구멍으로 보며 230킬로그램의 대포를 움직이는 일은 거의 코미디에 가까웠다. 수학적으로 계산할 시간적 여유 따윈 없이 표적을 향해 대포를 대략 겨냥할 뿐이었다. 사관의 명령을 따르며 최상의 결과를 기대할 따름이었다.

당시 대포는 이렇게 본질적으로 부정확할 수밖에 없었지만, 때로는 물리학적 우연이 겹치며 정확히 타격하기도 했다. 인도 보물선에서 폭발이 일어나고 몇 분밖에 지나지 않았을 때, 영국 배의 뱃전에서 발사된 여러 발의 포탄 중 하나가 하늘을 가로질러 날아가서 인도 보물선 주 돛대의 아랫부분을 정통으로 맞췄다. 한 발의 포탄으로 기대할 수 있는 가장 파괴적인 타격이 인도 보물선에 가해진 셈이었다. 돛대가 쓰러지며, 밧줄과 돛이 뒤엉킨 채 갑판을 때렸다. 가로돛을 조절하는 삭구를 잃어버리자, 인도 보물선은 조금 전까지도 그럭저럭 이용하던 바람의 힘을 전혀 활용할 수 없었다. 대포의 폭발로 갑판이 피바다와 화염에 뒤덮인 보물선은 이제 무방비 상태에 빠지고 말았다. 잠시 후, 영국인들이 보물선에 올라탔다.

이런 두 사건이 거의 동시에 일어날 확률이 얼마나 될까? 대포의 설계에서 자체 폭발 문제는 처음부터 골칫거리였고, 근대까지도 중요한 쟁점이었다. 1844년 미국에서 대포를 시연할 때 폭발이 일어나 해군성 장관과 국무부 장관이 사망했고, 존 타일러(John Tyler, 1790~1862) 대통령까지 거의 죽을 뻔했다. 그러나 대포가 발포할 때 폭발할 가능성은 무척 낮아, 500분의 1에 미치지 못했다. 또 한 발의 포탄이 주 돛대 아랫부분을 맞출 확률도 이보다 더 높지는 않았다. 길이가 60미터를 넘는 배의 경우, 돛대 기둥의 폭은 대략 60센티미터였다. 너무 낮게 겨냥하면 포탄은 적함에 미치지 못하고 바다에 떨어지거나, 포열 갑판에 떨어진다. 여하튼 포탄이 주 돛대의 아랫부분을 정확히 맞출 가능성은 지극히 낮다. 거의 같은 시기에 블레즈 파스칼(Blaise Pascal, 1623~1662)이 창안한 확률론 덕분에, 무관한 두 사건이 동시에 일어날 확률은 각 사건의 개별적인 확률을 곱한 값이라는 걸 우리는 알고 있다. 따라서 우리가 어떤 식으로든 그 순간을 5,000회 반복하더라도 대포 폭발과 포탄의 주 돛대 적중이 동시에 일어날 가능성은 거의 없다.

두 사건의 발생 여부는 미세한 차이에서 비롯되었을 수 있다. 주철 보강재에서 작은 불순물을 제거했다면, 대포를 발포할 때 2.5센티미터만 이동했더라면 인도 보물선은 영국 배의 미력한 공격을 쉽게 물리쳤을지도 모른다. 그러나 거의 감지할 수 없는 차이, 예컨대 점화실에 몇 그램 정도 더 들어간 화약이 대포 자체의 폭발 같은 파국을 촉발했을 수 있다. 그 두 배가 인도양에서 맞닥뜨린 사건은 그런 미세한 원인들이 세계사에 큰 파급 효과를 낳은 경우였다. 역사의 넓은 관점에서 볼 때 그런 대치는 대체로 사소한 충돌, 즉 금세 꺼져버리는 불꽃에 불과하다. 그러나 간혹 누군가가 그은 성냥불이 온 세상을 밝히기도 한다. 이 책은 그런 성냥불 중 하나에 대한 이야기다.

이후의 이야기는 모래시계에 비유할 수 있다. 모래시계의 잘록한 허리, 즉 중심점에는 1695년 인도양에서 있었던 그 짧은 순간(대포 자체가 폭발하고 주 돛대가 쓰러진 순간)이 있다. 허리 위쪽에는 그 특별한 순간을 가능하게 해준 일련의 사건들이 있고, 허리 아래쪽에는 그 사건으로 말미암아 그야말로 전 세계를 휩쓸며 연쇄적으로 일어난 사건들이 있다.

이 이야기, 특히 모래시계 위쪽 부분의 이야기를 공정하게 평가하려면 다양한 관점에서 인과관계를 따져봐야 한다. 대포의 폭발이나 주 돛대에 명중한 포탄 같은 사건들은 대체로 단기적으로 영향을 미칠 뿐이다. 그러나 무굴제국의 범선에 실린 막대한 보물을 탈취한 사건이나, 소규모 무리에게 해적이 되겠다는 자극을 주었던 사건들처럼 느릿하지만 오랫동안 영향을 미치는 경우도 많다. 이런 사건들을 완전히 설명하려면, 시대별 역사와 전통적인 전기

(傳記)라는 경계에서 벗어나야 한다. 또 진상을 정확히 알아내기 위해서는 시간의 순서라는 틀에 얽매이지 않아야 한다. 선적인 연대기는 이야기를 끌어내기에 편리한 방법이지만, 역사의 동력인 깊숙한 원인을 포착하기에 항상 좋은 방법은 아니다. 어떤 원인은 시간과 공간적으로 가까이 있지만, 어떤 원인은 먼 옛날의 충격파가 되풀이되면서 100년, 때로는 1,000년이 지난 후까지 반향을 불러일으키기도 하기 때문이다.

간단명료하게 말하면, 이 책은 세상을 경악에 빠뜨린 한 불량한 해적의 범죄에 대한 이야기다. 해적 행위는 고대 세계부터 존재한 일종의 직업이었지만, 역사적으로 유명한 해적들은 이 책에서 다룬 사건이 있고 20년 남짓 지난 후에야 주목받기 시작했다. 그러나 그 '황금시대'를 수놓은 세대(검은 수염 에드워드 티치[Edward Teach, 1680~1718], 새뮤얼 벨러미[Samuel Bellamy, 1689~1717], 캘리코 잭[Calico Jack, 1682~1720])는 이 책에 묘사된 악명 높은 행위들과, 그 행위들에 대한 부풀려진 전설들로부터 많은 영향을 받았다. 이 책의 주인공은 황금시대를 상징하는 해적들만큼 오늘날 유명하지는 않지만 검은 수염과 그의 동료들보다 세계사의 흐름에 훨씬 큰 영향을 끼쳤다. 이 책은 그 영향을 평가하고, 그 경계를 가늠해보려고 한다. 따라서 이 책에서는 1695년 9월의 사건으로 촉발된 위기에 사로잡힌 개인들의 삶 이야기만이 아니라, 인과관계에서 약간 벗어난 종류의 이야기, 예컨대 사회조직, 제도와 관습, 새로운 미디어 플랫폼에 대한 이야기도 다룬다. 그런 제도 중 하나가 해적 행위만큼 오래된, 무굴 왕조의 독재적인 신정 체제다. 다국적기업과 대중지(大衆誌), 18세기 중반부터 인도를 지배한 행정 제국도 이때 나타났다. 부분적으로, 이 책은 무척 짧은 기간 동안 해적이었던, 깊은 결함을 지닌 사람에 대한 이야기다. 그 짧은 기간은 그의 삶에서 무척 파란만장했고, 그의 삶은 깊이 파고들수록 흥미로우면서도 불가사의하게 느껴진다. 또 이 책에서는 다른 종류의 이야기, 즉 현대사에서 몇몇 강력한 제도들이 초보적 수준의 아이디어에서 어떻게 필연적인 제도로 발전할 수 있었는가에 대해서도 살펴본다.

이 책은 그런 제도들의 형성 과정을 포괄적으로 설명하려는 의도에서 쓰인 것은 아니다. 오히려 그 제도들의 궁극적인 승리를 방해한 중요한 저항에 초점을 맞췄다. 우리가 웅장한 구조물의 형태를 머릿속에 그리며 차근차근 설계하듯이, 기업이나 제국 같은 큰 조직은 신중한 계획을 통해 형성된다고 생각하는 사람이 많다. 그러나 어떤 제도가 궁극적으로 취하는 형태는 최고 기획자가 처음에 설계한 모습이 아니라, 해안선이 작은 파도에 끝없이 시달리며 형성되듯이 외곽 경계에 가해지는 충격에 의해 결정된다. 오래된 제도의 핵심 가치는 설립자와 선각자가 처음에 결정해둔 경우가 많고, 전통적인 이야기에서 설립자와 선각자를 특히 중요하게 여기는 데는 충분히 합당한 이유가 있다. 그러나 이런 제도의 궁극적인 구조(권한의 제한, 권한을 표현하고 전달하는 통로)는 대체로 지리적이고 개념적인 경계 모두에서 일어나는 충돌, 즉 경계적 상황(edge case)에 의해 결정된다.

때로는 힘이 비등한 조직들, 예컨대 무굴제국과 영국이 충돌하면, 이 책에서 살펴봤듯이 많은 사건이 뒤따르기 마련이다. 하지만 훨씬 작은 세력(예컨대 거의 2년 동안 인도 보물선과 조우하기를 꿈꾸던 선장이 200명의 승조원을 거느리고 인도양을 항해하던 배)으로 인해 충돌이 시작되는 경우도 적지 않다.

1695년 9월의 마지막 결전이 있기 14개월 전에 승조원들은 그 배에 '팬시(Fancy)'라는 이름을 붙였다. 그러나 그들의 선장은 다양한 이름으로 불렸다.

The Expedition

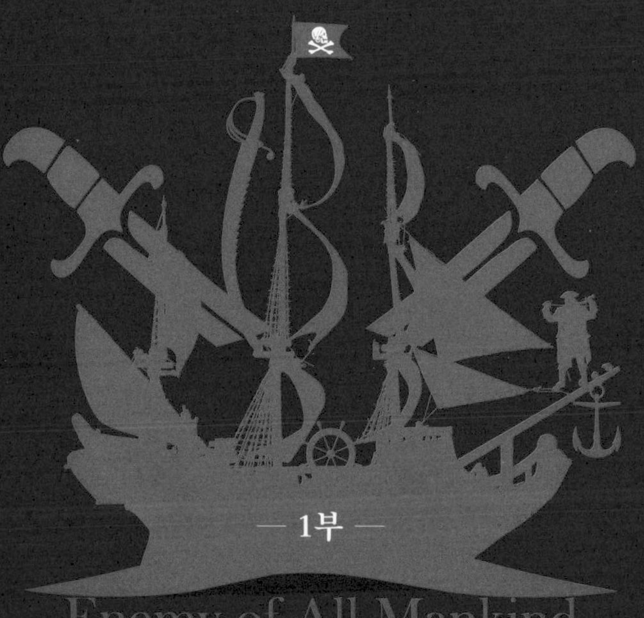

원정

1

○

주인공에 대하여

데번셔 뉴턴페러스
1659년 4월 20일

1670년 어느 날, 잉글랜드 남서부에 있는 데번셔 출신의 한 청년이 영국 왕립 해군에 입대했다. 그가 성년이 된 후에 대부분의 시간을 바다에서 보냈음을 고려하면, 해군에 자원 입대한 것은 당연하게 여겨졌다. 자원 입대에는 경제적 이득도 있었다. 해군이 두 달 치 봉급을 미리 지급했기 때문이다. 하지만 신병은 그 돈으로 선상에서 취침할 때 필요한 해먹을 비롯한 여러 장비를 구입해야 했다. 한편 자원한 신병은 빚이 20파운드를 넘지 않으면 채권자들로부터 보호도 받았다. 그러나 왕립 해군에 근무하던 수병(水兵)의 거의 절반은 당시에 가장 악명 높은 기관 중 하나였던 '강제징집대(impress service)'의 등살에 어쩔 수 없이 입대한 젊은이들이었다.

영국 왕립 해군과 소년들

17세기 잉글랜드의 젊은이들, 특히 살림이 넉넉하지 않은 젊은이들은 강제징집대에 대한 두려움을 떨치지 못한 채 살아야 했다. 강제징집대는 왕립 해군을 대신해 수병들을 모집하던 비공식적인 대리인들로, 흔히 '징병 폭력배(press gang)'라 일컬어졌다. 당시의 강제징집은 현대의 징병제와 국가의 지원을 받은 납치의 결합체였던 셈이다. 가령 17세 소년이 길모퉁이에 서서 생각에 잠겨 있으면, 어디에선가 징병 폭력배가 불쑥 나타나서는 조직의 '대부(代父)'처럼 위압적으로 소년에게 물었다. "자원해서 해군에 입대할래, 아니면 더 나쁜 조건으로 강제로 끌려갈래?" 소년은 둘 중 하나를 선택해야 했다. 여하튼 결국 영국 해군 선박에 승선하는 그 선택은 소년이 한 것이었다.

강제로 징집된 신병은 경비함에 올라서는 순간부터 암울한 현실을 맞닥뜨렸다. 모든 신병은 특정한 전함에 배치되기 전에 경비함에서 지내야 했다. 18세기에 쓰인 《수병들의 목소리(*The Sailors Advocate*)》라는 소책자에 따르면, 신병들의 상황은 암담하기 그지없었다. "경비함에는 동시에 600명이나 700명, 심지어 800명이 승선하는 때도 있었다. 모두가 똑같은 조건에서 지냈다. 공동 편의시설도 없었고, 모두가 갑판과 갑판 사이의 좁고 사방이 막힌 틈새에 누워야 했으며, 충분히 조리된 식량이 거의 없어 구할 수 있는 것이면 무엇이든 먹었다. 따라서 많은 신병이 개홍역에 걸렸고, 그 때문에 하루에 6~8명, 심지어 열 명이 죽는 경우도 있었다. 경비함에서 뛰어내려 탈출을 시도하다가 익사하는 신병이 적지 않았고, 그들 중 다수가 죽은 채로 물 위에 떠올랐다……."[1]

대항해시대에는 바다에서 일할 사람이 많이 필요했다. 그런데 정상적인 금전적 유인책으로는 그 수요를 결코 충족시킬 수 없었던 까닭에 강제징집이라는 수단이 동원되었던 것이다. 육지에서의 변화도 강제징집을 동원할 수밖에 없었던 큰 이유였다. 봉건제도가 저물고 농업 자본주의가 태동하며 혼란에 가까운 변화가 초래되었고, 그 변화는 그 후로 수 세기 동안 대도시를 중심으로 한 성장의 촉매가 되었다. 그런 변화로, 서민들을 중심으로 한 소규모의 가내노동자들이라는 사회 계급 전체가 떠돌이 개인 사업자가 되었다. 1500년대 말쯤에는 방랑자가 폭발적으로 증가하며 그들까지 제1의 사회적 공적(公敵)이 되었고, 구텐베르크(Johannes Gutenberg) 이후의 시대에 이르러서는 심각한 도덕적 공황을 불러일으켰다. 어디에나, 무섭게 변하는 경제적 환경에서 갈피를 잡지 못하는 부랑자가 있었다. 한때 억압을 받았지만 그런대로 안정된 봉건제도 하에서 농노로 살았던 사람들이 초기 자본주의의 거센 물결에 떠밀린 표류물 신세가 되고 말았던 것이다. 그런 물결이 휘몰아치는 강둑에 앉은 사람들에게, 변화는 요즘 영화에 등장하는 좀비들의 습격처럼 느껴졌을 것이다. 어느 날 아침, 당신이 눈을 떴을 때 바깥 세상이 좀비 같은 사람들, 즉 집도 없을 뿐더러 그로 인한 온갖 존재론적 문제들로 고통 받지만 그렇다고 어떤 종류의 집을 찾아야 하는지도 모르는 사람들로 가득한 걸 알게 된다고 상상해보라.

1597년 영국 의회는 노숙자 문제를 해결하는 위한 방편으로 〈부랑자단속법〉을 통과시켰다. 이 법 조항에는 당시 잉글랜드의 공공도로와 도시 광장에서 활개 치고 다니던 온갖 종류의 부랑자들이 흥미진진하게 나열되어 있었다.

> 정처 없이 돌아다니며 구호품을 구하는 학자들, 난파선에서 살아남았지만 일거리가 없어 야바위 노름이나 미래를 점쳐준다는 술수로 순진한 사람들을 등치는 옛 선원들, 기관을 대신해 구호 금품을 모집하고 거두는 사람들, 칼잡이나 음유시인, 곰 조련사나 길거리 배우, 곡예사와 땜장이, 행상인과 추레한 도붓장수, 건강하면서도 당시 임금 수준을 거부하며 떠돌아다니는 인부들, 쫓겨난 하숙인들, 화재로 모든 것을 잃은 척하는 방랑자들, 이집트인들과 집시들.[2]

〈부랑자단속법〉은 지역 당국에 명확한 메시지를 전달했다. 위에 나열된 사람들이 있다면, "허리 위쪽으로 발가벗기고 공개적으로 피가 철철 흐르도록 채찍질한 후에 고향이나 직전 거주지로 돌려보내야 했다." 〈부랑자단속법〉은 '징병 폭력단'에게도 힘을 실어줬다.

떠돌이 학자들과 곡예사들은 발가벗겨진 채 공개적으로 채찍질을 당하고 싶지 않으면, 예외없이 영국 해군에 입대해야 했다. 몰락한 봉건제도의 난민들을 길거리에서 쓸어내는 데 바다로 내보내는 것보다 나은 방법이 있었겠는가?

해적왕의 이름

데번셔 출신의 수병이 왕립 해군에 자진해서 입대했든 징집 폭력단의 위협에 어쩔 수 없이 입대했든 간에, 그는 뱃사람들의 이야기에 크게 영향을 받은 문화에서 자랐을 것이다. 영국에서 잉글랜드 남서부 지역, 즉 웨스트컨트리만큼 해양 모험과 밀접한 관계가 있는 지역은 없다. 그 지역은 대서양 쪽으로 돌출되고, 영국해협과 브리스틀해협 사이에 쐐기 모양으로 끼어든 바위투성이의 황무지였다. 엘리자베스 시대에 활약한 전설적인 뱃사람들은 거의 전부가 이 지역 출신이었다. 예컨대 월터 롤리(Walter Raleigh, 1552~1618)와 프랜시스 드레이크(Francis Drake, 1540~1596)가 데번셔에서 태어났다. 웨스트컨트리의 선원들은 정부를 대신해 많은 해전을 치렀고, 1588년에는 스페인의 무적함대를 무찌르는 데 큰 역할을 했다. 하지만 그들 중 다수가 해적질도 했다. 1700년대에 가장 악명 높았던 두 해적, '블랙 샘(Black Sam)' 벨러미와 '검은 수염'으로 더 많이 알려진 에드워드 티치도 웨스트컨트리 출신이다. 그곳 사람들이 이처럼 눈에 띄게 모험적인 삶을 살았던 데는 지리적인 이유도 있다. 웨스트컨트리는 영국해협의 입구에 위치한 까닭에 유럽의 해운망에 쉽게 접근할 수 있었고, 많은 물줄기와 내포(內浦)가 해안선을 파고들어 밀수꾼들이 활동하기에 더할 나위 없이 좋았다. 데번셔 출신의 소년이 처음으로 영국 해군에 입대하고 300년 이상이 지난 지금도 해적 행위와 데번셔의 관계가 영국인의 말투에 남아 있을 정도다. 오늘날에도 영국인들은 해적의 전형적인 말투로 "빌어먹을!(Arr, shiver me timbers!)"이라고 말할 때, 무의식적으로 웨스트컨트리 지역 특유의 억양과 희한한 문법을 흉내낸다.

데번셔 출신 수병의 삶을 둘러싼 미스터리는 그의 이름에서 시작된다. 그의 행적을 기록한 첫 전기는 1709년에 출간되었고, 그 책에서 그는 존 에이버리(John Avery) 선장으로 지칭되었다. 젊었을 때 벤저민 브리지먼(Benjamin Bridgeman)이라는 가명을 잠깐 사용했지만, 일부 역사학자는 그의 별명이 '롱 벤(Long Ben)'이었다는 사실을 근거로 브리지먼이 본명이고, 에이버리가 가명이라 추정한다. 그가 잉글랜드 남서부 해안에 있는 데번셔의 플리머스 근처에서 태어났다는 데는 대부분의 학자가 동의한다. 또 한 지인은 1696년 법정에서 선서한 후에, 그 뱃사람이 1650년대 말에 태어나서 마흔 살 정도일 것이라고 증언한 적이 있었다. 플리머스의 남동부, 일름강 변에 위치한 작은 마을인 뉴턴페러스에 남겨진 교구 기록에 따르면, 그는 1659년 8월 28일 존(John Avery)과 앤 에이버리(Anne Avery) 부부의 아들로 태어났다. 그 아이가 성장해, 지상 최고의 지명수배자였던 악명 높은 헨리 에이버리(Henry Avery)가 된 듯하다. 물론 진짜 에이버리가 같은 시기에 웨스트컨트리의 다른 마을에서 태어났을 가능성도 있다. '그'가 태어나기 수 세기 전부터 '에브리(Every)'라는 성을 가진 가족이 데번셔에서 상당한 세력을 지닌 지주였기 때문인지, 그 지명수배자에 대한 많은 설명이 그를 헨리 에브리로 지칭하고 있다. 또 훗날 그 이름이 언급된 거의 모든 영문 자료에서 철자가 'Every'로 표기되었고, 지금까지 전해지는 한 장의 서신에서도 서명자가 헨리 에브리(Henry Every)였다. 물론 그가 세계에서 가장 악명 높은 해적이 된 이후에 대중의 입에 가장 자주 오르내린 이름도 에브리였다. 이런 이유만으로도 그를 헨리 에브리로 칭하는 것이 적합한 듯하다.

헨리 에브리의 어린 시절에 대해서는 알려진 것이 거의 없다. 1720년에 발표된 회고록에서도 어린 시절은 철저히 베일에 가려졌다. "이 글에서 나는 태어날 때와 유아 및 어린 시절을 전혀 다루지 않았다. 살아오면서 그 부분이 나 자신에게 아무런 쓸모가 없었듯이, 이 책을 읽으려는 독자에게도 그 부분은 그 자체로 주목할 만한 것이 전혀 없는 데다 교훈이 될 만한 것도 없어 쓸모가 없기 때문이다."[3] 이 회고록이 실제로는 대니얼 디포(Daniel Defoe, 1660~1731)의 작품일 수 있다는 일부의 주장처럼 가짜가 확실하다면, 어린 시절의 생략은 오히려 역사적 기록이 거의 없다는 증거지, 그 시절이 에브리의 성장에 아무런 영향을 주지 않았다는 증거는 아니다.

헨리 에브리(또는 에이버리나 브리지먼)가 바다 위 세계를 헤집고 다니던 드레이크와 롤리의 흥미진진한 삶에 대한 민담을 들으며 어린 시절을 보냈던 것은 분명하다. 드레이크와 롤리는 해적과 사략선 선장의 경계를 넘나들며 바다를 지배했고, 뒤에서 보겠지만 그 시대의 법규들은 그 경계를 의도적으로 모호하게 남겨두었다. 그 가짜 회고록의 주장에 따르면, 헨리의 아버지는 사략선 선장으로 영국 왕립 해군에 복무했다. 데번셔 에브리 가문의 가계도를 보면 적잖은 선장이 있다. 가짜 회고록을 인용하면, 에브리는 어린 시절을 어떻게 보냈든 간에 '어렸을 때부터 바다를 꿈꾸며 자랐던 것'이 분명하다. 뉴턴페러스의 교구 기록을 제외하면 현재까지 알려진 에브리의 삶에 대한 최초의 확실한 기록은, 십중팔구 십대에 왕립 해군에 입대했다는 것이다.

이 데번셔 뱃사람의 탄생은 그의 죽음에 대한 미스터리만큼이나 오리무중이다. 그가 어디에서 언제 태어났는지, 심지어 그의 실제 이름이 무엇이었는지도 우리가 실제로 모른다는 게 유일한 진실이다. 헨리 에브리의 뿌리 자체가 모호한 셈이다. 그러나 모든 위대한 전설적인 인물의 출생에 대해서는 몇 번이고 고쳐 써지게 마련이다. 세대를 거듭하며 전해진 이야기에 이런저런 소문과 풍문이 더해지고, 교묘하게 수정되며 다층적으로 짜인다. 한동안 헨리 에브리는 만신전에 묻힌 여느 인물만큼이나 널리 알려진 전설적인 인물이었고, 어떤 사람들에게는 영감을 주는 영웅이었고, 어떤 사람들에게는 무자비한 살인자였다. 또 폭도였고, 노동자 계급의 영웅이었으며, 국가의 적이었고, 해적왕이었다.

그러고는 유령이 되었다.

2

공포의 용도

나일강 삼각주

기원전 1179년

현대인의 눈에 람세스 3세(Ramses III)의 장제전(葬祭殿) 메디나트 하부(Medinet Habu)의 북서쪽 외벽에 반듯하게 조각된 상형문자들은 그저 불가해하게 보일 뿐이다. 극소수의 이집트학자만이 읽어낼 수 있는 언어로 쓰였기 때문이다. 그러나 신전 벽에 얕게 돋을새김된 형상들은 쉽게 해독된다. 끔찍한 학살 장면을 묘사한 형상들이다. 창과 단검을 쥐고, 방패와 에게문명 시대의 갑옷으로 무장한 전사들이 빗발처럼 쏟아지는 화살을 막아내고, 이집트 투구를 쓴 지휘관 하나는 목이 잘려 쓰러진 적으로부터 한 발짝쯤 떨어져 있다. 피투성이의 시신 더미에서 침략군의 학살이 얼마나 잔혹했는지 짐작된다. 상형문자 옆에 조각된 그 형상들은 고대 세계에서 가장 대규모로 벌어진 해전 중 하나를 그림으로 기록한 것이다.

이집트군과, 오늘날 바다 민족(Sea Peoples)으로 알려진 떠돌이 침략자 간의 충돌이었다. 람세스 3세가 속한 이집트 왕조들은 투탕카멘(Tutankhamen)의 보물들은 말할 것도 없고, 장제전과 피라미드 같은 경이로운 고고학적 유물을 남겨놓았기 때문에 역사에 대한 우리의 상상 속에서 오래전부터 굳건한 자리를 지켜왔다. 따라서 초등학생이라면 누구나 파라오에 대해 말할 수 있을 정도다. 한편 바다 민족이 그런 주목을 받지 못한 주된 이유는, 기본적으로 그들이 주로 선상에서 지냈기 때문이다. 그들은 신전도 기념물도 남기지 않았다. 따라서 그들이 소멸된 후에 3,000년 동안 관광객들을 놀라게 할 만한 것은 전혀 없었다. 그들은 새로운 형태의 농법을 개척하지도 않았고 철학적 논문을 쓰지도 않았다. 물론 문자 기록도 남기지 않았다. 그러나 바다 민족이 고대 세계에 대한 현대인의 기억에서 더 큰 자리를 차지해야 마땅한 이유가 하나 있다. 그들은 최초의 해적이었다!

해적의 기원

바다 민족의 지리학적 기원은 지금도 역사학자들에게는 논란거리다. 지배적인 이론에 따르면, 바다 민족은 청동기시대가 끝날 즈음에 하나의 응집된 문화 집단으로 형태를 갖춘 미케네문명에서 쫓겨난 사람들이었다. 그들 중에는 전사와 용병도 있었지만, 이쪽도 저쪽도 아닌 경계선상에서 형편없는 품삯을 받고 거대한 기반 시설과 요새, 예컨대 미케네문명의 전성기를 상징하는 펠로폰네소스의 도로망과 수심이 깊은 필로스 항구를 건설하는 데 고용된 평범한 일꾼도 있었다. 그 이후의 많은 해적단처럼 바다 민족도 결국에는 다민족 집단이 되어 하나의 도시국가나 황제에게 충성하지 않고, 그들이 형성한 떠돌이 공동체에 선택적으로 충성하는 집단으로 규정되었기 때문에 그들의 기원도 모호할 수밖에 없다. 그들의 고향은 지중해였고, 그곳을 항해하던 배였다. 또 그들은 부족적 정체성을 확립하는 데 도움을 주는 관습과 규정을 만들었다. 예컨대 람세스 3세의 장제전 돋을새김에서도 확인되듯이 뿔 달린 독특한 모양의 투구를 썼고, 배의 앞머리는 주로 새 조각상으로 장식했다. 그러나 지리적 고향을 떠나 끝없이 이동하며 어디에서도 뿌리를 내리기에 충분할 정도로 오래 정착하지 않았다는 점에서 그들은 뿌리가 없었고, 그런 이유에서 남달랐다.

뿌리가 없다는 사실은 그들의 정치적 견해에도 영향을 미쳤다. 그 견해는 훗날 가장 급진적인 해적단이나 채택할 법한 것이었다. 바다 민족은 지중해를 둘러싼 육지에 기반을 둔 기존 체제들의 권위를 존중하지 않았다. 그들은 지상 국가들의 법에 얽매이지 않았다. 여기에 바다 민족이 자기 규정의 한 형태로서 해적질을 처음 행했다고 여겨지는 주된 이유가 있다. 물론 바다 민족 이전에도 드넓은 바다 어디선가 해적질이 분명히 행해졌을 것이다. 인류가 귀중품을 배로 운반하기 시작하면서부터, 배를 나포해 값나가는 물건들을 노략질하려고 획책하는 범죄자들이 분명히 있었을 것이다. 그러나 진정한 해적은 은행 강도나 좀도둑처럼 단순히 범죄자의 부분 집합이 아니다. 우리가 범죄자라 생각하는 사람들은 대체로 법을 의도적으로 위반하지만, 삶의 다른 부분에서는 법의 존재를 인정한다. 따라서 그들은 운전면허증을 발급받고, 세금을 내며 투표도 한다. 그들은 스스로 시민이라 생각하며 전반적으로 법을 준수한다. 그러나 진정한 해적은 그 정도의 부정에 그치지 않았다. 무엇보다 해적은 국가와 제국의 전방위적 권위를 인정하지 않았다. 이런 이유에서 해적 깃발에 그려졌던 중요한 상징물은 그 깃발이 힘차게 펄럭이던 때에서 수 세기가 흐른 지금의 초등학생도 알아볼 수 있을 정도다. 해적단은 자기 조직을 상징하는 색이 칠해진 깃발을 휘날리며 항해했다. 호메로스(Homeros)도 《오디세이아(*Odysseia*)》에서, 해적을 '다른 사람을 약탈해 살아가는 바다의 난폭한 방랑자들'이라 묘사하지 않았는가.

그렇다고 모든 해적이 의도적으로 국가에 대한 충성을 완전히 단절하고 살았던 것은 아니다. (헨리 에브리가 해적으로 활약한 짧은 기간에도 공공연한 저항과 애국심 사이의 갈등이 많은 사건에 영향을 줬다.) 그러나 약탈은 말할 것도 없고, 권력의 법적이고 지리적인 경계를 서슴없이 무시했기 때문에 해적들은 중앙정부의 적이 될 수밖에 없었다.

해적들은 법적 · 도덕적 제약이나 관료적인 조직에 구속받지 않아서 민첩하게 움직일 수 있었기 때문에 국가라는 적에 비해 많은 점에서 유리했다. 그러나 해적들이 중앙정부의 조직화된 소탕 작전에 전혀 취약하지 않았던 것은 아니다. 기원전 1179년 바다 민족은 나일강 삼각주에서 람세스 파라오의 군대를 공격하기 시작했다. 람세스는 그 공격을 예견했기에, 바다 민족의 이점을 압도할 목적에서 특별히 설계된 전함들을 건조해뒀다. 또 정찰대를 조직해 침략선들의 동향을 감시했고, 삼각주의 지리적 이점을 활용해 여러 함대를 보이지 않는 곳에 정박해뒀다. 메디나트하부에 그려진 그림을 보면 바다 민족의 갤리선에는 노가 없는데, 그들이 기습 공격을 당했단 걸 암시해준다. 그 장면은 폭풍이 휩쓸고 지나간 뒤의 노르망디 해변들을 떠올리게 한다. 갤리선의 잔존물들이 해안으로 떠밀려오고, 사람들은 파도와 싸우며 힘겹게 해변으로 향하지만, 멀리 떨어진 이집트군 궁수들의 표적이 될 뿐이었다. 많은 사람이 그 얕은 바다에서 피를 흘리며 죽어갔다.

이번에는 바다 민족이 무자비한 군대의 분노를 뼈저리게 느낄 차례였다. 람세스 3세는 메디나트하부에 이렇게 새겼다. "그들을 끌고 올라와 해변에 뒤집어 뉘었다. 그들의 갤리선은 고물부터 이물까지 시신으로 뒤덮혔고, 그들의 모든 것이 바다에 내던져졌다."[1] 람세스 3세의 무덤에는 상형문자로 "폐하께서 돌개바람처럼 적들을 향해 돌진해, 내달리는 동물처럼 전쟁터에서 싸우셨다. 폐하를 향한 두려움과 공포가 적들의 몸에 파고들자, 그들은 그 자리에 얼어붙어 꼼짝하지 못했다. 그들의 심장이 멈추었고, 그들의 영혼이 연기처럼 흩어졌다"라고 써 있다.[2]

비문(碑文)은 그 저자들이 당시 상상했던 것보다 훨씬 더 예언적이었다. 바다 민족은 나일강 삼각주에서 패배한 후, 거의 곧바로 세계사의 무대에서 사라졌다. 그들의 궁극적인 운명에 대해서도 그들의 수수께끼 같은 뿌리만큼이나 학자들의 의견이 갈린다. 삼각주 해전에서 살아남은 사람들은 이집트 왕국의 동쪽 경계를 따라 흩어졌고, 일부는 팔레스타인 해안까지 올라간 듯하다. 그러나 떠돌이였지만 응집력을 갖춘 무리였던 바다 민족은 람세스가 명백한 암살로 세상을 떠난 기원전 1155년에야 완전히 자취를 감췄다. 이런 점에서도 바다 민족은 훗날의 많은 해적이 모방한 전통의 선구자인 셈이다. 전성기에 은퇴한 해적도 있었고, 교수대에서 종말을 맞은 해적도 있었지만, 바다 민족처럼 그저 말없이 사라진 해적도 적지 않았다.

현대적 의미의 테러를 최초로 이용한 집단

바다 민족의 유산에는 에브리 시대의 해적 문화를 규정짓기에 충분한 또 하나의 핵심적인 요소가 있다. 극한 폭력성과 공포를 전술적으로 사용한 점이다. 예컨대 우가리트(현재 시리아의 일부 지역)의 암무라피(Ammurapi) 왕은 바다 민족에게 포위되었을 때, 키프로스의 왕에게 필사적으로 도움을 청하는 편지를 보냈다. "제 도시들이 불타고 있습니다. 그들[바다 민족]이 제 땅에서 온갖 악행을 저질렀습니다. …… 적들이 일곱 척의 배를 타고 와서는 우리에게 큰 피해를 가했습니다." 람세스 3세의 장제전에 새겨진 비문에서도 바다 민족이 해안 지역을 급습한 때를 묘사한 부문은 비슷한 어조를 띤다. "갑자기 약탈자들이 몰려왔고, 곳곳에서 싸움이 벌어졌다. …… 아모리인(Amorite)의 땅에 수용소가 세워졌다. 그들은 아모리인들을 비참한 지경에 빠뜨렸고, 아모리인의 땅은 예부터 전혀 존재하지 않았던 곳처럼 변해버렸다."

바다 민족은 기원전 13세기와 12세기 사이에 전성기를 맞았고, 그 시기에 그들이 저지른 대학살은 극심하기 그지없어, 청동기시대에 번성하던 지중해권 문명들에게 엄청한 위기감을 불러일으켰다. 오늘날 '후기 청동기시대 붕괴기(Late Bronze Age Collapse)'로 일컬어지는 시기로, 역사적으로 과학기술의 발전이 오히려 후퇴한 구간이다. 바다 민족이 그리스와 레반트의 해안에 위치한 수도들을 초토화한 후, 그곳의 위대하고 찬란하던 사회들은 느슨하게 연결된 지방 문화들로 와해되었다. 바다 민족은 육지에 기반을 둔 공동체들의 상호 관계를 거의 파멸적 수준까지 파괴해버렸다. 그런 강도로 거의 횡포에 가까운 폭력을 휘둘렀던 셈이다. 바다 민족은 그곳을 점령하거나 고향으로 가져가려고 보물이나 노예를 탈취한 것이 아니었다. 그들이 청동기시대의 대도시들을 불사른 이유는 하나밖에 없었다. 도시가 불타는 모습을 보려고! 그들에게는 군대도 요새도 없었지만, 공포를 전략적으로 활용함으로써 요즘 '비대칭 전투(asymmetric warfare, 전투력이 훨씬 약한 쪽이 강한 쪽을 성공적으로 상대할 수 있는 전투)'라 칭해지는 것을 벌일 수 있다.[3]

처음부터 해적 행위는 민중의 상상력 범주에서나 법적인 정의에서나 요즘의 테러 개념과 공통점이 많았다. 영어에서 '테러(terrorism)'라는 단어는 1795년 당시 프랑스 주재 미국 대사이던 제임스 먼로(James Monroe, 1758~1831)가 토머스 제퍼슨(Thomas Jefferson, 1743~1826)에게 보낸 편지에서 처음 사용되었다. 로베스피에르(Maximilien François Marie Isidore de Robespierre, 1758~1794)가 단두대에서 처형되고 약 1년이 지난 후, 파리에서 보낸 편지에서 먼로는 '왕정이 아니라 공포정치'를 되살리려는 자코뱅파의 시도에 대해 언급했다.[4] '공포정치'를 뜻하는 단어로 사용된 테러라는 용어는 그 후로 미국 정치계에서 급속히 확산된 듯하다. 실제로 그로부터 수 주 후에 존 퀸시 애덤스(John Quincy Adams, 1767~1848)가 쓴 편지에 '로베스피에르의 통치를 열렬히 지지하던 자들'을 암시하며 '테러리스트(terrorist)'라는 단어가 사용됐다.[5]

테러라는 단어가 처음 사용된 때에나 요즘에나, 테러는 어떤 표적을 향해 공개적으로 폭력을 사용함으로써 급진적인 정치관을 알리는 수단을 뜻한다. 그러나 하나의 중대한 점에서 요즘의 정의는 초기의 의미와 더 이상 맞아떨어지지 않는다. 20세기 이전까지 테러, 즉 공포정치는 공안위원회(Comité de Salut Public)를 비롯한 프랑스 혁명정부의 통치 기구들의 행위를 본보기로 삼았다. 달리 말하면, 테러는 국가기구에서 시행하는 정치 전술이었다. 한 세기 후에 무정부주의자들이 등장하고 나서야 테러라는 개념이 비정부 행위자들, 즉 막강한 힘과 군사력을 지닌 정부들을 대리한 전쟁 수단으로서 폭발과 살육으로 사회 분열을 조장하는 소규모 집단과 관련성을 갖기 시작했다. 로베스피에르의 테러, 즉 공포정치는 국가가 합법적으로 폭력을 독점하며 극단적으로 행사했다. 따라서 이때의 테러는 지배 계급을 더욱더 두려운 존재로 만드는 수단이었다. 현대의 테러는 정반대다. 현대의 테러에서 소규모 저항 세력과 그림자 조직이 갖는 힘은 지극히 작다. 요즘의 군사적 충돌에서는 초강대국이 인력과 군사력에서 수천 배나 미약한 적을 상대로 싸운다. 따라서 요즘의 많은 군사적 충돌을 특징짓는 '비대칭적 전투' 개념은 이렇게 뒤집힌 테러의 의미에서 비롯된 것이다. 현대의 테러는 작은 무기로 큰 효과를 기대할 수 있는 전력 증강자다. 수백만 명에게 괴로운 공포감을 심어주기 위해서 굳이 대규모 상비군이나 항공모함 함대를 동원할 필요가 없다. 폭발물, 심지어 칼이라도 적절한 위치에 설치해두고, 그것을 이용해 공격하겠다는 소식을 널리 알리는 미디어망을 갖고 있으면 충분하다.

테러라는 단어의 실질적인 어원은 로베스피에르 시대까지 거슬러 올라가지만, 현대적 형태의 테러를 실질적으로 가장 먼저 사용한 집단은 해적이었다. 현대의 테러는 비정부 행위자들이 극단적인 폭력을 행사하고, 매체를 통해 그 소식을 널리 퍼뜨림으로써 효과를 배가하는 전략이다. 이처럼 소수가 극악한 잔혹 행위를 자행함으로써 국가 전체를 인질로 붙잡아두는 전략이 효과를 발휘한 최초의 확실한 증거는, 1695년 팬시호와 무굴제국 보물선의 충돌에서 찾을 수 있다.

물론 그런 전략적 테러에는 바다 민족의 전설적인 야만성을 필두로 여러 전례가 있었다. 이런 잔혹한 전통의 또 다른 선구자는 잔 루이즈 드 벨빌(Jeanne-Louise de Bellville, 1300~1359)이라는 프랑스 귀족 여성이었다. 그녀는 14세기의 첫해에 태어났다. 프랑스와 잉글랜드 간의 백년전쟁이 한창이던 때, 벨빌의 두 번째 남편 올리비에 드 클리송(Olivier de Clisson)이 반역죄로 프랑스 왕 필립 6세(Philippe VI)에게 처형당했다. 참수된 머리는 창에 꽂힌 채 클리송 가문의 영지 근처, 브르타뉴의 낭트에 공개적으로 전시되었다. 왕의 그런 야만적 행동에 격분한 잔은 영지를 비롯해 모든 재산을 팔아, 세 척으로 구성된 소규모 선단을 구성하며 남편의 복수를 계획했다. 그녀는 모든 배를 검은색으로 칠하고, 핏빛으로 새빨갛게 염색한 돛을 올려 극적인 효과를 더했다. 전설에 따르면, 그녀는 두 아들의 도움을 받아 13년 동안 영국해협을 돌아다니며 프랑스 배를 공격해 필립 왕의 후원자들을 참수했다. 하지만 소수의 선원은 살려두어, 잔혹한 '브르타뉴의 암사자'에 대한 소문이 프랑스 땅에 퍼지게 했다.

인쇄 매체의 발달과 화려해지는 해적 신화

'죽은 자는 말이 없다'는 적을 완전히 제거하는 이유로 해적들이 흔히 들먹이던 만트라였다. 그러나 클리송 부인과 그녀의 두 아들 같은 해적들은 그 만트라를 다른 식으로 해석했다. 죽은 자를 모두 바다로 던져버리면 해적의 잔혹성이 어떻게 세상에 알려질 수 있냐는 것이었다. 따라서 이른바 해적의 황금시대, 즉 헨리 에브리 직후의 세대에는 소수의 운 좋은 생존자에게 자비를 베푸는 게 관례가 되었고, 생존자들은 고향에 돌아가 바다에서 겪은 끔찍한 공포를 세상에 알릴 수 있었다. 브르타뉴의 암사자는 구텐베르크 이전의 시대에 살았던 까닭에 그녀의 메시지는 왕궁의 소문과 개인적인 서신을 통해서만 유포될 수 있었다. 그러나 에브리와 그의 후예들에게는 그들의 잔혹성을 신속하게 널리 알릴 수 있는 기막힌 인쇄 매체가 있었다. 소책자, 신문과 잡지, 책이 당시 유럽과 아메리카 대륙의 도시들에서 여론 형성에 큰 영향을 미쳤다. 요즘 '타블로이드'판 매체와 관련된 많은 관례들, 예컨대 서둘러 기사를 쓰면서 선정적인 폭력을 부각시키려고 사실을 조작하는 관례는 헨리 에브리와, 그 이후로 1700년대 초에 활동한 해적들의 만행을 보도함으로써 이익을 취할 목적에서 처음 시작되었다. 따라서 에브리는 한창 활동할 때 오디세우스 같은 신비로운 뱃사람의 후손이 되었고, 20세기의 존 웨인 게이시(John Wayne Gacy), '샘의 아들'이라는 별칭으로 알려진 데이비드 버코위츠(David Berkowitz), 찰스 맨슨(Charles Manson)처럼 기이한 범죄로 전국적인 주목을 받은 살인범, 즉 실제보다 과장되게 소개된 인물의 전조이기도 했다.

계몽시대에 소책자를 집필한 사람들과 초기의 언론인들은 런던 스트랜드가에 있던 카페에서 일간지 〈태틀러(*Tatler*)〉에 게재할 기사를 재밌게 작성하던 세련된 지식인 계급으로 여겨지는 경향이 있다. 그러나 인쇄 매체가 형성되던 초기에도 선정주의가 없지는 않았다. 진취적인 출판업자들은 공개 처형장에서 범행을 섬뜩할 정도로 자세히 다룬 특별판을 판매하기도 했다. 최초의 연쇄 살인범으로 명성을 얻었던 잭 더 리퍼(Jack the Ripper)가 등장하기 거의 두 세기 전부터, 소책자 집필자들은 잔혹한 범인들을 거의 영웅처럼 집중적으로 다루며 돈벌이를 했다. 하지만 해적만큼 민중의 상상력을 사로잡은 범죄 집단은 없었다.

이 시기에 알려진 해적들의 소름 끼칠 정도로 잔혹한 만행에 비하면, 현 시대의 가장 극악한 연쇄 살인범에 대한 이야기는 대수롭지 않게 느껴질 정도다. 프랑수아 롤로네(François l'Olonnais, 1630~1669)라는 프랑스 해적은 '단검으로 한 포로의 배를 가르고,

펄떡펄떡 뛰는 심장을 뜯어내 물어뜯고는 다른 포로의 얼굴에 냅다 던졌던 것'으로 알려졌다.[6] 또 초기 식민시대의 신문 〈아메리칸 위클리머큐리(*American Weekly Mercury*)〉에도 영국인 해적 에드워드 로(Edward Low, 1690~1724)의 가공할 만한 만행에 대한 기사가 실렸다. 상선 선장이 황금 주머니를 배 밖으로 던져버리자, 로는 "선장의 위아래 입술을 잘라내고는 선장이 보는 앞에서 그 입술들을 구웠고, 나중에는 32명의 선원 전부를 학살했다." 이 이야기의 다른 판본은 현대판 한니발 렉터에 버금가는 내용으로, 즉 그 미치광이 해적이 선장의 입술을 구운 후에 선장에게 억지로 먹게 했다는 식으로 바뀌었다.[7]

이런 이야기들은 순전히 판매를 위해 과장된 것이 분명하다. 그러나 해적의 잔혹성을 다룬 출판물은 주로 법정 증언록에 근거한다. 이런 출판물은 대체로 법정 증언이 있은 후에 며칠 만에 출간되었으며, 법원에서 다뤄지는 시끌벅적한 사건을 세상에 널리 알리는 언론의 오랜 전통이 이로부터 시작되었다. 이런 유형의 출판물 중 선장실에서 대담하게 럼주 한 모금을 훔친 죄로 십대에 불과하던 급사를 고문하고 살해한 죄로 기소된 선장, '브리스틀 출신의 진(Jeane)'을 다룬 책은 섬뜩하기 짝이 없다. 그 책은《비할 데 없는 잔학함(*UNparallel'd Cruelty*)》이라는 제목으로 출간되었는데, 결국에는 죽음을 맞았지만 죽고 싶어도 죽지 못한 채 소년이 겪었던 고통을 고려하면 절제된 제목으로 여겨질 정도였다.[8] 예컨대 소년은 나흘 동안 돛대에 매달린 채 매질을 당하고, 선장의 오줌을 마셔야 했다.

가학적 폭력성을 보인 진 선장은 해적으로서는 끝이 좋지 않았다. 결국 그는 사형 선고를 받았고, 당시의 관습대로 야만적인 방법으로 교수형에 처해져서 무려 18분이나 목이 밧줄에 매달린 채 발버둥치다가 숨이 끊어졌다. 그러나 많은 경우에, 해적의 잔혹성에 대한 신화적 이야기들은 해적의 비정상적인 정신 상태만을 상징하는 게 아니었다. 런던과 보스턴의 소책자 집필자들이 해적의 잔혹성을 다루며 금전적 이득을 기대했듯이, 해적들도 동일한 목적에서 자신들의 잔혹함이 알려지기를 바랐다. 피에 굶주리고 야만적이라는 소문을 조장함으로써 해적들은 더 쉽게 약탈할 수 있었다. 자신의 동료가 장기를 뜯기고 그것을 다시 억지로 먹어야 했다는 기사를 상선 선장이 읽었다면, 검은 깃발을 보자마자 저항하지 않고 배를 넘겨주고 싶지 않겠는가. 달리 말하면, 광기 어린 행동에도 나름의 이유가 있었다. 경제사학자 피터 리슨(Peter Leeson)은 놀라울 정도로 풍요로웠던 해적들의 경제 시스템을 연구한 저서 《보이지 않는 고리(*The Invisible*)》에서, 해적들의 극단적인 폭력을 일종의 기호학적 행위로 묘사했다.

> 포로들이 전리품을 숨기고 주지 않는 걸 예방하려면…… 해적들에게는 잔혹하고 야만적이라는 소문이 필요했다. 그런 실리적인 평판에 광기를 더한다고 해서 손해날 것이 없었다. 해적들은 흉

포하고 미치광이라는 평판을 해적의 상표로 만들었다. 메르세데스벤츠(Mercedes-Benz)가 그런 목적을 위해 광고라는 수단을 사용했다면, 해적은 소문이라는 수단을 사용한 것이 다를 뿐이다. 해적은 잡지에 호화로운 광고를 싣진 않았지만, 그들의 야만성과 광기가 과장되어 널리 퍼지도록 알려야 했다. 18세기의 대중적인 출판물들이 부지불식간에 해적의 평판을 광고해줬고, 해적들이 무자비한 상표명을 알리는 데 크게 기여하며 큰돈을 쉽게 벌 수 있도록 간접적인 도움을 줬다.[9]

런던과 암스테르담, 보스턴 등의 진취적인 출판업자들은 망망대해에서 수천 킬로미터나 떨어진 곳에 있었지만 해적들과 공생 관계에 있었다. 책을 팔려면 출판업자들에게는 펄떡이는 심장을 가슴에서 뜯어냈다는 이야기가 필요했고, 미래의 피해자들에게 두려움을 심어주려면 해적에게는 그런 이야기가 널리 확산될 필요가 있었다. 해적의 황금시대가 출판문화의 탄생기와 거의 일치한다는 사실이 우연만은 아니다. 잔 드 클리송(Jeanne de Clisson)이 14세기에 10년 동안 영국해협에 출몰하며 그럭저럭 명성을 얻었을진 몰라도, 일반적으로 매체를 통한 과장과 확산 없이는 해적으로 자리를 굳히기가 쉽지 않았다. 해적질로 생계를 꾸리는 데에는 잔혹성과 물리적인 폭력성만으로도 충분했다. 그러나 유명해지는 게 그보다 훨씬 효과적이었다.

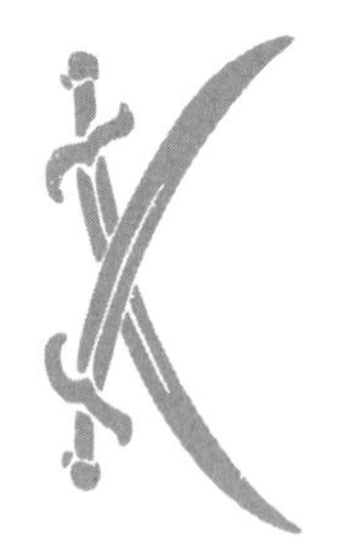

3
○

무굴제국의 기원

볼란 고갯길
663년

오늘날 파키스탄의 중앙을 가로지르는 중앙브라후이(Central Brahui) 산맥에는 3,000미터를 넘는 산봉우리가 거의 없다. 그 때문인지 중앙브라후이산맥은 북쪽에 이웃한 히말라야산맥만큼 주목받지 못하는 게 사실이다. 그러나 브라후이산맥의 석회암 산마루가 침식되며 형성된 거의 90킬로미터나 되는 계곡과 협곡은 오래전부터 아랍 세계를 인더스 계곡의 농경문화와 그 아래로 드넓게 펼쳐진 인도 아대륙에 연결시켜주는 주된 통로 역할을 해왔다. 이제 그 통로는 수천년 동안의 침식을 통해 그 관문을 열었던 물길의 이름을 따라 볼란 고갯길(Bolan Pass)이라 불리며, 오늘날 우리는 그 고갯길을 자동차나 기차로 넘을 수 있다. 그러나 과거에는 고갯길을 쉽게 넘을 수 없었다. 한 영국군 장교는 1841년 왕립지리학회에 보낸 편지에서 그 고갯길을 이렇게 묘사했다. "그 산악 지역에 비가 내리면 때때로 아무런 예고도 없이 물길이 거의 수직으로 떨어지며 주변의 모든 것을 쓸어버립니다. 내 친구가 실제로 경험했습니다. 일꾼들, 말과 낙타 등 모든 재산이 물길에 휩쓸려 사라지는 걸 지켜봐야만 했다고 합니다. …… 그때 37명이 물길에 휩쓸려 행방불명됐습니다."[1]

인도를 차지한 무슬림

예언자 무함마드(Muhammad)가 세상을 떠나고 31년밖에 지나지 않은 663년, 무슬림 군대가 볼란 고갯길을 성공적으로 넘은 후에 브라후이산맥의 기슭을 내려가 인도 아대륙의 계곡으로 향했다. 그들 중에는 무함마드와 함께 공부한 신실한 종교인도 몇 명 있었을 것이다. 그들이 습격을 받은 시기는 이슬람계 군인이 인도의 힌두 문화를 처음으로 접촉한 때였다. 당시 볼란 고갯길을 넘는 원정은 무함마드 사후에 30년 동안 격정적으로 행해진 정복의 자연스런 연장선인 듯했다. 이슬람교의 탄생은 일반적으로 622년, 즉 무함마드가 메카를 탈출한 해로 여겨진다. 650년경 무슬림 군대는 로마제국의 마지막 흔적들을 무너뜨렸고, 현재의 시리아와 이집트, 이라크와 이란, 북아프리카 일대, 아프가니스탄의 대부분을 점령했다. 무슬림 군대가 인도 쪽으로 원정을 계속한 것은 불가피한 일이었다. 무슬림 상인들이 서인도의 여러 항구도시에서 이미 거래를 시작한 뒤였고, 상선들은 똑같은 해로를 따라 아라비아해를 오가고 있었기 때문이다. 헨리 에브리의 해적선이 1,000년 후에 그 해로를 똑같이 따랐다.

그러나 663년 볼란 고갯길을 넘은 무슬림 전사들은 정복자가 되지 못했다. 그 시기에 신드 지역을 통치하던 차츠(Chach)라는 이름의 브라만에게 격퇴된 때문이었다. 반세기 후, 무함마드 빈 카심(Muhammad bin Qasim)이 다시 볼란 고갯길을 넘어와 신드 지역과 인더스 계곡을 정복하는 데 성공했다. 그 후로 수 세기 동안 그 지역의 지배권을 두고 무슬림과 토착민이 다퉜지만, 무슬림 침략자들은 북부 지역을 넘어 인도 전체를 점령하는 데는 성공하지 못했다. 따라서 무슬림 침략자들은 '믈레차(mlecchas)'로 알려지게 되었다. 별다른 위협거리가 되지 못하는 열등한 존재를 가리키는 경멸적인 표현이었다. 무슬림의 군사 정복은 자연적인 장벽, 예컨대 오늘날 파키스탄과 인도 사이의 경계를 이루는 타르사막에 의해 어느 정도 제한받았지만, 무역은 그런 장벽에 아랑곳없이 지속적으로 행해지며 두 문화권을 잇는 조직망을 갖춰갔다. 무슬림은 세계사에서 최초로 진정한 범세계적 통합 거래망을 구축해냈다. 서아프리카에서 인도네시아까지 촘촘하게 연결되었지만, 그 방대한 거래망에서 아라비아 말을 인도에 팔고 향신료와 면화를 가져간 무역로만큼 수익성이 좋은 무역로는 거의 없었다.

이런 국제무역 덕분에 인도가 풍요로워지며 이슬람의 제국적 야망에 성공적으로 저항할 수 있었다. 기원후 1년부터 1500년까지, 국내총생산(gross domestic product, GDP)에서 중국을 비롯해 세계의 어떤 지역도 인도만큼 큰 몫을 차지하지 못했다.[2] 진주와 다이아몬드, 상아와 흑단, 향신료를 넉넉히 공급한 까닭에 인도는 거의 1,000년 동안 무역수지 흑자를 기록할 수 있었다. 염색된 면직물만큼 세계인의 상상력을 자극하고 그들의 지갑을 비워낸 상품은 없었을 정도로, 염색된 면직물은 인도 역사에서 중대한 역할을 했다. 면화와 인도 아대륙의 관계는 무척 오래되었다. 현재 파키스탄 지역의 인더스강을 따라 시행된 고고학적 발굴 사업에서, 염색된 실과 면직물이 은제 꽃병에 부착된 상태로 발견되었다. 그 면직물은 기원전 2300년경에 직조된 것으로 추정되고, 세계 최초의 가공된 면섬유로 여겨진다. 헤로도토스(Herodotus)는 인도에서 '아름다움과 질에서 양털보다 더 낫고, 인도인들이 옷을 짓는 데 사용하는 실을 생산하는' 야생 나무에 주목했다.[3] 처음부터 면화는 기술 혁신을 끌어냈다는 뜻이다. 전설적인 아잔타 석굴의 벽화들은 거의 같은 시기에 그려진 것으로 판단되는데, 그중에는 인도인들이 롤러를 사용해 면섬유로부터 씨를 추출하는 기계, 즉 먼 훗날 엘리 휘트니(Eli Whitney, 1765~1825)가 발명한 조면기의 전신에 해당하는 기계도 눈에 띈다.

그러나 인도 아대륙을 가장 크게 바꿔놓은 혁신, 더 나아가 인도와 다른 지역의 경제적 관계에도 큰 영향을 미친 혁신은 면섬유로부터 씨를 분리한 것이 아니었다. 직물을 짜기 위해 면화를 가정마다 재배한 사회라면, 어떤 사회나 결국에는 기계적인 조면기를 사용할 수밖에 없다. 인도의 면화가 남달랐던 이유는 실이 아니라 색에 있었다.[4] 꼭두서니, 헤나, 강황 같은 강렬한 염료로 면섬유를 물들이는 데는 화학 실험을 할 때처럼 기계 장치가 필요하지 않았다. 면섬유에 함유된 밀랍 같은 섬유소는 식물성 염료를 원천적으로 배척한다. 인디고의 짙은 남색만이 촉매제의 도움 없이도 면직물에 부착될 뿐이다. 당연한 말이겠지만, 인디고는 염료를 처음 사용한 인더스 계곡에서 그 이름을 따왔다. 면섬유를 인디고 이외의 색으로도 염색될 수 있는 직물로 변형하는 과정을 섬유 조직의 '동물화(animalizing)'라고 한다. 그 과정의 대부분에 가축의 분비물이 개입되기 때문이다. 첫째로, 염색공은 섬유 조직을 산패유로 표백했고, 다음 단계에서는 단백질을 다량으로 함유한 물질, 예컨대 염소 오줌, 낙타 똥과 피 등을 투입했다. 그 후에 금속염과 염료를 혼합해서 섬유 조직에 깊숙이 스며드는 매염제를 만들어냈다. 그 결과로, 산뜻한 색을 선명하게 보여주고, 몇 번을 세탁한 후에도 그 색을 유지하는 직물이 탄생했다.[5]

이런 염색 기법이 언제 발명되었는지는 분명하지 않지만, 한 명의 뛰어난 염색공이 찾아낸 것이 아니라, 수 세기 동안 실험을 거듭하며 발전된 것이 거의 분명하다. 기원전 327년 알렉산더 대왕이 인도 아대륙의 정벌을 시작했을 때도 염색된 면직물이 유난히 눈에 띄었던지, 몇몇 장군이 자신들의 원정기에서 그 면직물을 특별히 언급하기도 했다. 그리스 역사학자 스트라본(Strabon, 기원전 64~기원후 23)은 그런 장군들의 글을 인용해[6] "인도에는 털 뭉치를 열매처럼 맺는 나무가 있었다. 인도인들이 그것으로 만든 리넨은 여느 것보다 섬세하고 하얬다. 그 나라는 무척 아름다운 색을 만들어낸다"라고 썼다.[7]

알렉산더 원정군은 인도에서 귀향해서 이 경이로운 직물에 대한 이야기를 유럽에 전해주며, 인도 면화에 대한 집착이 시작되는 데 한몫을 했다. 그 결과로, 인도 면화가 궁극적으로 전 세계를 뒤덮게 되었다. 면직물의 세 가지 속성은 그에 대한 집착을 만들어냈다. 면직물은 부드러웠고, 선명한 무늬로 염색될 수 있었으며, 세탁해도 탈색되지 않았다. 인류의 역사에서 어떤 직물도 이런 속성들을 동시에 지닌 것이 없었다. 알렉산더의 정벌 이후로 팬시호와 보물선 간의 충돌이 있기까지 2,000년이라는 시간 동안, 많은 상인이 희귀 금속을 채굴해 거래하며, 또 설탕과 후추 같은 값나가는 식물을 재배하고 판매하며 돈을 벌었다. 그러나 그 시기에 인도의 염색된 면직물만큼 많은 이익이 보장되는 예술품이나 상품은 없었다.

인도는 로마 시대부터 탐험의 시대까지 세계 무역에서 줄곧 강대국으로 군림했지만, 정작 상품의 이동에서는 주변적인 역할에 머물렀다. 역사학자 스트라본의 기록에 따르면, 매년 이집트계 그리스인들이 운항하는 120척의 로마 선박이 인도의 남서쪽 해안까지 찾아가 은과 금을 주고 면화와 장신구와 향신료를 가져왔다. 첫 번째 천년시대가 끝나갈 무렵, 그런 해운망은 무슬림 무역상들이 거의 독점하고 있었다. 그 결과로, 예술 지향적인 힌두 사회는 공예적인 멋을 더한 귀중품을 생산하고, 인도의 항구도시들에 운집한 무슬림 상인들과 선원들은 그 상품을 세계 시장에 유통하는 지리경제학적 시스템이 형성되었다.

인도가 자체적으로 무역망을 개척하지 않은 이유가 무엇일까? '인도가 그랬더라면 어떻게 되었을까'라는 가정은 세계사에서 가장 흥미로운 사고실험(thought experiment) 중 하나다. 인도가 무궁무진한 천연자원과 기술적 창의력을 결합하려는 욕망만큼이나 해양 무역에도 욕심을 부렸다면, 영국이 1700년대에 경제적인 대도약을 이루기 전에 인도가 먼저 산업화를 시작해 세계를 지배했을 것이라는 상상이 허무맹랑하지는 않다. 그럼 인도가 무역을 주저한 이유가 무엇일까? 이 의문에 대한 그럴듯한 설명 중 하나는 바다 여행을 금지하는 힌두교의 가르침에 있다. 《바우다야나 수트라(*The Baudhayana Sutra*)》 경전에 따르면, '바다를 여행하는' 사람은 예외없이 카스트제도에서 자신의 신분을 상실한다. 그들에게 신분 상실은 치밀하게 짜여진 고행을 통해서만 용서받을 수 있는 형벌이었다. "그들은 세 번을 걸러 한 번 식사하되 소량을 먹고, 아침과

정오와 저녁에 목욕한 후에 신에게 헌주(獻酒)하고, 낮에는 서서 지내고 밤에는 앉아 지내야 한다. 그렇게 3년을 지내야 죄를 씻어낼 수 있다."[8]

일부 역사학자의 주장에 따르면, 그런 금지에도 불구하고 1세기에 인도는 역사서에 일반적으로 기술된 것보다 항해 능력이 훨씬 뛰어났다. 그러나 어떤 이유였는지 몰라도, 첫 번째 천년시대가 끝나갈 즈음, 무슬림 무역 선단이 몰려와 인도와의 상품 거래를 거의 독점해버렸다. 당시에 이슬람 세계가 무역에 적극적인 태도를 띤 반면, 인도는 소극적이었다. 무함마드가 상인이었던 까닭에, 사람들이 탐내는 물건을 판매하면 궁극적으로 종교적 회심을 유도하는 관계를 효과적으로 시작할 수 있다는 것을 그 제자들이 일찌감치 깨달았던 것이 아닌가 싶다. 요즘 이슬람교가 강세인 지역을 지도로 보면, 무슬림 무역상들이 1,000년 전에 거래를 시작한 지역과 거의 일치한다. 반면에 당시 이슬람교가 군사적으로 정복한 지역들에서는 대체로 이슬람교 자체가 배척되었다. 1000년경에는 모든 세계 종교 중에서 이슬람교가 압도적으로 세계주의적이었다. 이슬람교가 다른 문화나 종교와 접촉하는 걸 꺼리지 않고 개방적이었던 데는 무역의 역할이 컸다. 실제로 무슬림들은 항구도시에서 배타적인 문화를 맞닥뜨리면 당황하기도 했다. 11세기의 무슬림 학자 아부 라이한 알비루니(Abu Rayhan Al-Biruni)가 남긴 기록에서 확인되듯이, "힌두인들은 자신들 이외에 다른 나라는 없다고 생각한다. 자신들의 종족 이외에 다른 종족, 자신들의 왕 이외에 다른 왕, 자신들의 종교 이외에 다른 종교, 자신들의 학문 이외에 다른 학문은 없다고 생각한다. 그들의 오만은 하늘을 찌를 정도여서, 만약 당신이 호라산(Khorasan)이나 페르시아의 학문이나 학자에 대해 그들에게 이야기하면, 그들은 당신을 무지한 사람이나 거짓말쟁이로 생각할 것이다. 그들도 다른 종족들과 섞여 여행하면 금방 그런 편협한 생각을 바꿀 것이다."[9]

무굴제국의 통치 방식

이런 차이에도 불구하고, 두 번째 천년시대가 시작하기 전까지 힌두문화와 무슬림문화는 상당히 조화로운 공존 관계를 유지했다. 그러나 이런 평화로운 공존이 영원히 지속되지는 않았다. 1001년 아프가니스탄의 술탄, 가즈나(Ghazna) 왕조의 마흐무드(Mahmud)가 불신자들을 절멸하는 동시에 왕궁과 사원을 약탈해 금고를 채우겠다는 이중의 목적을 띠고, 인도를 공격하고 나섰다. 1001년의 급습을 필두로, 30년 동안 열여섯 번의 공격이 이어졌다. 3년 후 마흐무드는 인더스강을 건넜고, 1008년에는 캉그라 요새를 급습해 180킬로그램의 금괴와 2톤의 은괴를 전리품으로 가져갔다.[10]

마흐무드의 이런 탐욕만큼이나, 힌두교 우상(偶像)에 대한 공격도 무자비하기 짝이 없었다.[11] 우상 파괴자(iconoclast)라는 단어가 요즘에는 괴짜를 가리키며 대체로 긍정적인 뜻으로 사용되지만, 원래는 종교적 상징물을 파괴하는 사람을 뜻했다. 마흐무드가 세상을 떠난 1030년쯤, 마흐무드 군은 멀리 남쪽으로 갠지스강 평원까지 내려갔다. 다시 두 세기 후에는 무함마드 구리(Muhammad Ghuri)가 델리에 술탄국을 세웠다. 그로 말미암아 인도 아대륙의 상당한 지역이 이슬람교의 지배하에 들어갔고, 그런 상태가 다섯 세기 동안 이어졌다.

무슬림의 통치 방식에 대해서는 오늘날까지도 논란이 분분하다. 일부 학자는 그 시대에 세계사에서 가장 참혹한 대량 학살이 있었다고 생각한다. 예컨대 프랑스 역사학자 페르낭 브로델(Fernand Braudel, 1902~1985)은 《문명의 역사(*A History of Civilizations*)》에서 무슬림의 인도 지배를 이렇게 묘사했다.

> 무슬림들은 조직적으로 공포를 조장하며 인도를 지배했다. 잔혹한 학대는 기본이었다. 화형, 약식 처형, 십자가에 못 박기와 창으로 찌르기 등 온갖 기발한 고문으로 인도인들을 겁줬다. 힌두교 사원을 허물고, 그 자리에 모스크가 세워졌다. 때로는 개종을 강요하기도 했다. 폭동이 일어나면, 즉각적이고 야만적으로 진압했다. 집이 불태워졌고, 시골 지역은 황무지로 변했다. 남자들은 학살되고, 여자는 노예로 끌려갔다.[12]

한편 무슬림의 지배가 상대적으로 너그러웠다고, 특히 1526년 바부르(Babur, 재위 1526~1530)가 세운 무굴제국하에서 관대한 편이었다고 주장하는 역사학자도 적지 않다. 예컨대 무굴 왕조가 전성기에 이르렀던 때, 더 정확히 말하면 아크바르(Akbar, 재위 1542~1605) 대왕이 통치하던 1500년대 후반기에 인도 경제는 역동적이었고, 종교 차별도 심하지 않았다. 아크바르 자신이 세계 문학에 정통한 학자였고, 많은 비무슬림을 국가직에 임명했으며, 힌두교인에게만 부과되던 세금을 철폐했다. 성공하지는 못했지만, 심지어 이슬람교와 힌두교의 장점을 취해 '딘이 일라히(Din-i Ilahi)', 즉 '신성한 종교'라는 혼성 종교를 만들려는 시도도 했다.

인도를 마지막으로 통치한 무슬림 황제는 큰 저항을 받지 않고 1658년에 권좌에 올랐다. 헨리 에브리가 탄생한 시기와 비슷하다. 황제로서 그의 본래 직함은 아부 무자파르 무휴딘 무함마드 아우랑제브 알람기르(Abu Muzaffar Muhiuddin Muhammad Aurangzeb Alamgir, 재위 1658~1707)였다. 바깥 세상에는 '아우랑제브(Aurangzeb)'라는 간단한 명칭으로 알려졌다.

1650년대 말을 두 화면으로 본다고 상상해보자. 한 아이는 잉글랜드 웨스트컨트리의 평범한 집안에서 태어나고, 8,000킬로미터가 떨어진 곳에서는 한 왕조의 새로운 계승자가 무굴제국의 황제가 된다. 지리와 문화, 계급, 종교와 언어가 완전히 달라서, 이들보다 공통점이 적은 두 사람을 상상하기도 힘들 정도다. 그러나 당시에는 전혀 있을 법하지 않은 일이 일어났다. 일련의 사건들로 말미암아 아우랑제브와 헨리 에브리는 폭력적 충돌을 피할 수 없었던 것이다.

이 있음 직하지 않은 충돌은 개인의 삶을 훌쩍 뛰어넘는 엄청난 결과로 이어졌다. 1650년대 말에 두 화면으로 에브리의 탄생과 아우랑제브의 즉위를 모두 지켜본 사람이 있었더라도, 둘의 충돌 이후로 인도에서 이슬람 시대가 붕괴하고, 대영제국군이 들어서서 두 세기 이상 인도 아대륙을 지배하게 될 것이라고는 전혀 상상하지 못했을 것이다. 영국의 인도 점령은 근대를 규정하는 사실이기 때문에 다른 연대표를 상상하기가 힘들다. 그러나 헨리 에브리의 삶이 다른 식으로 전개되었더라면, 영국의 인도 점령은 일어나지 않았을 수도 있다.

4

○

인류 모두의 적

알제
1675년경

헨리 에브리가 결국에는 세계에서 가장 악명 높은 해적이 되었지만, 해적이라는 끔찍한 골칫거리를 바다에서 제거하려는 영국 왕립 해군에서 경력을 시작한 것은 어쩌면 당연하다. 아드리안 판 브루크(Adrian van Broeck)가 쓴 헨리 에브리의 전기에 따르면, 젊은 에브리는 '알제에 있던 해적 소굴을 소탕하려는 군함'에 승선해 플리머스를 출항했다. 판 브루크는 19세기에 꽃피웠던 해양소설에서 흔히 사용되던 기승전결 구조를 따른다. 따라서 출항 즉시, 에브리는 동료들에게 유명해진다. "에브리는 바다 생활에 철저히 준비된 모습을 보였다. 따라서 그가 승선한 전함 레볼루션(Revolution)호의 장교들에게는 물론이고 로슨 함장에게도 높은 평가를 받았다. …… 에브리는 활력과 발랄함을 유감없이 과시했고, 당연히 알제는 영국 해군을 두려워하게 되었다."

판 브루크의 전기에서 적잖은 부분이 역사적 사실에 기초한 것은 사실이다. 실제로 존 로슨(John Lawson) 해군 중장은 레볼루션호라는 50문의 대포를 갖춘 군함을 지휘했고, 알제와 튀니스와 트리폴리를 거점으로 활동하던 바버리(Barbary) 해적들로부터 영국 상선을 보호하며 상당한 시간을 보냈다. 그러나 로슨이 지중해에서 함장으로 재임한 시기는 1660년대 초반이었고, 1665년 서픽 앞바다에서 벌어진 네덜란드군과의 해전에서 전사했다. 또 레볼루션호는 이듬해인 1666년 성 야고보의 날에 역시 네덜란드군과 맞붙은 해전에서 침몰했다. 헨리 에브리가 실제로 1659년에 뉴턴페러스에서 태어났다면, 1660년대 초에 알제에서 존 로슨의 부하로 복무하기 위해서는 뱃사람으로서 조숙해야 했을 것이다(어쩌면 '활력과 발랄함'이라는 표현도 그가 당시 세 살에 불과했다는 사실에서 기인했을 수 있다). 게다가 당시 영국 왕립 해군에 십대 소년은 얼마든지 있었다. 판 브루크는 전기에서, 에브리가 1653년에 태어났다고 했다. 그렇다면 그가 8세나 9세의 급사로 레볼루션호에서 로슨 장군과 함께 항해했을 미약한 가능성이 남는다.[1] 그러나 영국 해군의 기준에서도 에브리는 무척 어린 나이였을 것이다. 게다가 그 연령의 아이가 아무리 활달했더라도 함장에게 깊은 인상을 남겼을 가능성은 거의 없다.

또 다른 레볼루션호는 1667년에 진수되어, 1660년대 말에 역시 바버리 해적의 진압을 위해 배치되었지만 로슨은 그 전함에 승선하지 않았다. 그 레볼루션호는 70문의 대포를 갖춘 3등급 전열함이었다. 그러나 에브리가 1659년에 태어났고, '알제가 영국 해군을 두려워하게 만든' 해전에 참전했다고 믿는다면, 에브리가 1670년대 초에 해군에 입대한 후에 바버리 지역의 해변 도시들을 공격하는 데 참전했다는 것이 가장 그럴듯한 시나리오다.

실제 연대표가 어떻든 간에 에브리는 바버리 해적들에게 철퇴를 가하겠다는 생각으로 해군에 입대했다고 가정하는 게 합당한 듯하다. 잉글랜드 남부 해안 지역에서 성장하면서 에브리가 어린 시절에 꿈꾸고 들었던 악몽과 설화에서는 북아프리카의 전설적인 해적들이 주된 역할을 했을 것이다. 바버리 해적들은 지중해에서 거의 한 세기 전부터 영국 상선들을 공격했지만, 언젠가부터 잉글랜드와 아일랜드의 해안 지역에도 직접적으로 위협을 가했다. 실제로 1631년에는 한 바버리 해적이 아일랜드 코크주의 볼티모어라는 작은 마을을 한밤중에 급습해 거의 100명을 끌고 갔다. 그중 절반이 어린아이였고, 그들 모두가 알제에서 노예로 팔렸다. 14년 후에는 콘월주 해안 지역에 살던 시민 240명이 납치되어 노예가 되었다. (의회가 몸값을 지불한 덕분에 그중 다수가 수년 후에 잉글랜드에 돌아올 수 있었다.) 게다가 60척가량의 바버리 해적선이 영국해협을 배회하며 알제와 트리폴리 노예 시장에 넘길 사람들을 납치할 기회를 호시탐탐 엿본다는 소문이 나돌았다. 17세기 거의 내내, 잉글랜드와 아일랜드의 해안 지역 근처에 살던 사람들은 느닷없이 북아프리카 감옥에 끌려갈 수 있다는 현실적인 두려움을 맞닥뜨려야 했다. 1640년 영국 의회가 설립한 알제위원회(Committee for Algiers)는 무려 5,000명의 잉글랜드 시민이 북아프리카에서 노예로 팔렸을 것이라고 추정했다. 그 숫자를 다시 해석하면, 데번셔의 평범한 주민이 바버리 해적에 의해 느닷없이 노예로 전락할 가능성이 요즘 서구 도시에서 테러 공격을 직접 경험할 공산보다 훨씬 높았다는 뜻이다.

최초의 '인류 모두의 적'

그런 약탈을 영국인의 관점에서 해석하면, 바버리 해적들은 '호스티스 후마니 제네리스(Hostis humani generis)'로 분류된다. 이 라틴어는 국제법에서 초창기에 사용되던 용어로 '인류 모두의 적'이라는 뜻이다. 해안 지역 마을을 습격해 사람들을 납치해 노예로 파는 행위는 일반적인 범죄 행위를 넘어서 관습에 대한 도전이었다. 바버리 해적들은 인류에 대한 범죄를 저질렀고, 따라서 그들의 극악한 행위를 극단적으로 처벌하는 게 당연하게 여겨졌다. 수 세기 동안 인류 모두의 적이라는 분류는 해적에게만 적용되었다. 해적들이 일반적인 범죄 행위의 경계를 넘어서는 잔혹 행위를 서슴지 않기도 했지만, 대부분의 범죄를 법적 관할권이 모호한 공해상에서 행했기 때문이었다. 따라서 영국 해군이 알제를 겁주고 20년이 지난 후에 에브리와 그의 선원들에게도 똑같은 딱지가 붙었다. 해적을 인류 모두의 적이라 선포함으로써, 해적이 지구 반대편에서 범죄를 저질렀더라도 당국이 해적들을 심판할 법적 권한을 갖게 된 것이다. 20세기에 들어 인류 모두의 적의 범위가 확대되어 전쟁 범죄인, 고문자, 테러리스트가 인류 모두의 적이 되었다. 9 · 11테러가 있었을 때 미국 법무부 소속 법률가 존 유(John Yoo)는 테러리스트들을 인류 모두의 적이라고 언급하며, 그들에 대한 극단적 학대를 테러와의 전쟁의 일환으로 정당화했다. 관타나모와 아부그라이브의 수용소에서 저질러진 학대를 정당화하는 법적 토대는, 해적들이 공해에서 행하는 잔혹 행위를 해결하려고 처음 놓였던 것이다.

17세기 영국은 바바리 해적들을 인류 모두의 적으로 규탄했지만, 위선적인 비난이었다. 세계에서 극악하기로 유명한 해적들 중에는 잉글랜드인이 적지 않았고, 영국 왕의 비호를 받으며 해적질을 하기도 했다. 따라서 이 시기에 영국 법은 해적선과 사략선 구분의 의도적인 허점을 통해 이런 모순을 지워버리려고 시도했다. 하지만 그 행위에서 사략선은 해적과 거의 구분되지 않았다. 사략선도 마을을 약탈했고 보물을 탈취했으며, 선박을 나포해 선원들을 고문했고, 그 과정에서 선원들을 죽이기도 했다. 그러나 사략선은 정부의 허가를 얻어 그런 짓을 한다는 게 달랐다. 그 허가는 주로 다른 국적의 선박을 공격할 수 있는 권한을 부여하는 '타국 선박 나포 면허장(letter of marque)'이라는 형태로 주어졌다. 역사학자 앵거스 콘스탐(Angus Konstam)은 "이런 법적인 보호의 대가로, 그 면허장을 발급한 국가는 수익의 일부를 상납받았다. 사략선이 계약을 준수하고, 면허장에 나열된 적국의 선박만을 공격하는 한, 해적으로 간주되어 교수형에 처해지거나 평생 갤리선에서 노예로 일하는 처벌을 받지 않았고, 즉결로 죽임을 당하지도 않았다"라고 말했다.[2] 사략선은 전쟁 선포로 공식화된 적국에 속한 선박만을 공격할 수 있는 게 관례였다. 그러나 그 경계가 모호할 때가 많았다. 게다가 사략선 선원들이 약탈하는 삶에 길들면서, 공식적인 적대 관계가 종식된 후에도 약탈을 포기하지 않는 경향을 띠었다. 해적의 역사를 다룬 초창기 역사학자 찰스 존슨(Charles Johnson)은 《해적의 보편적 역사(*A General History of the Pyrates*)》에서 "전시의 사략선은 훗날 평화를 좀먹는 해적을 키우는 산실이다"라고 규정했을 정도였다.[3]

국가로부터 정식으로 허락받은 사략(私掠, privateering)은 에드워드 1세(Edward I, 재위 1272~1307) 시대까지 거슬러 올라간다. 해적에게 공격받은 적이 있는 영국 상선에는 '보복 행위(Commission of Reprisal, 타국 선박 나포 면허장의 전신)'가 허락되었다. 비영국 선박을 나포할 권한이 주어진 것이다. 엄밀히 말하면, 받은 만큼 돌려준다는 철저한 보복 원칙에 근거한 허락이었다. 따라서 보복을 허락받은 사략선은 원래 자신을 약탈한 해적단의 깃발을 매단 해적선만을 나포해야 했다. 그러나 그런 구분을 철저히 지키지 않았고, 빼앗긴 보물보다 훨씬 더 많이 약탈하는 경우가 비일비재했다.

사략 행위는 1500년대에 극성이었다. 그때는 잉글랜드와 스페인의 관계가 점점 악화되었고, 역사학자 더글러스 버제스(Douglas Burgess)의 표현을 빌리면 '합법적인 무역, 공세적인 중상주의, 노골적인 해적 행위가 뒤섞인 시기'였다.[4] 스페인의 대형 범선, 갤리언선들이 아메리카 대륙과 세비야를 오가며 은과 금와 향신료 등 막대한 재물을 운반했다. 타국 선박 나포 면허장으로 해적질이라는 오명을 지워낸 때문에 사략은 명망 있는 계급에게도 유망한 직업이 되었다. 그중 가장 유명한 인물이 프랜시스 드레이크였다. 데번셔에서 목사의 아들로 태어난 프랜시스는 1570년대 말에 세계를 일주했고, 중앙아메리카의 여러 항구를 공격해 거의 초토화시켰으며, 여러 모험을 통해 많은 재물과 명성을 얻었다. 특히 엘리자베스 1세(Elizabeth I, 재위 1558~1603)로부터는 기사 작위를 받았고, 데번셔의 버클랜드수도원을 구입해 살기도 했다. 현재 그 수도원은 내셔널트러스트(National Trust for places of Historic Interest and Natural Beauty)의 소유다. 버제스의 평가에 따르면, "눈부신 성공으로 드레이크는 영웅이 되었을 뿐만 아니라, 일종의 원형(原型), 즉 향후의 모든 해적이 평가되는 기준이자 해적 자신이 스스로를 평가하는 기준이 되었다."[5]

이 모든 역사에 비춰 보면, 헨리 에브리는 영국 해군의 일원으로 플리머스를 떠날 때 해적을 뚜렷이 다른 두 유형으로 구분했을 가능성이 크다. 하나는 인간의 품위를 무시한 까닭에 인류 모두의 적으로 여겨지던 잔인한 바버리 해적들이었고, 다른 하나는 드레이크를 비롯해 성공한 사략선 선장들처럼 근사한 인물들이다. 더구나 그들은 모험과 위험을 무릅쓰는 삶을 살았고, 그런 수고를 통해 막대한 재물까지 축적한 존경받는 인물들이었다. 따라서 해적이 된다는 것은 경멸할 가치조차 없는 사람으로 전락할 위험도 있지만, 존경만이 아니라 심지어 작위까지 받을 수 있는 흥미진진한 길에 들어선다는 뜻이기도 했다. 이런 두 극단이 적어도 한 세기 동안 유지되면서도 별다른 인지 부조화를 유발하지 않은 데는 분명한 이유가 있었다. 바버리 해적들은 주로 북아프리카인이었고 무고한 영국인을 공격한 반면, 드레이크와 그의 동료 사략선 선장들은 신세계에 정착한 스페인인을 약탈한 때문이었다. 바버리 해적들은 극악무도하고 인간적 도리를 무시하지만, 사략선 선장은 기사 작위를 받을 자격이 있다는 편파적 평가는 홈팀을 응원하는 일반적인 사례와 다를 바가 없었다.

헨리 에브리도 해군 초년병 시절에는 사략선의 진실에 대해 전혀 몰랐을 것이다. 그러나 결국 에브리의 행동으로 인해 두 종류의 해적 행위는 서로 충돌할 수밖에 없었다. 영국은 그들이 자랑하던 사략선들, 특히 스페인 선박을 공격해 약탈하던 버커니어(buccaneer)들이 괴물로 돌변할 수도 있다는 가능성에 직면해야 했다.

5

두 종류의 보물

인도 수라트
1608년 8월 24일

상선 헥터(Hector)호는 1608년 8월 말 인도의 서쪽 해안, 타프티강 하구에 닻을 내렸다. 런던을 출발해 아프리카의 뿔(Horn of Africa, 현재는 소말리아반도)을 지나오는 길이었다. 시에라리온과 마다가스카르에서 식량을 재공급받느라고 정박해서 시간이 지체되기는 했지만 벌써 1년 이상을 바다에서만 지낸 터였다. 타프티강 하구에 유럽 무역선이 정박한다고 해서 강변에 사는 인도인들에게 새로울 것은 전혀 없었다. 20킬로미터쯤 위로, 홍해 무역의 중심지인 수라트라는 항구도시가 있었기 때문이다. 그러나 눈썰미가 있는 사람이라면 헥터호의 출현에서 이상한 낌새를 눈치챘을 것이다. 바스쿠 다가마(Vasco da Gama, 1469~1524)의 유명한 1499년 항해를 시작으로, 포르투갈이 인도와의 유럽 무역을 독점하던 시대에, 헥터호의 출현은 인도와 유럽의 관계에서 중대한 전환점이었다. 헥터호는 영국 깃발을 내걸고, 인도 아대륙의 해안에 도착한 첫 선박이었다.

동인도회사의 인도 진출

헥터호 선상에는 동인도회사의 대리인 윌리엄 호킨스(William Hawkins)가 있었다. 호킨스는 동인도회사가 인도와의 무역 개척 가능성을 조사하기 위해 파견한 대표였다. 1604년 런던조약으로 잉글랜드-스페인전쟁을 종결한 이후로 두 국가 간의 긴장 관계가 전반적으로 완화되자, 동인도회사는 포르투갈이 인도 항구에 다른 국가의 무역상이 출입하는 걸 용인할 것이라 생각하게 되었다. 더구나 얼마 전에 향료제도(Spice Islands, 현재는 말루쿠제도)에서 큰 곤경을 겪었기에, 회사 경영진은 어떻게든 새로운 시장을 확보하려고 전력을 다했다. 호킨스는 제임스 1세(James I, 재위 1603~1625)가 무굴제국의 자한기르(Jahangir) 황제에게 '양국의 안전과 이익을 위해 합리적인 수준으로 자유롭게 거래할 수 있는 특권'을 허락해달라고 요청하는 친서를 갖고 있었다.[1]

수라트 앞바다에서, 호킨스는 그 지역 지사(知事)에게 '몸이 좋지 않아' 만날 수 없다는 전갈을 받았다. 호킨스의 일기를 보면, 그때 호킨스는 면담 요청이 거절된 진짜 이유가 좋지 않은 건강이 아니라 아편 때문일 것이라고 추정했다. 여하튼 호킨스는 수라트의 '샤흐반데르(Shahbander)', 즉 항무장의 환대를 받았다. 호킨스는 일기에 이렇게 썼다. "나는 수라트에 상점을 개설할 목적으로 온 것이며, 잉글랜드 왕이 그의 왕과 친선과 우애를 맺기를 바라기 때문에 그의 왕에게 보내는 친서도 가져왔다고 그에게 말했다. 또 모든 나라의 관습이 그렇듯이 양국의 백성이 자유롭게 오가며 물건을 사고팔 수 있기를 바라는 마음에, 이미 이곳을 여행한 사람들에게 의견을 물어 이곳에서 팔릴 만한 우리 땅의 물건들을 내 배에 가득 싣고 왔다고도 말했다."[2]

처음에 호킨스의 접근은 호의적인 반응을 끌어내는 듯했다. 항무장을 만난 이튿날 아침, 지사가 건강을 회복했다며 호킨스를 접견하겠다는 소식을 전해왔다. 호킨스는 대사의 풍모를 풍기도록 특별히 런던에서 제작한 진홍색 견직물에 은실로 자수된 의상을 입고 지사를 만나러 갔다. 지사에게 선물을 건넨 뒤에 자한기르 정권과 무역 관계를 맺고 싶다는 바람을 전했다. "그는 적어도 외견상으로는 정중하고 친절하게 나를 맞아줬고, 진심으로 환영한다며 마음껏 일해보라고도 격려했다." 그러나 그런 환대는 오래가지 못했다. 호킨스가 수라트의 상인들에게 팔려고 했던 '팔릴 만한 물건들'의 일부가 무카라브 칸(Muqarrab Khan)이라는 세관 관리에게 압류된 때문이었다. 게다가 나머지는 포르투갈인들의 수중에 들어갔고, 포르투갈인들은 호킨스의 선원들까지 억류하며 '인도 앞바다는 전적으로 포르투갈에 속한 것'이라고 선언했다. 호킨스는 자신을 향한 몇 번의 살해 기도를 힘겹게 피한 후, 측근 두 명과 함께 수라트를 벗어나, 무굴제국의 황제가 제임스 왕의 친선 제안과 동인도회사의 무역상들을 열린 마음으로 받아들이기를 바라며 제국의 수도 아그라까지 기나긴 육로를 걷기 시작했다.

호킨스의 끈덕진 인내는 마침내 보상을 얻었다. 아그라에 도착한 호킨스는 믿기 힘들 정도로 웅장하고 호화로운 건축물들을 봤다. 또 그 지역의 독특한 붉은 사암으로 지어진 왕궁들과 요새들에도 감탄하지 않을 수 없었다. (아그라에서 가장 유명한 건축물인 타지마할의 유백색 대리석으로 된 둥근 지붕은 그로부터 30년 후에야 건축되기 시작했다.) 야무나강 변에는 아름다운 열대 정원은 말할 것도 없고 곳곳에 정자가 있었으며, 팔각형 수영장과 영묘도 눈에 띄었다. '많은 악전고투와 위험이 수반된 여정'의 끝에서 만난 아그라는 꿈속의 도시처럼 보였다.

마침내 호킨스는 왕궁에서 자한기르를 알현했고, 그 결과는 수라트에서보다 훨씬 더 성공적이었다. '팔릴 만한 물건'을 거의 다 수라트의 항무장과 포르투갈인들에게 빼앗긴 탓에 호킨스가 자한기르 황제에게 공물로 바칠 것은 옷감밖에 없었다. 그야말로 '하찮은 선물'이었다. 그러나 제임스 왕의 친서가 자한기르의 마음을 움직였는지, 훗날 호킨스는 "황제는 나에게 자상한 어조로 말씀하셨다. 제임스 왕께서 친서에 쓰신 모든 것을 진심으로 승인하고 용인하며, 제임스 왕이 원하면 더 많은 것을 허락하겠노라고 신의 이름으로 나에게 승인하고 약속하겠다고 말씀하셨다"라고 썼다. 얼마 후 호킨스와 자한기르가 터키어를 공통으로 알고 있다는 걸 알게 되자, 유럽의 여러 국가에 대해 긴 대화를 나누며 친분을 쌓기 시작했고, 그 친분은 거의 4년 동안 지속되었다.

수라트에서 아그라까지 가는 동안 호킨스는 거의 모든 소지품을 빼앗겼고, 목숨도 몇 번이나 잃을 뻔했다. 그러나 자한기르의 은덕에 호킨스는 하룻밤 사이에 호화로운 삶을 살게 되었으며, 자한기르는 호킨스를 아그라에 상주하는 '주재 대사'로 대접하라고 선포했다. 역사학자 윌리엄 포스터(William Foster)에 따르면, "호킨스는 400명으로 구성된 기병 부대의 지휘관이 되었고, 넉넉한 보수를 받았으며, 아르메니아 여성과 결혼했고, 궁전에서 높은 자리를 차지했다." 또 낡은 견직물 제복을 벗어던지고, '무슬림 귀족의 옷'을 입기 시작했다.

아그라에 체류하는 동안, 호킨스는 '오리엔탈리스트' 문학이라는 장르의 탄생에 크게 기여했다. 인도 귀족층의 호화로운 삶에 경탄하는 유럽인의 시각에서 쓴 일기들 덕분이었다. 그가 인도에서 지내는 동안 쓴 일기 후반부는 황제의 사치스럽고 호화로운 삶을 자세히 나열하는 데 전적으로 할애되었다. 호킨스는 "그의 보물은 다음과 같다"라고 운을 뗀 후에 '금화', '온갖 종류의 보석', '금으로 세공된 장신구', '온갖 종류의 동물'을 열거했고, 내친김에 보석으로 장식된 궁전의 가구와 비품도 언급했다.

> 황제만을 위한 다섯 개의 의자가 있다. 정확히 말하면, 은제 의자가 셋, 금제 의자가 둘이다. 역시 은과 금으로 만들어진 다른 종류의 의자도 100개는 된다. 모두 합하면 105개다. 호화로운 유리잔은 200개, 온갖 보석으로 아름답게 장식된 포도주병은 100개다. 술잔과 물잔은 500개인데, 50개는 무척 화려하다. 말하자면 심홍색 루비, 에메랄드, 터키석 및 다른 종류의 보석 하나를 통째로 깎아 만든 것이다. 진주와 온갖 희귀한 보석을 연결한 목걸이들, 다이아몬드와 심홍색 루비, 루비와 에메랄드 등의 보석으로 만든 반지들은 그 수를 헤아리기 힘들 정도다. 주인만이 그 수를 알 것이다.[3]

무굴제국 황제가 보유한 보물의 규모에 대한 호킨스의 경악에서, 이 시기에 유럽과 인도의 만남을 이뤄낸 중요한 개념적인 기준틀이 짐작된다. 즉, 많은 유럽인이 두 문화권 중 인도가 더 부유하다고 추정했다는 것이다. 사치품의 생산만을 기준으로 평가하면, 유럽은 인도의 비교 대상이 아니었다. 경제학자들의 평가에 따르면, 1600년경에 1인당 GDP는 인도와 유럽이 엇비슷했지만 부의 편중은 인도가 훨씬 더 심했다. 따라서 최상층 문화, 즉 왕궁과 왕실 정원 등 문명의 외적인 모습이 더 호화로웠고, 대부분의 유럽 방문객에게 인도가 더 앞선 문화로 여겨졌을 것이다.

호킨스는 자한기르의 개인적인 의상을 묘사한 글에서, 무굴제국의 막대한 보물이 어디에서 기원했는지를 넌지시 내비친다.

> 자한기르는 다이아몬드를 비롯해 온갖 종류의 보석이 넘치도록 많고, 매우 값비싼 다이아몬드를 거의 매일 착용하고 다닌다. …… 또 목에는 큼직한 진주 목걸이, 에메랄드와 루비를 연결한 목걸이가 있다. 그의 터번을 둥그렇게 두른 보석에도 맑은 다이아몬드와 루비가 많다. 그에게 금과 은, 보석이 넘치도록 많다고 놀라울 것은 없다. 그의 조상인 많은 왕들이 정복한 땅에서 가져온 보물과 보석, 그들이 오래전부터 그렇게 모아둔 보물이 모두 그의 손에 전해진 때문이다. 또 귀족이 죽으면, 그들이 생전에 축적한 보석과 보물도 그에게 귀속되고, 그가 귀족의 부인과 자녀들에게 다시 분배한다. 황제에게 녹봉을 받는 모두에게 이 원칙이 적용된다. 인도에는 은도 넘치도록 많다. 많은 나라가 은전을 가져오고, 그 가치에 상응하는 물건을 가져가기 때문이다. 은전은 인도에 들어오면 밖으로 빠져나가지 않는다.[4]

"은전은 인도에 들어오면 밖으로 빠져나가지 않는다." 인도에 경제계획이 있었다면, 이 구절은 그 계획의 문구로 삼기에 충분했다. 로마 시대 이후로, 인도는 향신료와 직물 및 유럽 소비자들에게 높은 평가를 받던 상품들의 대가로 유럽인들이 제시하는 상품들에 거의 관심을 보이지 않았다. 유럽인들은 식탁 위에 놓을 후추과 몸을 감쌀 옥양목이 필요하면, 금괴와 은괴로 그 값을 지불해야 했다. 그러나 인도는 그렇게 얻은 금과 은을 운용 자본으로 활용하지 않았고, 대부분을 장식물로 사용하며 호킨스와 그 시대의 유럽인들을 놀라게 했다. 그런 상황을 역사학자 존 키(John Keay)는 "인도는 오랫동안 '금과 은의 심연'이었다. 세계의 금과 은을 빨아들여 녹인 후에 팔찌와 호사스런 장식물로 가공함으로써 그 소중한 금속에 내재한 경제적 잠재력을 무력화시켰다"라고 정리했다.[5] 금은 일종의 통화로 인도에 들어왔지만, 장신구로 바뀌었다. 비유하자면, 당신이 복권에 당첨된 후에 100달러짜리 지폐를 벽지로 삼아 모든 벽을 장식하는 것과 다를 바가 없었다. 하지만 17세기 초에는 무굴제국이 추구한 경제모델이 효과적이었던 게 분명한 듯하다. 예컨대 목표가 막대한 재산을 모으는 것이라면, 무굴제국이 추구한 길이 가장 효과적인 선택안이었을 것이다. 제임스 왕을 비롯해 유럽의 다른 군주들도 똑같은 방향을 추구했기 때문이다.

그러나 윌리엄 호킨스는 제임스 왕의 대리인에 불과하지는 않았다. 그는 미래에서 온 특사이기도 했다. 달리 말하면, 국민국가의 대표인 동시에 동인도회사라는 사기업의 대표였다.

긴 안목에서 보면, 이 때문에 호킨스와 자한기르의 만남이 중요했다. 그들의 만남은 보물을 축적하는 서로 다른 두 전략이 처음으로 접촉한 순간이었다. 하나는 거의 농업만큼이나 오래된 전략이었다. 달리 말하면, 황제나 왕이나 군주로서 모든 아랫사람에게 세금과 관세의 형태로 지대(地代)를 걷는 것이다. 이 전략은 역사적으로 거의 언제나 성공을 거두었다. 자한기르의 '무한한' 보석과 장신구는 수익성에서 이 전략의 외적 한계를 뜻할 수 있지만, 이 전략이 당시에 특별한 접근법은 아니었다. 예컨대 1600년에 극단적인 부자가 되고자 한다면, '왕족'이 되는 게 해답이었다. 그러나 그 해답은 달라지고 있었다. 수 세기가 지나지 않아서 군주는 최상급 연금 수령자가 되고, 여전히 충분하지만 점점 줄어드는 수입으로 살아가야 할 운명이었다. 실질적인 가치가 다른 곳에서 만들어졌기 때문이다.

일반적으로 실질적인 가치는 주식회사와 그 주주들이 만든다. 오늘날 왕실이 〈포브스(Forbes)〉가 선정한 100대 부자에 등재되는 경우는 무척 드물다. 최상층부는 창업자(예를 들면 빌 게이츠[Bill Gates]와 제프 베이조스[Jeff Bezos])나 투자자(예를 들면 워런 버핏[Warren Buffett])로서 공모나 준공모에 참여한 사람들로 거의 구성된다. 동인도회사의 대리인이자 제임스 왕의 특사로서, 호킨스는 두 주인을 섬겼다. 그가 충성을 맹세한 영국 왕은 봉건적 경제모델의 도움을 받았다는 점에서 자한기르와 상당히 유사했다. 그러나 호킨스가 대리한 동인도회사는 많은 면에서 인류 상업사상 최초의 주식회사였다.

인류 역사상 최초의 주식회사

1600년 12월 31일, 엘리자베스 1세는 한 '법인(body corporate)'의 설립을 인가했다. 그 법인의 정식 명칭은 '동인도 무역을 위한 정부 및 런던 상인 회사(Governor and Company of Merchants of London Trading into the East Indies)'였다. 회사의 해외 투자에 따른 이익과 위험을 투자자에게 분산하려는 주식 공모에 참여할 기회가 '백작과 공작, 추밀원 의원, 판사와 기사, 상류계급의 여인들, 미망인과 미혼 여성, 성직자와 상인, 국내외의 무역상' 등 부유한 영국 사회에 폭넓게 주어졌다.[6] 동인도회사가 설립되기 전에는 갓 형성되기 시작한 세계 무역망의 가치를 그럭저럭 파악하려면 프랜시스 드레이크와 함께 항해를 해야 했다. (아니면 왕실 가문의 일원이어야 했다.) 그러나 공동출자 제안은 런던의 카페에 앉아서도 그런 항해를 한 듯한 효과를 누릴 수 있게 해줬다. 약간의 주식을 구입하는 것으로 충분했다.

처음에 동인도회사는 한 번의 항해나 서너 번의 항해를 끝내고 정산하는, 이른바 '기한부 주식(terminable stock)'을 발행했다. 예컨대 향료제도까지 다녀오는 한 번의 여정을 위한 자금을 모금했고, 여정이 성공하면 그 이익을 투자 규모에 따라 주주들에게 분배했다. 그러나 1600년대 중반, 동인도회사는 오늘날 대부분의 법인이 사용하는 모델로 전환했다. 즉, 회사 자체의 현재와 미래에 투자한다는 뜻이 반영된 영구 주식(permanent stock)을 발행한 것이다. 이런 혁신은 두 가지 큰 이점이 있었고, 흥미로운 부수적 효과도 있었다. 첫째로, 많은 투자자로부터 기금을 모금한다는 것은, 민간으로부터 충분한 돈을 모금할 수 있어 정부의 직접적인 감독이나 지원 없이도 막대한 고정 비용이 투자되는 투기적 사업을 운영할 수 있다는 뜻이었다. (동인도회사가 인도에서 전성기를 누리던 1700년대 동안에는 실질적으로 국가기구처럼 운영되며, 자체적으로 상비군과 장교를 두어 드넓은 아대륙을 지배했다.) 둘째로, 투자를 많은 사람에게 분산함으로써 회사는 개인의 위험을 최소화했다. 가령 배가 인도에서 돌아오는 길에 침몰하면 그로 인한 손실이 런던의 투자자들에게 크게 느껴지기 마련이다. 그러나 한 명의 왕족이 투자하지 않고, 많은 사람이 조금씩 투자함으로써 침몰의 충격이 많은 사람에게 분산되어 덜 재앙적이었다.

부수적 효과는, 공모 주식을 발행함으로써 주식 자체를 위한 이차적인 시장이 형성되었다는 것이다. 1600년대 내내 동인도회사의 운명이 오르내림에 따라 주식의 가치도 덩달아 오르내렸다. 그러나 대체로 주식의 가치는 상승했다. 특히 1660년과 1680년 사이에 동인도회사의 주가는 네 배나 상승했다. 상승의 주된 요인은 그 시기에 런던 엘리트 계급을 휩쓴 옥양목과 사라사 무명에 대한 폭발적 수요였다. (1680년대 동인도회사는 연간 200만 필의 직물을 수입한 반면, 엘리자베스 1세가 법인 설립을 허가한 주된 이유였던 향신료 수입은 줄어들었다.) 주가 상승은 그야말로 새로운 종류의 부(富)였다. 법인은 무슬림 무역상과 그 이전까지 거슬러 올라가는 상인의 유구한 전통에 따라 돈을 벌었다. 달리 말하면, 낮은 값에 사서 높은 값에 팔았고, 두 가격의 차이에서 이윤을 얻었다. 이런 이윤의 일부가 배당이라는 형태로 투자자에게 분배되었다. 그러나 주식 거래는 새로운 형태의 부, 장기적으로 보면 수익성이 더 좋은 부를 창출했다. 가령 누군가 동인도회사에 투자해서 돈을 벌었다면, 그 회사가 이익을 냈기 때문만이 아니라 다른 투자자들이 당신의 주식을 구입 당시보다 더 높게 평가했기 때문이다.

따라서 1609년 봄, 아그라에서 이뤄진 자한기르와 호킨스의 만남은 부를 축적하는 방법의 전환기를 알리는 첫 이정표였다. 20세기에 들어 주식회사가 적어도 민간 분야에서는 경제활동을 조직하는 주된 형태가 된 덕분에, 런던에서 시작된 그 전환은 결국 전 세계로 확산되었다. '에메랄드와 루비로 온몸을 뒤덮은 자한기르'에 비교해 너덜너덜한 견직물 제복을 입은 호킨스는 초라하게 보였을 것이다. 그러나 미래는 호킨스의 편이었다.

자한기르는 호킨스를 노골적으로 편애했지만, 포르투갈인들은 호킨스를 인도 무역에 끼어들지 못하게 하려고 수년 동안 끈질기게 방해했다. 호킨스는 1611년 아그라를 떠났고, 그 직후에 바다에서 사망했다. 1612년이 되어서야, 자한기르는 동인도회사에 수라트에 무역 사무소를 개설할 수 있는 허가증을 발급했다. 호킨스의 후임 토머스 로(Thomas Roe, 1581~1644)는 그런 승인을 명확히 하려고, 제임스 왕에게 보내는 자한기르의 친서를 얻어냈다.

> 나는 내 통치하에 있는 모든 왕국과 항구에, 모든 영국인 상인을 내 친구의 신하로서 환대하라는 명령을 내렸습니다. 영국인들은 어디에서나 어떤 제약도 없이 자유롭게 살고 싶은 곳을 선택할 수 있을 것입니다. 또 어떤 항구에 도착하더라도 포르투갈인에게는 물론이고 누구에게도 괴롭힘을 당하지 않을 것입니다. 영국인이 어느 도시에 거주하더라도 원하는 만큼의 자유를 누릴 수 있도록 배려하라는 명령을 모든 지사와 군수에게 전해두었습니다. 영국인은 마음껏 물건을 사고팔며 영국으로 운송해 갈 수 있을 것입니다.

수라트의 무역 사무소는 동인도회사라는 신생 기업이 인도 땅에 마련한 첫 교두보였다. 거의 한 세기 후에 헨리 에브리에게 약탈당한 피해자들이 복수의 기회를 엿봤던 그 작은 항구도시를 기점으로, 영국인들은 꾸준히 영역을 확대하며 봄베이와 첸나이(옛 명칭은 마드라스)에도 정착했다. 아대륙 전체가 동인도회사의 지배하에 들어가는 데는 오랜 시간이 걸리지 않았다.

6

스페인 원정 해운

동런던
1693년 8월

헨리 에브리도 바바리 해적들에게 납치되어 노예로 팔릴까 두려워하며 어린 시절을 보냈다고 하더라도, 그때의 경험이 노예제도 자체에 대한 그의 윤리적 감정에 많은 영향을 미치지는 않은 듯하다. 에브리가 영국 왕립 해군에 입대한 이후로 역사 기록에서 처음으로 명확히 언급되는 때는 1693년이다. 영국 왕립아프리카회사(Royal African Company, RAC)의 관리자 토머스 필립스(Thomas Philips)가 1693년에 작성한 보고서에 따르면, 에브리는 버뮤다 총독 휘하에서 노예 상인으로 일한 적이 있었다. 당시 RAC는 그 지역에서 영국의 모든 노예무역을 독점하고 있었다. 영국 역사는 그 시기에 RAC가 노예무역에 개입한 규모에 대해서는 편의적으로 함구하며, 노예제도가 식민지에서는 아니더라도 잉글랜드 자체에서는

1700년대 말쯤에 거의 사라졌다는 사실을 강조한다. 그러나 역사학자 데이비드 올루소가(David Olusoga)는 "대서양 노예무역의 역사에서 왕립아프리카회사는 영국의 어떤 회사보다 많은 아프리카인을 노예로 팔아넘겼다. …… 약 15만 명의 성인 남녀와 어린아이가 그 회사의 해안 요새를 거쳐 참혹한 노예의 삶으로 넘어갔다"라고 말했다. RAC의 관리자 필립스의 보고서에 따르면, 헨리 에브리는 1690년대 초에 RAC의 독점권를 무시한 채 독자적인 노예 상인으로 일했고, 때로는 영국 상인들과 그들의 아프리카 노예들을 포획하기도 했다. 필립스의 빈틈없는 보고서에도 에브리는 두 개의 가명으로 언급된다. "나는 이곳의 흑인만큼 수줍어하는 흑인들을 어디에서도 만난 적이 없었다. 그래서 그들을 사로잡은 후에 멀리 데려가 팔아넘긴 롱 벤, 일명 에브리 같은 사내들이 그들에게 어떤 술책을 부렸던 것일까 상상해보곤 했다."[1]

스페인 난파선 인양 사업

그러나 에브리가 본격적으로 역사의 무대에 등장한 때는 그 이듬해였다. 부유한 투자자이자 하원의원이던 제임스 후블론(James Houblon, 1629~1700)이 새로운 투기적 사업을 시작하려고 런던에서 친척들과 상인들을 모집했다. 열두 형제를 둔 후블론은 런던의 명망 있는 가문 출신이었고, 동인도회사와도 광범위하게 연결되어 있었다. 예컨대 그의 동생 존 후블론(John Houblon)은 잉글랜드은행의 초대 총재였다. (1990년대에 발행된 50파운드짜리 지폐에는 그의 얼굴이 그려져 있었다.) '스페인 원정 해운(Spanish Expedition Shipping)'이라는 이름으로 추진된 그 사업은 선단(船團)을 모집해 총과 대포를 싣고 서인도제도까지 항해한 후에 그곳의 스페인인들에게 무기를 판매할 계획이었다. 그때까지 후블론은 스페인산 포도주를 비롯해 다양한 식품을 수입해 상당한 돈을 벌었고, 마드리드의 연줄을 이용해 카를로스 2세(Carlos II, 재위 1665~1700)로부터 무역과 인양 면허증까지 확보해둔 터였다. 그러나 후블론과 투자자들의 꿍꿍이에, 스페인 원정 해운의 진짜 돈벌이는 카브리해에 침몰한 갤리언선들로부터 보물을 인양하는 데 있었다. 아일랜드 출신의 해군 장성 돈 아르투로 오번(Don Arturo O'Byrne)이 지휘한 선단은 네 척(제임스[James]호, 도브[Dove]호, 세븐스선[Seventh Son]호, 찰스2세[Charles II]호)으로 구성되었다. 기함은 새롭게 건조된 찰스2세호로, 46문의 포를 장착한 날렵한 '전함'이었다.

후블론은 스페인 난파선 인양을 위해 특별히 찰스2세호를 주문했고, 그 배는 동인도회사가 자체적으로 선박을 건조하던 곳에서 얼마 떨어지지 않은 동런던조선소에서 건조되었다. 찰스2세호는 선상에 많은 무기를 장착하고도 무척 빠르고 날렵했다. 지금까지 전해지는 그 시기의 자료에 따르면, 후블론은 그 배를 무척 좋아했던 듯하다. 그는 그 배를 '멋진 상선…… 40문의 대포를 장착한 전함, 쾌속 범선'이라 칭했다. 후블론과 투자자들이 돈을 들여 그런 위압적인 기함을 건조한 이유는 스페인 해안이나 서인도제도에서 있을지도 모를 공격으로부터 선단을 보호하기 위해서였다. 정확히 1년 전, 존 후블론이 상무원(Board of Trade)에 탄원서를 보내, 리스본에서 귀환하는 상선대를 호위할 호송대를 파견해달라고 간절히 요청한 적이 있었다. 그때 존은 열두 척 이상의 바버리 해적선이 주변을 배회하며 "포르투갈 해안으로부터 좀 떨어진 곳에서 프랑스 사략선들이 이미 여러 척의 영국과 아일랜드 선박을 가로막고 나포했다"라는 경고도 덧붙였다. 수개월 후에는 제임스 후블론이 추밀원에 비슷한 탄원서를 보내, 그가 스페인과의 교역을 위해 보낸 선박들을 호위할 해군의 지원을 요청했다. "그 배들에는 스페인 양모, 상당한 액수의 돈, 무척 값비싼 상품들이 가득 적재될 것입니다. 그리하여 의원님들께서 호송대에게 앞에서 언급한 배들을 고향까지 안전하게 데려오라는 명령을 내려주시면 정말 고맙겠습니다. 선단에 실린 많은 값비싼 물건과, 그 선단에 닥칠지 모를 위험을 고려하면 그런 조치가 합당합니다." 이번에는 후블론을 비롯해 난파선 인양을 위한 스페인 원정 해운에 투자한 사람들이 '40문의 대포를 장착한 쾌속 범선'에 선제적으로 투자함으로써 추밀원에 도움을 요청할 필요가 없었다. 찰스2세호라면 그 원정에서 맞닥뜨릴지도 모를 위험을 이겨낼 수 있을 것 같았다.

후블론과 투자자들은 선원들을 모집할 때 고정급을 약속했고, 원정에 신청하는 즉시 한 달치의 임금을 미리 지급했다. 왕립 해군이 제안하던 어떤 대우보다 후한 약속이었다. 하지만 스페인 원정은 적어도 최초 목적에는 빠른 시간 안에 완전히 실패했기 때문에 결국 많은 소송으로 이어졌다. 따라서 선원들에게 제시한 금전적 약속에 대한 기록이 지금도 적잖게 남아 있다. 예컨대 도브호의 한 고급 선원에게는 매달 고정급으로 4파운드 10실링, 원정 기간의 총보수로 82파운드(현재 가치로는 약 2만 달러)가 제안되었다. 이런 넉넉한 보수 이외에, 선상에서 제공되는 식사와 술도 왕립 해군 전함의 식당에서 적어도 삼등수병에게 제공되는 수준을 훨씬 넘어서는 수준이 약속되었다. 게다가 스페인 원정의 선원이 되면 인양에서 얻는 최종적인 수입의 일부로 추가 수당을 얻을 수 있을 것이라는 기대도 있어, 전반적인 제안이 더욱더 유혹적이었다.

1693년 8월, 선단이 템스강에 닻을 내리고 식량을 싣는 동안 후블론은 선단을 직접 방문했다. 후블론은 선원들의 가족에게 긴 여정에 대한 보상이 있을 것이라 약속했고, 안전한 여정이 되기를 기원했다. 그 직후, 네 척의 배는 닻을 올리고 템스강 하구를 떠나 드넓은 바다로 항해하기 시작했다.[2]

네 척의 배에는 약 200명의 선원이 타고 있었다. 선단을 지휘하는 사관들은 항해 경험이 많았다. 도브호의 선장 존 나이트(John Knight)는 '냉정하고 성실하며 박학한 사람'으로 알려졌고, 이미 서

인도제도를 왕래한 많은 배를 지휘한 경험이 있었다. 찰스2세호의 조타수는 스페인계의 노련한 항해사 안드레스 가르시아 카사다(Andres Garcia Cassada)였다. 찰스2세호의 첫 선장은 존 스트롱(John Strong)으로, 지금의 아이티 해안에서 수년 전에 인양 작업을 성공적으로 끝낸 경험이 있었다. 그러나 출항하고 금세 스트롱이 세상을 떠나, 선장은 알코올 중독자인 찰스 깁슨(Charles Gibson)으로 교체되었다.

선장 아래 사관들의 신상은 불분명한 편이다. 제임스호의 일등항해사는 토머스 드루이트(Thomas Druit)였다. 조지프 그라베트(Joseph Gravet)와 데이비드 크리그(David Creagh)는 찰스2세호의 이등항해사였고, 헨리 애덤스(Henry Adams)는 그 배에서 최종적으로 갑판장까지 승진했다. 제임스호의 급사장은 당시 50세이던 윌리엄 메이(William May)로, 그 자신의 표현에 따르면 '30년 동안 왕과 조국을 섬긴 매우 병약한 사람'이었다. 49세의 키잡이 존 댄(John Dann)은 로체스터 출신이었고, 45세의 선원 에드워드 포사이스(Edward Forsyth)는 뉴캐슬어폰타인 출신이었다. 그들처럼 노련한 선원들이 있었던 반면에, 꿈은 컸지만 젊다 못해 어리고 미숙한 선원들도 있었다. 필립 미들턴(Philip Middleton)은 십대 초반이었고, 런던 출신이던 존 스파크스(John Sparkes)는 17세, 원거리 항해는 처음이었던 윌리엄 비숍(William Bishop)은 18세였다. 나중에 비숍은 자신의 의지와 달리 제임스호에 강제로 승선했다고 주장했다.[3]

일등항해사 헨리 에브리

스페인 난파선을 인양하려는 스페인 원정에 서명한 가장 흥미로운 인물 중 하나는 도브호의 이등항해사 윌리엄 댐피어(William Dampier, 1651~1715)였다. 댐피어는 노련한 뱃사람이면서 과학자이기도 했다. 그는 1680년대 내내, 꼬박 10년 동안 닥치는 대로 항해했으며, 40대 초반에 이미 세계를 일주한 적이 있었다. (훗날 그는 역사상 지구를 세 바퀴 항해한 최초의 뱃사람이 되었다.) 스페인 원정의 참사가 있은 지 수년 후, 댐피어는 《새로운 세계 일주 항해(*A New Voyage Round the World*)》라는 여행기 겸 회고록을 발표했다. 참사가 있었을 때 대중지에서는 댐피어와의 관련성에 대해 많은 추측을 했지만, 책에서 댐피어는 찰스2세호와의 관계에 대해 철저히 함구했다. 그 책은 베스트셀러가 되었고, 18세기를 여행기의 전성기로 만드는 토대가 되었다. 소설가들도 댐피어의 이야기에 크게 영향을 받았다. 대니얼 디포의 《로빈슨 크루소(*Robinson Crusoe*)》, 조너선 스위프트(Jonathan Swift)의 《걸리버 여행기(*Gulliver's Travels*)》도 《새로운 세계 일주 항해》에 영감을 받아 쓰였다고 말해도 과언이 아니다.

여행기들에 깊은 인상을 받았는지 영국 해군부는 댐피어에게 전함 로벅(Roebuck)호의 지휘를 맡겼다. 댐피어는 로벅호로 오스트레일리아까지 역사적인 항해에 성공했고, 그 대륙의 독특한 식물군과 동물군을 기록했다. 댐피어는 무역풍과 조류 및 해류의 관계를 선구적으로 연구했을 뿐만 아니라 식물에 대해서도 연구했다. 특히 식물에 대한 연구로 댐피어는 찰스 다윈(Charles Darwin, 1809~1882)의 역할 모델이 되었다. 다윈이 비글(Beagle)호로 여행하는 동안 댐피어의 여행기와 동식물에 대한 연구를 광범위하게 읽었다고 하지 않았던가. 현재 윌리엄 댐피어의 초상화는 런던 국립초상화미술관에 걸려 있다.

댐피어의 스페인 원정을 지나칠 정도로 자세히 다룬 책이 많았지만, 정작 댐피어 자신은 찰스2세호에서 보낸 시절에 대해 지극히 신중하게 처신하며 말을 아꼈다. 이는 사실 전략적인 선택이었던 듯하다. 댐피어는 뱃사람으로 일하던 기간 내내 해적과 사략선의 모호한 경계에 있었지만 적법한 수준을 유지한 까닭에 왕립학회와 해군부로부터 꾸준히 좋은 평가를 받을 수 있었다. 찰스2세호에서 있었던 사고로 그 미묘한 위치가 한때 위태로워지기도 했다. 스페인 원정에 참여한 또 다른 선원, 특히 훗날 커다란 명성을 떨치며 잠시나마 윌리엄 댐피어의 명성을 무색하게 만들었던 선원, 구체적으로 말하면 찰스2세호의 일등항해사 헨리 에브리가 그 사고의 주된 원인 제공자였다.

에브리는 당시 30대 후반이었던 것으로 추정된다. 훤칠한 키에 우람한 체구였다. 동료 선원의 증언에 따르면, 눈동자가 유난히 잿빛을 띠었고 '옅은 색의 가발'을 쓰고 다녔다. 에브리는 당시 기준으로 보수는 좋았지만 별다르지 않은 항해처럼 보인 원정에 참여했다. 그 나이라면 적어도 열두 번 이상의 유사한 원정을 이미 경험했을 것이다. 찰스2세호가 템스강을 따라 하구로 내려갈 때 일등항해사 에브리는 갑판에 서서, 이번 항해가 그의 삶에서 전환점이 될 거라고 짐작했을까? 젊은 시절의 헨리 에브리에 대한 많은 의문이 그렇듯이, 이 의문에 대해서도 역사적 기록은 잠잠할 뿐이다. 그러나 한 가지는 분명하다. 그 원정을 끝냈을 때 에브리는 일등항해사에서 선장으로 승격되었고, 무명의 선원에서 일약 세계에서 가장 악명 높은 범죄자가 되었다.

하지만 스페인 원정 해운에 참여한 다른 다섯 명의 선원은 해적 처형장에서 교수형에 처해지며 참혹한 운명을 맞이했다.

7

○

세계의 정복자

델리
1657년 9월

타지마할에 안치된 황제 부부(무굴제국의 황제이던 샤 자한[Sha Jahan]과 황후 뭄타즈 마할[Mumtaz Mahal])의 묘실이 샤 자한의 서거일에 맞춰 1년에 한 번씩 사흘 동안 일반인에게 공개된다. 타지마할은 샤 자한이 먼저 세상을 떠난 황후에게 헌사한 기념비적인 영묘다. '우르스(urs)'로 알려진 그 며칠 동안에는 누구나 타지마할에 무료로 들어갈 수 있어, 엄청난 수의 방문객이 몰려든다. '쿠담에로자(Khuddam-e-Roza, 타지마할의 관리자들)'가 '차다르(Chadar)'로 알려진 다채색의 거대한 천을 가져와 깔면서 우르스의 시작을 알린다. 거의 800미터에 달하는 차다르의 다채로운 색은 인도의 많은 종교를 상징하며, 전체적인 의식은 '사랑의 기념물'인 영묘에 걸맞게 숭고하면서도 우아하다.

황제 아우랑제브의 등장

뭄타즈 마할의 죽음은 전 세계적으로 불가사의한 건축물의 탄생을 낳은 반면, 샤 자한의 죽음은 그만큼 감동적인 유산을 남기지 못했다. 무굴제국과 유럽의 군주국은 구조적인 특징에서 유사한 면이 많다. 둘 모두 왕권신수설로 독재 통치를 정당화했고, 세금과 관세로 호화로운 삶을 살았으며, 관료제의 원형이라 할 수 있는 궁정 사회에 둘러싸여 지냈다. 그러나 봉건시대에 유럽 전역에서 원칙처럼 여겨지던 장자 계승권을 무슬림 통치자들은 인정하지 않았다. 무굴제국에서는 황제가 서거하면, 왕권이 곧바로 장자에게 계승되지 않았다. 모든 남성 후손이 왕권 계승을 합법적으로 주장할 수 있었다. 이처럼 계승권이 불분명했기 때문에, 황제의 죽음은 형제간의 살상으로 이어지는 경우가 많았다. 결국 아버지의 지위를 물려받기 위해 형제들끼리 유혈극을 벌인 셈이다. 샤 자한은 타지마할로 낭만적인 사랑의 흔적을 남겼지만, 권력을 향한 무자비함에서는 견줄 만한 사람이 없었다. 아버지 자한기르가 윌리엄 호킨스와 운명적으로 만나고 거의 20년이 지난 1627년에 붕어하자, 샤 자한은 동생과 두 조카를 처형하고 황제에 즉위했다.

30년 후, 샤 자한의 치세는 훨씬 더 참혹한 결말을 맞았다. 1657년 9월의 어느 날, 당시 61세이던 샤 자한은 새로운 수도 델리의 궁전에서 기력이 점점 쇠약해지는 병을 시름시름 앓기 시작했다. 17

세기의 저명한 역사학자로, 훗날 인도의 관점에서 헨리 에브리의 범죄를 기록했던 카피 칸(Khafi Khan, 1664~1732)이 남긴 역사서에 따르면, 샤 자한은 요즘 '통증 배뇨(strangury)'라고 알려진 질병을 앓았던 것으로 여겨지지만, 샤 자한이 급성 변비에 시달렸다고 주장하는 학자도 적지 않다. 여하튼 통증 배뇨는 통증과 잦은 배뇨가 수반되는 질병이다. 곧이어 샤 자한은 고열에 시달렸고, 그가 급사했다는 소문이 전국에 퍼졌다. 칸의 표현을 빌리면, 그 결과로 "국가의 통치가 큰 혼란에 빠졌다."[1] 하지만 그 표현은 절제된 것이었다.

샤 자한이 사경에 빠지자, 아들들이 앞다투어 왕권 계승을 주장하고 나섰다. 특히 슈자(Shuja) 왕자와 무라드(Murad) 왕자는 자신들의 얼굴을 넣은 동전을 주조하기 시작했다. 심지어 슈자 왕자는 아버지가 아직 살아 있는데도 대관식을 거행하는 만행을 저질렀다. 샤 자한이 장자인 다라(Dara) 왕자를 유난히 편애했고, 게다가 다라 왕자가 델리에 터를 잡고 오래전부터 아버지의 역할을 대리해왔기 때문에 두 왕자는 왕위를 계승할 가능성이 거의 없다는 걸 알았을 것이다. (더구나 샤 자한의 장녀로, 무굴제국의 왕궁에서 막강한 영향력을 지녔던 자하나라[Jahanara] 공주도 다라 왕자를 지원했다.) 그러나 다라에게는 치명적인 결함이 있었다. 그는 이슬람교에 대한 믿음을 의심받았다. 먼 조상이며 무굴제국을 세운 바부르의 전례를 이어받아, 다라는 사교적으로나 지적으로 수피교도와 힌두교도, 그리스도교도와 폭넓게 관계를 맺었다. 심지어 다라는 "힌두교의 본질은 이슬람교의 그

것과 같다"라고 공개적으로 주장하기도 했다.[2] 따라서 정통파 무슬림과, 울라마(ulema)로 알려진 이슬람교 법학자들에게 다라는 거의 이단자로 여겨졌다. 타 종교에 관대했던 바부르 시대로 회귀하는 걸 염려했는지, 그들은 다라보다 훨씬 독실한 왕자 아우랑제브를 황제로 옹립하는 데 모든 영향력을 결집했다.

1658년 늦봄, 샤 자한을 승계하기 위한 내분이 결국 다라와 아우랑제브 간의 치열한 전투로 이어졌다. 두 세력이 아그라에서 12킬로미터쯤 떨어진 황량한 평원에서 맞붙었다. 두 형제는 각각 5만의 기병 부대를 지휘했고, 많은 전투 코끼리의 지원을 받았다. 포병들에게는 라이플총과 대포 이외에, 대나무 대와 철촉으로 만든 휴대용 로켓포도 있었다. 다라와 아우랑제브는 각자 하우다(howdah), 즉 코끼리 등에 얹은 화려한 가마에 앉아 부하들을 지휘했다. 그런 아수라장에서, 다라를 지원한 라지푸트(Rajput, 인도의 엘리트 전사 계급)의 한 전사가 칼 하나만을 들고 아우랑제브의 경호대를 뚫고 들어와 왕자가 탄 코끼리의 하우다를 묶은 끈들을 자르려고 했다. 카피 칸의 기록에 따르면, "아우랑제브는 그 대담한 시도를 보고 그의 용맹함에 탄복하며 부하들이 그 담대하고 겁 없는 사내를 죽이지 않기를 바랐지만, 그는 온몸이 토막 나고 말았다."[3] 당시의 전투 상황을 생생하게 기록한 카피 칸의 글은 전쟁사를 다룬 문헌에서 문학적으로 가장 뛰어난 작품 중 하나로 평가된다.

전쟁터를 바라보던 다라는 점점 자신감을 잃어갔다. 카피 칸의 표현을 빌리면 "충성스럽고 용맹한 부하들이 끝없이 죽고 다치는 걸 보자, 그는 마음이 몹시 아팠다. 마음이 심란해졌고 결단력도 줄어들어 어떻게 해야 할지를 몰랐다." 그렇게 딴 생각으로 갈팡질팡하기에는 때가 좋지 않았다. 하우다에 앉아 점점 줄어드는 선택안을 두고 고심할 때, 아우랑제브의 군대가 발사한 로켓탄이 가마의 바깥쪽 모서리를 정통으로 맞추었다. 다치지는 않았지만 혼비백산한 다라는 급히 코끼리에서 내려(칸은 이 순간을 "신발을 신을 생각도 못한 채"라고 냉담하게 묘사했다), 옆에 있던 말의 안장에 올라탔다. 지휘관의 코끼리가 살육장을 헤집고 다니고, 하우다가 텅 빈 것을 보고, 다라의 병사들은 더욱더 사기를 잃었다. 그들이 매달린 마지막 지푸라기마저 끊어진 듯한 기분이었다. 더구나 다라의 시종이 어리벙벙한 왕자에게 다가가 화살통을 건네주려던 순간, 포탄 하나가 끼어들며 그들을 떼어놓았고, 시종의 팔목을 끊어버렸다. 다라에게는 모든 것이 끝난 순간이었다. "신하들이 흩어지고, 병사들이 퇴각하는 걸 보고, 다라는 옥좌보다 생명을 소중하게 생각하며 뒤로 돌아 달아나기 시작했다."[4]

몰락한 왕자

다라가 달아나고, 왕권을 다투던 다른 형제들이 죽거나 숨어버리자, 1658년 아우랑제브는 지체 없이 대관식을 거행했다. 다라 추적도 중단하지 않았다. 아우랑제브는 다라를 신앙심이 없는 불신자라고 비난하며, 백성에 신망이 높던 다라에 대한 평판을 돌려놓으려고 애썼고, 지역민들에게 그를 보면 즉시 보고하라고 독려했다. 호화롭게 살던 유망한 계승자에서, 아내와 딸을 데리고 소수의 하인에게만 도움을 받으며 사막을 방랑하는 도망자로 전락한 다라는 아그라에서 구자라트를 향해 서쪽으로 은밀히 이동했다. 1659년 여름, 아우랑제브는 또 한 번의 대관식을 거행했다. 이번에는 규모가 컸고, 축제 분위기는 거의 두 달 동안 이어졌다. 화려한 불꽃놀이가 델리의 밤하늘을 밝혔고, 아우랑제브는 수천 명의 신하에게 상을 내리며, 다라 왕자가 샤 자한을 계승할 것이라고 오래전부터 믿었던 궁정 사회를 자기 편으로 끌어들이려 애썼다. 또 아우랑제브는 자신을 '알람기르(Alamgir)', 즉 세계의 정복자라 칭하기 시작했다.

아우랑제브가 델리에서 축제 분위기를 즐기는 동안, 다라는 볼란 고갯길을 넘어 페르시아로 탈출하기 위한 최후의 시도를 모색하고 있었다. 다라는 중앙브라후이산맥 기슭에 있던 말리크 지완(Malik Jiwan)의 집으로 피신했다. 말리크 지완은 그 지역의 자민다르(Zamindar, 부유한 지주)였다. 그러나 그곳에 도착한 직후에 다라의 부인이 쓰러졌고, 결국 이질로 세상을 떠났다. 다라는 벽들이 사방에서 좁혀오는 기분이었을 것이다. 칸의 표현을 빌리면, "그 후에도 걱정거리가 끝없이 다라의 가슴을 짓눌렀다. 슬픔에 슬픔이 더해졌고, 아픔에 아픔이 더해졌다. 그는 도무지 마음의 평정을 회복할 수가 없었다."[5] 지완이 처음에는 다라가 볼란 고갯길을 넘는 걸 돕겠다고 나섰을지 모르지만, 나중에는 마음을 바꾼 게 분명했다. (어쩌면 지완이 처음부터 못된 생각을 품었을 수도 있다.) 여하튼 다라가 산길을 타고 탈출을 시작하기 무섭게 '악당과 강도' 떼가 그를 덮쳤다. 틀림없이 지완의 지시에 따른 습격이었을 것이다. 말리크 지완은 다라를 생포했다는 소식을 아우랑제브에게 전했다. 여전히 두 번째 대관식 이후의 축제와 불꽃놀이에 파묻혀 있던 아우랑제브는 다라를 델리로 압송하라는 명령을 내렸고, 다라는 '더러운 암코끼리'의 등에 사슬로 묶인 채 델리의 거리를 끌려다녀야 했다. 그런 학대는 역효과를 낳은 듯했다. 다라가 배교자로 낙인 찍히기는커녕 그를 불쌍히 생각하는 엄청난 군중이 모여들었다. 델리의 시민들이 몰락한 왕자를 위해 눈물을 흘리는 모습을 보고, 아우랑제브는 '국가의 안녕과 평화를 위해서도 다라를 살려둬서는 안 되겠다'고 결심하게 되었다.

다라는 1659년 8월 30일에 처형되었고, 그의 머리는 쟁반에 올려져 아우랑제브에게 보내졌다고 전해진다.

헨리 에브리가 스페인 난파선 인양을 위해 출항했을 즈음은, 아우랑제브가 무굴제국의 황제 자리에 오른 지 30년을 넘긴 때였다. 권좌에 오를 때 많은 피를 흘렸듯이, 통치 기간에도 엄격한 종교

생활을 강요하는 동시에 공격적인 군사 정복을 꾀한 까닭에 많은 피를 흘렸다. 아우랑제브는 바부르의 학문적 다원주의만이 아니라, 선구적인 건축을 향한 샤 자한의 열정도 포기했다. (아우랑제브가 건축에 남긴 주된 유산이라면 수많은 힌두교 신전을 파괴한 것뿐이다.) 힌두교 순례자들과 모든 비무슬림 상인들은 새롭게 제정된 세금을 내야 했다. 그는 광범위한 군사 정복으로 현재의 파키스탄, 아프가니스탄, 방글라데시를 점령함으로써 왕국의 면적을 넓혀갔다. 일등항해사 에브리가 찰스2세호에 올라 템스강을 내려올 때, 무굴제국에서는 1억 5,000만 명 이상이 아우랑제브 황제의 지배를 받고 있었다. (당시 유럽 전체의 인구는 1억 명에 미치지 못했다.) 아우랑제브는 세계에서 가장 부유한 사람이었다.

그러나 무굴제국의 황제가 된 세계의 정복자에게도 지워낼 수 없는 흠결이 있었다. 아버지 샤 자한의 치명적인 질병이 실제로는 전혀 치명적이지 않았던 것이다. 아우랑제브가 형제들의 피를 뿌리며 제위에 오른 후에도 샤 자한은 8년이나 더 살았다. 그 8년은 아우랑제브에게 너무도 힘든 시간이었다. 아우랑제브는 아버지를 아그라의 '붉은 요새'에 가두었다. 샤 자한은 그곳에 갇힌 채 천창으로 멀리 떨어진 타지마할을 바라보고, 전능한 힘을 발휘하던 시절을 떠올리며 여생을 보내야 했다.

8

원정대의 발을 묶은 관료주의

스페인 아코루냐
1693년 겨울부터 1694년까지

찰스2세호의 선원들은 두둑한 수입이 보장된 해양 모험을 기대하며 기분 좋게 잉글랜드를 출발했다. 그러나 그들의 뜨거운 열의는 오래가지 못했다. 원래의 계획은 신속히 움직여서 보름 안에 스페인의 아코루냐 항구(영국인들에게는 '더 그로인[The Groyne]'으로 알려진 곳)에 도착하고, 그곳에서 식량과 보급품을 싣고 서류 작업을 추가로 완료한 후에 무역풍을 타고 서인도제도로 다시 출발하는 것이었다. 그러나 아직까지 명확히 밝혀지지 않은 이유로, 스페인에서 5개월이라는 시간을 헛되이 보내야 했다. 이 지체는 스페인 원정 해운에 닥친 여러 불운 중 하나에 불과했다. 아코루냐에 닻을 내린 그들에게, 이번 원정에 필요한 서류가 마드리드에서 아직 도착하지 않았다는 소식이 전해졌다. 서류에 대해 아무런 소식도 듣지 못한 채 몇 주가 흘렀다. 그렇게 시간이 지체된 데다 약속한 반년치 임금이 지불되지 않자, 선원들의 불안감이 하루하루 깊어졌다. 제임스 후블론에게 탄원서들이 전해졌고, 곧이어 불만을 토로하는 자들을 영창에 감금하라는 명령이 뒤따랐다.

열악한 선상 생활

17세기 사략선의 최고의 시기에도 선상 생활은 폐소공포증과 싸워야 하는 힘든 시간이었다. 100명 이상이 한 번에 수개월씩 바다를 항해하며 테니스 코트보다 그다지 넓지 않은 공간에서 생존할 수 있었다는 사실은, 근본적으로 살기 힘든 환경에서도 생명을 유지하며 살아온 장구한 역사에서 인류가 이뤄낸 위대한 업적 중 하나로 기록되어야 마땅하다. 그 시대에 찰스2세호 같은 배는 우리 시대의 국제우주정거장만큼이나 인상적인 배였다. 찰스2세호에는 46문의 포가 선상에 장착되고, 이물부터 고물까지 전장이 30미터 남짓이었으며, 선폭은 9미터가 넘었다. 세 개의 주갑판이 있고, 선장실은 고물에 있었다. 갑판 아래는 전체가 공간이었고 면적이 560평방미터에 달했다. 무기와 화물 및 100명 이상의 선원이 몇 달 동안 먹고 마시기에 충분한 식량을 보관하고도 그 많은 선원이 그럭저럭 지낼 수 있는 넓이였다. 선장과 소수의 사관에게 제공된 환경은 그런대로 괜찮았다. 상대적으로 널찍한 선장실에는 창문이 많아서 드넓은 바다를 내다볼 수 있었고, 음식의 질은 부유한 유럽인이 육지에서 기대할 수 있는 수준에는 이르지 못했지만, 사적인 공간에서 선장은 사관들과 함께 거창하게 식사할 수 있었다.

그러나 갑판 아래의 상황은 완전히 달랐다. 화물칸을 따로 두었기 때문에, 일반 선원들을 위한 생활 공간은 100평방미터를 넘지 않았다. 천장 높이도 1.5미터가 되지 않았다. 천장이 성인 남성의 평균 신장보다 낮은, 전형적인 방 한 칸짜리 아파트에서 100명의 동료와 함께 웅크린 채 지내야 한다고 상상해보라. 그런 곳에서 숙면을 취할 수 있겠는가? 게다가 격렬한 바닥 폭풍에 선실이 좌우로 심하게 흔들리고, 창문이 하나도 없어 수평선을 바라보며 구역질을 다독일 수도 없다. 한편 해먹에서 잠을 자는 포수는 이질로 끝없이 몸을 뒤척인다. 찰스2세호 같은 배에서의 생활이 실제로 그랬다.

수면 환경도 열악하기 짝이 없었지만, 음식의 질에 비하면 나은 편이었다. 우리가 역겨움을 문학적으로 표현한 책들로 도서관을 짓는다면, 바다에서 잔혹한 삶의 환경을 견뎌야 했던 선원들에게 특별실을 헌정해야 할 것이다. 찰스2세호가 서인도제도를 향해 출항한 때로부터 수십 년이 지난 후, 준비한 식량과 마실 것이 서서히 고갈되어갈 때 선상에 닥치는 상황에 대해 어떤 사략선 선장이 전해준 이야기는 소름이 돋을 정도다. "우리는 끊임없이 오줌을 마셔야 했다. 오줌이 잠시 동안 입술을 적셔줬지만, 갈증을 더 심하게 유발했기 때문이다. …… 주된 식사는 거친 밀가루와 설탕으로 만든 푸딩, 개미와 바퀴벌레 등 온갖 벌레가 한 귀퉁이를 파먹은 육포였다. 그것들을 촉촉이 적실 때도 담수가 아니라 바닷물을 사용해야 했다."[1] 1600년대 말의 다른 사략선 선장은 선원들에게 제공된 크리스마스 저녁 식사를 안타까운 심정으로 이렇게 묘사했다. "네 명이 먹을 정도의 아일랜드산 쇠고기밖에 없었고, 그것도 2~3년 전에 절여져서 지독히 딱딱했다. 악취가 풍기는 기름과 버터는 무지개 빛깔을 띠어, 잉글랜드에서는 수레바퀴에 기름칠하는 데 쓸 것만 같았다."[2]

그런 음식이라도 먹고 나면, 최종적으로 가야 할 곳에 대한 문제가 생긴다. 선상에서 주된 화장실은 뱃머리에서 앞쪽으로 돌출된 돛대에 매달린 변기 구멍이었다('화장실에 간다'라는 뜻으로 쓰이는 은어 '히트 더 헤드[hit the head]'는 이런 배에서 기원했다). 유럽인들이 전에는 맞닥뜨린 적이 없는 기생충과 미생물이 득실대는 외국 땅을 여행한다는 사실 자체가 그랬지만, 비좁은 공간과 아예 존재하지 않는 위생 시설은 선원들이 의학적으로 치명적인 상황에 직면할 수 있음을 뜻했다. 해적과 사략선을 주인공으로 한 할리우드 영화는 주로 전투 장면에 초점을 맞춰, 작열하는 대포와 갑판 위의 칼싸움이 화면을 채우지만, 그 시기의 선상 생활에 비춰 보면 해적은 전투로 쓰러져 죽을 가능성보다 훗날 이질로 밝혀진 '피똥 설사(bloody flux)'로 죽을 가능성이 더 컸다. 괴혈병으로 알려진, 몹시 고통스럽고 때로는 치명적인 비타민C 결핍이 감귤류를 섭취하면 치유될 수 있다는 막연한 인식이 에브리의 시대에도 있었음에도 불구하고, 그 시기에 상선과 군함에는 그런 증상이 만연했다. 기항지에서 창녀와 성교하는 데 그치지 않고 선원들 간의 동성애도 적지 않았기에, 성병도 뱃사람의 삶에서 빼놓을 수 없었다. 33척의 영국 해군 전함을 연구한 자료에 따르면, 승조원의 거의 10퍼센트가 이런저런 이유에서 온갖 성병을 앓았고, 심지어 25퍼센트가 성병으로 고생하는 전함도 적지 않았다. 지금은 매독이 치료 가능한 성병이지만, 당시에는 치명적인 질병이었다.

거주 공간이 비좁고 답답했으며, 식량 공급이 제한적이었다는 점에서 배는 질병과 영양실조의 페트리접시였다. 물론 페트리접시는 과학 연구를 위해 세균을 배양하는 도구지만, 열악한 조건 때문에 잠재적 병원균의 온상이었다는 점에서 배는 페트리접시에 비교될 만했다. 찰스2세호 같은 배에서는 100명의 피실험자가 오랜 기간 동안 거의 똑같은 상황을 공유했기 때문에, 함께 승선한 의료인들은 더할 나위 없는 대조 실험(controlled experiment)을 시행하는 셈이었다. 따라서 많은 사람을 대상으로 한 역사상 최초의 통제된 임상 시험이 선상에서 시행된 것은 결코 우연이 아니었다. 실제로 1747년 스코틀랜드 의사 제임스 린드(James Lind, 1716~1794)는 선원들에게 여러 종류의 괴혈병 치료제, 예컨대 사과주, 황산, 바닷물,

오렌지 등을 준 후에 그 결과를 신중하게 관찰했다.

배에 승선한 모든 의사가 린드만큼 경험이 많지는 않았다. 당시 대부분의 질병에 기본적으로 사용되던 치료법은 사혈(bloodletting)이었다. '피똥 설사'를 치료하는 데는 지금의 기준에서는 우스꽝스런 방법, 예컨대 뜨겁게 달궈진 벽돌 위에 앉거나 뜨거운 모래를 목까지 덮는 방법부터 기상천외한 좌약까지 동원되었다. 어떤 의료서는 "달걀을 완숙으로 삶아 껍질을 벗긴 후에 뜨거운 상태에서 좁은 쪽을 항문, 즉 똥구멍에 밀어 넣어라. 달걀이 차가워지면, 또 하나의 달걀을 완숙으로 삼아 껍질을 벗긴 후에 앞에서 말한 대로 반복한다"라고 조언하기도 했다.[3]

평균 기대수명이 30세를 조금 넘던 시대였지만, 스페인 원정 해운 같은 운항의 경우에는 열악한 위생 환경과 부족한 영양 섭취로 인해 사망률이 무척 높았다. 난파로 인해 선원 전부가 사망하는 경우도 많았다. 1706년 윌리엄 댐피어의 세계 일주 항해에 동행한 항해사가 남긴 기록에 따르면, 댐피어가 183명의 선원과 함께 항해를 시작했지만 돌아왔을 때는 '바다와 육지에서 많은 위험을 겪은 탓에' 18명만이 남았다.[4]

유럽 해안 주변에서 시간을 죽이며 모든 문제가 해결되어 '스페인 원정'이라는 진짜 여정이 시작되기를 학수고대하던 헨리 에브리의 심정을 헤아려보려면, 이렇게 상상해봐야 할 것이다. 바다 위에 떠 있는 비좁은 관에서 100명의 선원들과 함께 지내고, 매일 밤에는 옆에서 잠든 동료들과 어깨를 접촉해 천연두에 걸리지 않기 위해 적어도 1미터의 잠자리 공간을 확보하려고 애써야 한다고 상상해보라.

그런데 헨리 에브리의 심정을 제대로 이해하려면 하나를 더 고려해야 한다. 그런 식의 삶을 '스스로' 선택했다는 것이다. 대부분의 선원에게 바다 위 삶은 자발적인 선택이었다. 스페인 원정 해운에 강제로 승선했다고 주장한 십대 소년 윌리엄 비숍이 한 명이었다면, 사략선 승선을 성공의 길이라 생각하며 적극적으로 바다를 선택한 에브리와 댐피어 같은 이는 적어도 열 명이었다. 21세기에 가장 가난한 곳이나 가장 외진 곳에서 살아가는 사람들의 환경에 비교하더라도, 그들이 선택한 삶의 환경이 육체적으로 훨씬 힘들고 가혹했으며 치명적이었음은 말할 것이 없었는데도 말이다.

해적과 돈, 그리고 낭만

그런데 왜 그들은 그런 삶을 선택했을까? 임금 이외에 다른 이유는 없었다. 런던브리지 아래의 맥주집과 선술집은 유능한 뱃사람이 다수의 고용주에게 자신의 노동을 제공하겠다고 제안할 수 있는 비공식적인 시장이었다. 이런 점에서 선원은 경쟁적인 노동시장을 만들어낸 최초의 직업 중 하나다. (스페인 원정 해운이 런던을 출발하고 반 세기 조금 더 지났을 때, 선원들은 노동사에서 최초로 손꼽히는 총파업을 벌였다. '파업[strike]'이라는 단어는, 노동을 거부하는 신호로 정박한 배의 돛을 내리는 전략, 즉 돛을 '접는[striking]' 전략에서 파생되었다.) 유능한 뱃사람이 스페인 원정 해운 같은 여정에 신청하면, 재단사와 직조공 같은 숙련된 장인에 버금가는 기본 임금을 받을 수 있었다. 먹을거리가 바구미와 개미로 오염되는 경우가 적지 않았지만, 항해 기간의 음식은 선원들에게 계약의 일부로 보장되었다. 따라서 뭍에서 일하는 사람들이 굶주림을 피하는 데 임금의 대부분을 소비해야 했던 시대에는 그것만으로도 상당한 이득이었다.

게다가 선상에는 진정한 동지애라는 것이 있었다. 선원들은 카드 게임과 음악으로 즐거운 시간을 보냈다. 문해율도 놀라울 정도로 높았다. 한 연구에 따르면, 70퍼센트 이상의 선원이 공식적인 문서에 자신의 이름으로 서명할 수 있었다. 인구통계 역사학자들이 초기 사회의 문해율을 판단할 때 흔히 사용하는 기준이 서명이다. 물론 아마추어 과학 저술가이자 여행 작가인 윌리엄 댐피어 같은 사람을 기준으로 할 수는 없지만, 책과 소책자를 읽는 것이 많은 선원에게 선상의 소일거리였다. 성 경험도 유혹의 요인 중 하나였다. 종교적으로 구속이 심한 유럽에서의 탈출과 성적 매력이 넘치는 '동양'에 대한 환상이 있었다. 한동안 카리브해 전체에서 가장 큰 도시였던 자메이카의 포트로열은 '신세계의 소돔'으로 알려졌을 정도다. 성적 접촉이 항구 근처의 사창가에서만 행해진 것은 아니었다. 법은 공식적으로나 비공식적으로나 동성 성매매를 명명백백히 금지했지만 적잖은 배에서 상당한 정도의 동성애가 묵인되었던 듯하다.

해상 생활은 완전히 새로운 것, 즉 상대적으로 부유했던 유럽과 인도에서도 17세기에는 거의 구경할 수 없던 것을 경험할 수 있는 통로이기도 했다. 헨리 에브리가 1660년대 말 데번셔의 서민층 가정에서 성장했다면, 영국해협을 마주한 어촌 마을 너머의 다른 세계를 경험할 기회는 거의 없었을 것이다. 당시는 소설도 갓 잉태된 때였고, 많은 사람에게 세계 여행이라는 욕망을 자극한 댐피어의 획기적인 여행기도 그로부터 40년 후에나 출간되었다. 연극이 관객을 가상 세계로 끌어들였고, 교회가 오감을 아찔하게 하는 공간을 창조해냈지만, 두 공간의 매력은 제한적이었다. 특히 부유층의 전유물이었던 런던의 극장은 저소득층에게 그야말로 그림의 떡이었다. 그러나 여행은 진짜였다. 정말로 시야를 넓히고 싶다면, 과거의 방식만 한 게 없었다.

금전적 이익, 해적처럼 생활하며 세계를 여행하고 성적 욕망까지 채울 수 있다는 환상, 바다라는 낭만……. 이런 매력적인 요소들이 17세기의 새로운 발명품, 즉 대중지를 통해 더욱더 증폭되었다. 인쇄 매체의 초기 개척자들이 평론이나 소책자에서 다룰 만한 유명인이 많지 않다는 걸 깨닫는 데는 많은 시간이 걸리지 않았다.

1500년경 평균적인 영국 시민은 친구, 가족, 이웃의 범위를 넘어서는 사람들에 대해서는 모른 채 살았을 것이다. 전국적으로 이름이 알려진 생존 인물은 왕족과 소수의 정치인을 제외하면 고위 성직자 정도가 전부였다. 지금처럼 유명한 록스타나 억만장자 기업인, 연예인은 없었다. 인쇄기의 등장으로 인류 역사상 처음으로 일반 대중을 결집시킬 가능성이 생겼지만, 그 대중에게는 유의미한 사회적 공통분모가 없었다. (적어도 그들로부터 수익을 창출할 만한 공통점이 없었다.) 그런데 사략선의 이색적이고 시끌벅적한 삶이 그런 문제를 해결하는 단초를 제공해줬다. 프랜시스 드레이크 같은 인물들이 그 시대의 전설, 즉 시작은 보잘것없었지만 바다를 항해한 끝에 부와 명성을 거머쥐는 사람의 표본이 되었다. 이런 점에서, 해적선과 사략선 선장은 유명 연예인의 선구자였다. 헨리 에브리는 세계에서 가장 유명한 지명수배자로서 악명을 얻었지만, 역사적 관점에서 보면 그 악명의 '크기'는 주목할 만하다. 군대를 지휘하거나 주된 종교 집단을 다스리지 않은 사람, 또 왕족으로 태어나지도 않은 사람이 에브리처럼 세계 전역에서 많은 사람의 상상력을 자극한 경우는 거의 없었다.

물론 에브리가 유명해진 많은 이유 중 하나는, 그가 스스로 엄청난 부자, 적어도 데번셔 출신의 평범한 뱃사람 기준에서는 상상을 초월하는 부자가 되었다는 사실이다. 그러나 에브리라는 역할 모델이 생기기 훨씬 전부터, 스페인 원정 해운처럼 길고 험난한 여정에 자발적으로 참여한 선원들은 평균을 넘어서는 커다란 보상을 기대하며 바다로 나갔다. 특히 스페인 원정 해운 같은 투기적 모험은 운이 좋으면 런던의 투자자들에게 넉넉히 배당한 후에도 에브리나 댐피어 같은 일등항해사나 이등항해사에게 10년치 임금에 상응하는 추가 수당을 지불할 수 있었다. 따라서 계급 이동이 사실상 거의 불가능하던 그 시대에는, 보물을 찾아 바다로 나가는 것이 신분 상승을 위한 가장 현실적인 길이었다. 고향 땅에서의 제한된 선택지를 고려하면, 질병과 조난과 굶주림이라는 위험은 그런 잠재적 보상을 얻기 위해 감당할 만한 가치가 있었다.

그러나 스페인 원정 해운이 아코루냐에서 하염없이 기다리는 시간이 길어지자, 금전적 보상이라는 장점도 퇴색하기 시작했다. 몇몇 선원의 부인은 제임스 후블론을 찾아가, 남편이 체결한 계약에 따른 보상을 가족에게 직접 지불하라고 요구하기도 했다. 후블론은 선원들이 이제는 스페인 왕에게 소속된 사람이라며 더는 그의 관심사가 아니라고 냉담하게 대응했다. 선원들은 서인도제도에 닻을 내리고 보물을 찾기는커녕 따분한 관료주의의 덫에 걸려 꼼짝하지 못했고, 확실한 임금을 통해 마음의 위안을 얻지도 못했다. 게다가 후블론이 가족을 냉대했다는 소식이 아코루냐에 전해지자, 선원들이 스페인 사람들에게 노예로 팔릴 것이라는 흉흉한 소문까지 나돌기 시작했다.

선원들은 아코루냐의 선술집에서 보내는 날이 하루하루 길어지자, 스페인 원정 해운이 결코 서인도제도에 가지 못하게 될 것이라 확신했다. 그때 찰스2세호의 일등항해사는 마음속에 새로운 계획을 꾸미기 시작했다.

The Mutiny

— 2부 —

Enemy of All Mankind

선상 반란

9

만취한 갑판장

아코루냐
1694년 5월 7일

저녁노을이 주변 하늘을 부드럽게 감싸고 머리 위로는 반달이 떠 있어, 중세에 지어진 아코루냐 요새는 여전히 뚜렷이 보였다. 롱보트(범선에 싣고 다니는 작은 배 - 옮긴이) 한 척이 노를 저어 조용히 제임스호의 뱃전에 다가갔다.

제임스호의 주갑판에는 일등항해사 토머스 드루이트가 당직을 서고 있었다. 그 롱보트에서 누군가 물었다. "만취한 갑판장이 배에 있습니까?" 드루이트는 그 황당한 질문에 어리둥절한 데다 어스름한 빛에 질문한 사람의 얼굴도 식별할 수 없어 두루뭉술하게 대답했다. 롱보트의 사내는 "찰스는 도망칠 예정"이라고 짤막하게 내뱉고는 어둠 속으로 사라졌다.[1]

반란의 시작

'만취한 갑판장'에 대한 질문에 일등항해사 드루이트는 당황했을지 모르겠지만, 그 의미는 다른 선원들에게 너무나 명백했다. 아코루냐의 선술집에서 술잔을 주고받고, 찰스2세호의 하갑판에서 나지막이 대화를 나누며, 수 주 전부터 헨리 에브리와 소수의 선원들은 찰스2세호 선상에서 반란을 일으킬 계획을 꾸미고 있었다. 그들은 반란이 시작되었다는 소식을 전하는 암호를 '만취한 갑판장'으로 정했다. 아코루냐 항구에서 5개월 동안의 구속 상태를 벗어나려는 시도의 일환이었다.

항구에서 100미터쯤 떨어진 곳에 정박한 찰스2세호의 선상에서는 이등항해사 데이비드 크리그가 깁슨 선장의 상태를 살펴보려고 뒷갑판을 가로지르고 있었다. 깁슨 선장이 알코올중독에 고열이 겹쳐서인지 시름시름 앓았기 때문이다. 선장실에 도착하기 전에 크리그는 몇몇 선원이 모여 펀치(과일즙에 설탕, 양주 따위를 섞은 음료 - 옮긴이)를 마시는 걸 봤다. 크리그는 선장의 상태를 건성으로 살핀 후에 그들과 마주 앉았다. 그들은 그날따라 유난히 즐거워 보였다. 윌리엄 메이는 건배를 제안하기도 했다. "선장의 건강과 우리 원정의 성공을 위하여!" 당시 스페인 원정 해운에게 닥친 암울한 전망을 고려했을 때, 또 스페인 왕의 노예로 팔려 갈지도 모를 사람이 하기에는 이상한 건배사였다. 그래도 크리그는 잔을 높이 치켜들고 맞장구치고는 곧바로 그의 선실로 돌아갔다.

한편 제임스호에서 험프리스(Humphries) 선장은 드루이트에게 롱보트의 불길한 징조에 대해 보고받고, 즉시 제임스호에 부속된 롱보트에 인력을 배치하라고 지시했다. 일반적으로 롱보트는 선원들과 식량을 항구로부터 실어나를 때 사용되었다. 18세의 윌리엄 비숍는 그 명령을 충실히 따르며 롱보트에 올라타고는 찰스2세호를 강탈자들로부터 구하겠다는 각오를 다졌다. 그러나 곧바로 비숍은 다른 계획을 품은 열다섯 명에게 에워싸였다. '만취한 갑판장'에 대한 수수께끼 같은 질문에 담긴 비밀 메시지가 성공적으로 전달되었다는 뜻이었다. 드루이트가 롱보트에 도착했을 때쯤에는 25명의 선원이 이미 롱보트에 올라탄 상태였고, 그중에는 에드워드 포사이스, 제임스 루이스, 어린 비숍이 있었다. 드루이트는 그들에게 돌아오라고 명령했지만, 그들은 명령을 무시하고 찰스2세호를 향해 미친 듯이 노를 저었다.

반란의 증거가 명백했지만, 스페인 원정 해운이 이미 중대한 혼란과 위험에 빠진 터여서 험프리스 선장은 그야말로 진퇴양난이었다. 동료 선장인 깁슨에게 치명적인 결과가 닥칠 수 있는데도 그의 선원들이 찰스2세호를 점령하러 가는 걸 방치해야 하는가? 아니면 그의 선원들에게 발포하며 치명적인 조치를 취해야 하는가?

반란에 동참한 제임스호의 지원군이 항구를 가로질러 찰스2세호에 다가가는 동안, 찰스2세호 갑판에는 에브리의 계획에 동조하는 선원들이 모여들었다. 원래의 계획은 아코루냐에 정박해 있는 동안 반란 세력이 선상에 집결하면, 깁슨을 찾아가 지휘권을 양도하라고 제안하는 것이었다. 요컨대 피를 흘릴 생각이 전혀 없었다.

험프리스가 제임스호에서 발사한 두 발의 포탄이 뱃머리를 가로지르며, 그 계획은 순식간에 무산되었다. 어찌됐든 깁슨 선장과 협상을 하더라도 공해에 나가서 시도해야 했다.

롱보트의 반란자들은 황급히 찰스2세호에 끌어 올려졌다. 찰스2세호의 이등항해사 조지프 그라베트는 깁슨 선장에게 충성한다고 추정되었기 때문에 억류되었다. 반란자들은 '그의 가슴에 권총을 겨눈 채' 그를 하갑판으로 끌고 내려가, 무장한 선원들에게 지키게 했다. 그렇게 헨리 에브리는 찰스2세호를 장악했고, 닻을 올리고는 돛을 활짝 폈다. 제임스호가 롱보트에 보내는 명령은 바닷바람에 흘려보내질 뿐이었다. 드루이트와 험프리스는 어떻게든 아코루냐 요새에 선상 반란이 일어났다는 소식을 전했고, 그 때문에 찰스2세호는 육지와 바다 모두에서 포격을 받으며 황급히 항구에서 빠져나가야 했다. 때로는 바다를 가르는 배의 전설적인 속도가 구원과 직결되는데, 이때가 그랬다.

찰스2세호의 선상 반란은 300년도 더 전에 일어난 사건이었고, 당시에는 세계를 뒤흔드는 결과로 이어질 것이라고 생각할 만한 근거가 전혀 없었다. 그런데도 불구하고, 사건의 전개 과정은 물론이고 그 과정에서 반란자들이 서로 주고받은 말까지도 거의 똑같이 재현해낼 수 있는 무척 드문 사례다.

이 선상 반란과 그 역사적 유산에서 정말 얄궂은 점은, 그 시대에 가장 영향력 있고 성공한 항해사 작가가 된 윌리엄 댐피어가 그때 도브호에 있었다는 것이다. 하지만 그 선상 반란에 대한 자세한 이야기는 그의 기록을 근거로 한 것이 아니다. 오히려 그는 1694년 5월 7일의 사건에 대해 한마디도 남기지 않았다. 수년 후, 그 사건에 대한 재판이 열렸고, 그때 런던 법원의 속기사가 반란에 참가한 선원들의 선서 증언을 기록한 자료가 지금까지 전해질 뿐이다. 그때만 해도 그 선상 반란의 역사적 의미는 특별할 것이 없었다.

앞 갑판 아래의 선실에서 해먹에 누워 있던 크리그는 대포가 발포되는 소리에 벌떡 일어났다. 조금 전에 마셨던 펀치 때문인가 했지만, 여하튼 평소와 다른 일이 벌어지고 있는 게 분명했다. 크리그는 힘겹게 뒷 갑판까지 기어올랐다. 에브리가 키를 잡고 배를 항구 밖으로 조정하는 모습이 보였다. 에브리의 옆에는 배의 목공(木工)이 서 있었다. 에브리의 보디가드 역할을 하는 듯했다.

에브리가 크리그의 손을 움켜잡으며 물었다. "함께하겠나?"

에브리의 날카로운 눈길에 크리그는 얼버무리며 대답했다. "당신의 계획에 대해 아는 게 전혀 없는데."

긴장되고 수수께끼처럼 아리송한 대화가 오간 후, 에브리가 말했다. "내일 아침 여덟 시까지는 모든 것을 알게 될 거네."

목공이 끼어들어, 크리그를 옆으로 밀어내고는 에브리를 가리키며 험악하게 말했다. 훗날 크리그의 증언 내용에 분명히 남아 있듯이, 목공의 말투는 외설적이면서도 난해하게 들렸다

"우리 대빵이 어떤 사람인지 모르나?" 목공이 물었다.

크리그가 고개를 끄덕이며 대답했다. "알지."

"이분, 또 메이 영감과 나이트는 무조건 믿을 수 있어. 또 그들은 진짜 싸움닭이고, 거짓말을 하지 않아." 그러고는 크리그에게 위협적으로 덧붙였다. "당장 내려가지 않으면 머리통을 부숴버리겠어."

크리그는 겁에 질려 하갑판으로 발길을 돌렸다. 하갑판에는 윌리엄 메이가 화물창 입구 옆에 있었다. 메이가 그를 보더니 매섭게 물었다. "왜 여기서 빈둥대는 거야?" 크리그는 그 골치 아픈 사건에 연루되고 싶지 않아, 메이의 질문을 무시하고 자신의 선실로 향했다. 메이가 권총으로 그의 뒤통수를 누르며 욕설을 퍼부었다. 수년 후에 재판이 열릴 때까지도 잊지 못했을 정도로 충격적인 욕설이었다. "빌어먹을 놈, 너 같은 놈은 머리에 구멍이 나도 싸."

대포 소리에 놀란 것은 크리그만이 아니었다. 선장실에 누워 있던 깁슨도 고열로 인한 비몽사몽에서 깨어났다. 깁슨은 배가 대서양의 큰 너울을 뚫고 움직이는 걸 느낄 수 있었다. 그는 비틀대며 뒷

갑판으로 나가다가 에브리와 정면으로 마주쳤다.

깁슨은 상황을 이해하려 애쓰며 물었다. "무슨 일이 생겼나보군. 배가 지금 움직이고 있는 건가? 날씨는 어떤가?"

"아무 일도 없습니다. 우리는 지금 항해 중입니다. 바람은 잔잔하고 날씨는 좋습니다."

깁슨이 짜증스런 표정으로 소리쳤다. "항해 중이라고? 대체 어떻게 된 건가?"

에브리가 상황을 정리하고 나섰다. "이제는 내가 이 배의 선장이고, 이곳은 내 선실입니다. 그러니까 당신은 이곳을 나가야 합니다. 나는 마다가스카르로 향할 겁니다. 나는 물론이고, 나와 함께한 용감한 동료들 전부를 부자로 만들어줄 생각입니다."

그리고 헨리 에브리가 깁슨 선장에게 거래를 제안했고, 그 정확한 내용에 대해서는 아직도 논란이 많다. 일부의 주장에 따르면, 에브리는 직책 교환을 제안했다. 말하자면, 새로운 선장 에브리 밑에서 일등항해사를 맡으라고 깁슨에게 제안했다는 것이다. 그러나 크리그의 증언에 따르면, 에브리는 깁슨에게 "이 배에 계속 있겠다면 이 배를 계속 지휘하도록 해드리겠습니다"라며 훨씬 관대한 조건을 제시했다.

깁슨은 에브리의 제안을 즉각 거절했다. "선원들 모두에게 잘해주려고 애썼는데 나에게 이렇게 보답할 줄은 생각도 못했네. 우리 고용주의 명령을 거역할 계획이라면 나는 함께하지 않겠네."

에브리는 고개를 끄덕였다. "그럼 하선하십시오."

역사 기록에 따르면, 한 가지는 분명하다. 에브리와 반란자들은 깁슨에게 찰스2세호에서 명예롭게 하선하는 걸 허락했다. (모든 선상 반란이 이렇게 정중하게 끝나지는 않았다.) 깁슨과 담판을 지은 후, 에브리는 선실에 억류된 이등항해사 그라베트를 찾아갔다.

"자네는 우리와 함께할 생각이 없는 것 같군." 에브리가 말했다.

그라베트가 에브리의 예감을 확인해주자, 에브리는 찰스2세호의 새 선장으로서 깁슨에게 줬던 선택권을 모든 선원에게 줬다. "우리와 함께하지 않을 사람들에게는 자유롭게 하선할 기회를 주겠다." 그러나 즉시 하선해야 했다. 따라서 그라베트는 '옷만 걸친 채' 롱보트 쪽으로 끌려갔다.

에브리는 깁슨 선장과 이등항해사가 정말 안전하게 해안으로 상륙하기를 바랐을까? 에브리의 배려를 의심하기에 충분한 사건이 있었다. 동이 트자, 새로 구성된 찰스2세호 선원들(일부는 반란 세력, 일부는 여전히 제임스 후블론과 스페인 원정 해운에 충성하는 선원들)이 상황을 점검하려고 갑판에 모였다. 찰스2세호는 해안에서 15킬로미터 정도 떨어져 있었다. 그리고 깁슨과 그를 따르는 선원들은 찰스2세호의 롱보트를 타고 해안으로 노를 저어 가야 했다.

찰스2세호에서 하선하기 직전, 그라베트는 윌리엄 메이 옆을 지나갔다. 메이가 그의 손을 잡으며 행운을 빌어줬다. 그라베트의 증언에 따르면, 그들이 헤어질 때 메이는 '얼큰하게 취해 흥겨운 모습'이었다. 메이가 그라베트에게 마지막으로 건넨 말은 "내 마누라에게 안부를 전해주게"였다. 마지막 순간에 에브리가 그라베트를 위해 옷가지를 챙겨줬다. 코트와 조끼 이외에 그가 하갑판에 남겨뒀던, 흔히 사령장으로 알려진 직책 임명장도 챙겨줬다. 그들은 우호적 인사말을 주고받으며 헤어졌다. 에브리가 깁슨 선장과 마지막으로 어떤 말을 주고받았는지에 대해서는 알려진 것이 없다.

열일곱 명이 롱보트에 옮겨 타는 데는 오랜 시간이 걸리지 않았다. 그들은 곧바로 아코루냐를 향해 노를 젓기 시작했다. 그곳의 요새는 오래전에 수평선 너머로 사라져 보이지 않았다. 그들은 노를 젓기 시작했다. 하지만 곧 롱보트에 엄청나게 빠른 속도로 물이 스며들고 있다는 걸 눈치챘다. 그들은 노련한 뱃사람이었던 까닭에 본능적인 속도로 계산을 해냈다. 그렇게 물이 스며들면 15킬로미터나 떨어진 해안까지 갈 수 없다는 결론이 내려졌다. 찰스2세호에서 조금씩 멀어지던 그라베트와 선원들은 옛 동료들에게 양동이를 던져달라고 소리쳤다. 잠시 동안이었지만, 정중한 무혈 폭동이 순전히 사기극이었던 것으로 밝혀지는 듯했다. 머리에 총구멍을 내는 대신, 그들을 바다에 빠뜨려 물고기 밥으로 만들 작정이었던 것 같았다. 그러나 찰스2세호에서 옛 동료가 롱보트에 양동이 하나를 던져줬다. 그리하여 스페인 원정 해운에 충성을 다하던 열일곱 명의 선원은 아코루냐까지 힘겹지만 묵묵히 노를 젓기 시작했다.

깁슨 선장은 자신의 옆을 지켜준 충직한 열여섯 사람을 지켜보며, 찰스2세호의 롱보트에 더 많은 사람이 탈 수 있는 공간이 있다는 걸 틀림없이 눈치챘을 것이다.

선장이 된 에브리

롱보트의 그 남은 공간은 찰스2세호에 남은 선원들에게 범죄를 저지를 의도가 있었다는 명백한 증거로 여겨졌다. 두 가지는 반론의 여지가 없다. 하나는 에브리가 상당수에게 평화롭게 떠날 선택권을 줬다는 것이고, 다른 하나는 항구로 향하던 롱보트에 더 많은 사람이 탈 수 있었다는 것이다. 이 둘을 결합해보면, 선상 반란자들에게 불리한 결론이 내려진다. 모두에게 자유롭게 떠날 기회가 주어졌지만 그들은 각자의 자유의지로 찰스2세호에 머무는 쪽을 선택했다.

하지만 두 사실에 대한 일치된 의견과 1694년 5월 7일의 사건에 대해 지금까지 전해지는 자세한 기록에도 불구하고, 그 선상 반란은 영화 〈라쇼몽(羅生門)〉을 떠올리게 한다. 반란자 중 일부가 자신의 의도와 달리 어쩔 수 없이 에브리의 곁에 남았을 것이라고 전제하면, 똑같은 사건, 심지어 똑같은 말이 전혀 다른 의미를 띠기 때문이다. 예컨대 어떤 진술에서, 윌리엄 메이는 에브리의 핵심 협력자 중 한 명으로 해석된다. 그들의 새로운 임무를 위해 즐겁게 건배를 제안했고, 크리그에게 폭동에 가담하지 않으면 머리에 총구멍을 내겠다고 위협했으며, 그라베트가 롱보트에 내릴 때 흥겹게 작별 인사를 나누지 않았던가? 그러나 메이는 자신이 선상 반란에 자발적으로 참여하지 않았고, 펀치를 마실 때 건배를 제안했지만 아무런 숨은 의도가 없었으며, 크리그를 권총으로 위협한 것은 에브리가 아니라 깁슨을 향한 충성심의 발로였다고 죽을 때까지 주장했다.

내친김에 선상 반란에 대한 메이의 증언을 들어보자. 메이는 크리그를 맞닥뜨린 직후, 찰스2세호의 키를 잡고 있던 에브리에게 다다갔다. 에브리는 메이가 자신에게 충성하지 않을 가능성이 있다는 걸 직감한 듯했다. "메이, 내가 보기에 당신은 이런 상황이 마음에 들지 않는 것 같군요. 그냥 선실에 내려가 계십시오." 메이는 선실에 내려가 주판알을 튕겨봤다. 훗날 메이는 그 이후의 일을 이렇게 증언했다.

> 나는 생각하고 또 생각했습니다. 옛 선장을 얼굴도 보지 않은 채 떠나보낼 수는 없었습니다. 그래서 그들에게 옛 선장을 만나게 해달라고 부탁했지요. 칼집도 없이 단검을 찬 두 사람이 선장을 지키고 있었는데, 내가 옛 선장을 만나는 걸 허락하지 않았습니

다. 그래도 우리는 잠시 정겹게 대화를 나누었고, 선장을 만나게 해달라고 다시 부탁했습니다. 다행히 허락을 얻었고, 선장을 만나러 선실에 들어갔습니다. 의사가 선장의 관자놀이에 기름을 바르고 있더군요. …… 내가 선장을 만나고 나오자, 그들이 사람들을 내려보내려고 서둘렀습니다. 이등항해사 그라베트 씨도 눈에 띄었습니다. …… 나는 집사람을 다시는 만나지 못할 것만 같아서, 그라베트에게 고향에 돌아가거든 내 집사람에게 안부를 꼭 전해달라고 부탁했습니다. 원하면 돌아갈 수 있었지만, 누구도 돌아갈 수 없었기 때문입니다.

"원하면 돌아갈 수 있었지만, 누구도 돌아갈 수 없었기 때문입니다." 이 구절을 중심에 두고 메이의 이야기를 다시 해석하면, 메이가 그라베트에게 건넨 마지막 말은 완전히 다른 의미를 갖는다. 왜 메이는 슬픔에 잠겨, 아내에게 안부를 전해달라고 부탁했을까? 자발적으로 반란자들과 함께 항해하기로 선택해서가 아니라, 두둑한 돈을 쥐고 고향에 돌아갈 확률이 거의 없다는 걸 알았기 때문에 선택의 여지가 없었던 것이다. 그렇다면 메이는 에브리의 대리인이나 공모자가 아니라 오히려 포로에 가까웠다.

증거로 남은 것은 대여섯 문장(선장을 위한 건배, 화물창 앞에서 총구를 겨눈 위협, 아내에게 보내는 메시지 등)이 전부였다. 그러나 이 단순한 진술을 어떻게 읽고, 어떻게 해석하느냐에 따라, 윌리엄 메이의 생사가 달라질 수 있었다.

메이를 비롯해 찰스2세호의 선원들이 선상 반란에 자발적으로 참가하지 않았다면, 왜 그들은 롱보트의 남은 공간을 채워 깁슨과 그라베트와 함께 제임스호로 돌아가지 않았을까? 메이의 증언에 따르면, 롱보트의 내항성 자체에 문제가 있었다. 훗날 메이는 "그들은 롱보트에서 양동이를 던져달라고 소리쳤습니다. 그렇게 하지 않으면 가라앉을 거라고 말입니다. 그런데 그들이 가야 할 거리는 15킬로미터에 달했습니다. 그런 지경에 더 많은 사람이 탔다면 과연 육지까지 갈 수 있었을지 모르겠습니다. 그 정도의 인원으로도 가라앉을 가능성이 짙었는데 말입니다"라고 증언했다. 메이의 설명이 맞다면, 그에게 주어진 선택지는 둘 다 잘못된 것이었다. 법의 테두리에서 벗어난 삶을 살며 반란자가 되거나, 아니면 열일곱 명의 선원과 함께 대서양 한복판에서 익사하는 수밖에 없었으니까. 메이는 법정에서 "내가 그들과 함께하는 걸 거부했다면 그들에게 죽임을 당했을지도 모릅니다. 죽음을 자초하느냐 아니면 국법을 어기느냐, 둘 중 어느 쪽이 나은지 내 머리로는 판단할 수 없었습니다"라고 주장했다.

결국 대략 80명이 찰스2세호에 남아 출항하며, 스페인 원정 해운과의 관계를 포기했다. 항해가 순조로운 단계에 접어들자, 에브리는 그 배의 이름을 바꿨다. 그때부터 그들은 팬시호의 선원이 되었다. 배의 질적 수준만이 아니라 엄청난 보물을 탈취하기를 바라는 그들의 마음이 함축된 이름이었다. 선원들에게도 새 이름이 주어졌다. 선상 반란에서 주모자나 심복 또는 포로 등 어떤 역할을 맡았든 간에 그들은 이제 모두가 해적이었다.

10

○

팬시호

서아프리카 대서양
1694년 5월부터 6월까지

그리하여 헨리 에브리와 그의 선원들은 제임스 후블론과 스페인 원정 해운과의 관계를 완전히 끊었고, 이제는 돌이킬 수 없었다. 따라서 헨리 에브리가 팬시호의 선장으로서 가장 먼저 취한 조치는 요즘 기업에서 말하는 '초과 이익 공유 계획(profit-sharing plan)'을 확정하는 것이었다. 해적은 거의 언제나 국민국가의 법에 구애받지 않으며 살았고, 폭력이 더해진 무정부주의적인 행동에 걸맞는 평판을 얻었다. 하지만 바다를 주 무대로 살아가는 해적 공동체 내에서는 금전 거래를 비롯해 그들의 행동에 일관되게 적용되는 관례를 만들어 충실히 지켰다. 대부분의 해적 행위는 '합의 조항'를 확정하는 것으로 시작되었다. 쉽게 말하면, 합의 조항은 선장과 사관과 일반 선원 간의 정치적 · 경제적 관계를 규정하는 규칙이었다.

가장 중요한 조항은 전리품 분배에 대한 것이었다. 동인도회사의 투자자들과 마찬가지로, 각 해적은 모험 사업에 투자한 주주로 여겨졌다. 항해하는 동안 운이 좋아 보물을 강탈하면, 각자가 맡은 역할을 기준으로 포상금이 분배되었다. 그러나 동인도회사나 요즘의 모든 기업과 달리, 거의 모든 해적선에서 이익 분배는 원칙적으로 평등했다. 요즘 미국 기업 경영자의 보수는 중위 임금(median compensation)의 평균 271배이고, 에브리 시대에 영국 해군의 함장과 사관들은 숙련된 갑판원의 열 배 정도의 보수를 받았다. 상선이나, 스페인 원정 해운처럼 투기적 목적을 띤 배에서는 소득의 차이가 5대 1로 더 낮았다. 한편 해적의 분배는 상당히 공평했다. 18세기 해적 에드워드 로의 해적선(에브리에게 경의를 표한다는 뜻에서 선명을 '팬시'로 했다)에 적용된 합의 조항을 보면, 전리품의 분배 방식이 세밀하게 쓰여 있다. "선장은 2배를 갖는다. 항해장은 1.5배, 의사와 항해사, 포수와 갑판장은 1.25배를 갖는다." 그 밖의 선원들에게는 똑같이 1이 배분되었다. 한편 헨리 에브리와 선원들이 합의한 조항은 한층 간단했다. 에브리는 2, 나머지 모두는 똑같이 1이었다.

당시 팬시호에서 다른 합의 조항이 체결되었는지는 지금까지 전해지는 내용이 없기에 알 수 없다. 그러나 에브리보다 수십 년 후에 활동한 네 명의 대표적인 해적, 에드워드 로, 바살러뮤 로버츠

(Bartholomew Roberts, 1682~1722), 존 필립스(John Phillips, ?~1724), 조지 로더(George Lowther, ?~1723)가 남긴 합의 조항은 완벽한 형태로 전해진다. 해적들이 선상에서 보낸 일상적인 소일거리만이 아니라, 항해하는 동안 질서를 유지하고 안정된 관리 방식을 확보하기 위해 자체적으로 정교하게 개발한 정치 시스템을 어렴풋이 엿볼 수 있는 무척 소중한 자료들이다. 지금까지 전해지는 네 자료 중에서도 로버츠의 합의 조항이 가장 흥미롭다.

1. 중대한 사건을 결정할 때 모두가 동등한 투표권을 갖는다. 노획한 신선한 식량이나 독한 술에 대해서는 모두가 동등한 권리를 가지며, 모두를 위해 절약이 필요한 경우가 아니라면 다 함께 즐기기로 한다.
2. 전리품의 선상 분배에서는 모두가 순서에 따라 공정하게 부름을 받는다. 적정한 몫 이외에 옷도 갈아입어야 하기 때문이다. 접시와 보석과 돈 등을 하나라도 사취하는 사람은 무인도에 버려질 것이다. 또 누구라도 동료의 것을 훔치면 코와 귀가 베인 채 육지에 버려져 혹독한 고난을 겪을 것이다.
3. 돈을 걸고 주사위나 카드 등의 도박을 해서는 안 된다.
4. 밤 여덟 시에는 모든 불빛, 촛불까지 꺼야 한다. 그 시간 이후에 술을 마시고 싶은 사람은 상갑판에 나와 불빛 없이 마셔야 한다.

5. 모두가 칼과 권총을 항상 소지하고, 언제라도 사용할 수 있도록 깨끗하게 다듬어두어야 한다.
6. 소년과 여자에게는 승선을 허락하지 않는다. 여자에게 유혹되어 몰래 배에 데리고 들어오면 죽음으로 그 대가를 치러야 한다.
7. 전투 중에 배를 버리거나 자신의 구역을 이탈한 사람은 죽음으로 대가를 치르거나, 무인도에 버려질 것이다.
8. 선상에서 동료 간의 다툼은 금지된다. 모든 다툼은 육지에서 칼이나 권총으로 끝내야 한다. 둘은 서로 등을 맞대고 있다가, 항해장의 신호가 떨어지면 곧바로 뒤돌아서며 방아쇠를 당겨야 한다. 누구라도 이 규칙을 어기면, 항해장이 그 사람의 손가락을 짓이겨버릴 것이다. 둘 모두 상대를 맞추지 못하면, 단검으로 결투한다. 먼저 피를 흘리게 한 사람이 승자가 된다.
9. 각자 1,000스페인달러를 벌 때까지는 누구도 현재의 삶과 결별하겠다고 말해서는 안 된다. 임무를 수행하는 과정에서 불구가 되거나 팔다리 중 하나를 잃은 사람에게는 공동의 재산에서 800스페인달러가 주어지고, 부상 정도에 비례해서 그 액수를 조정한다.
10. 선장과 항해장은 2배, 포수장과 갑판장은 1.5배, 그 밖의 사관은 1.25배, 나머지는 모두 똑같이 1을 분배받는다.

11. 악사는 안식일에는 당연한 권리로서 휴식을 취하고, 그 밖의 날에는 선원들의 허락을 받아 휴식을 취한다.[1]

1720년대의 어느 시점에 작성된 이 미니 헌법의 몇몇 조항은 현대인의 눈에는 낡디낡아 보인다. 오늘날에는 어떤 정치 문서에서도 결투 방식을 명시하거나, 저녁 여덟 시 이후에 촛불까지 금지하지 않는다. 그러나 가장 중요한 점에서, 합의 조항이라 일컬어지듯이 해적의 관례는 때때로 시대를 크게 앞선 것이었다. 로버츠의 합의 첫 문장, "중대한 사건을 결정할 때 모두가 동등한 투표권을 갖는다"를 생각해보라. 해적들은 이 민주적 원칙을 그들의 헌법에 명문화했다는 점에서, 미국독립혁명과 프랑스대혁명을 거의 한 세기나 앞섰다. 선장은 선원들의 뜻에 따라 직무를 수행했고, 과반수로부터 호의를 잃으면 지휘권을 상실할 수 있었다. 해군 전함과 상선은 그야말로 독재적 조직이었다. 엄격하게 통제된 지휘 계통에 따라 선장이 배에 대해 절대적인 권한을 휘둘렀고, 선장의 권력 남용을 억제할 만한 메커니즘이 전혀 없었다. 그러나 해적선은 유동적인 민주 조직이었다. 한 장(章)을 통째로 할애해 에브리와 그의 범죄를 자세히 다룬 찰스 존슨의 베스트셀러 《해적의 보편적 역사》에 따르면, "[해적선에서] 최고 권력은 공동체에 있었고, 그 공동체는 이해관계나 기분에 따라 권력을 위임하고 철회할 수 있었다."[2]

유동적인 민주 조직

동등한 투표권도 대단하지만, 해적의 지배 구조는 그 이상이었다. 그 시대에 대부분의 해적선이 채택한 선상에서의 권력 분립은 미국 헌법의 뼈대와 놀라울 정도로 유사했다. 선장의 권한은 선원 투표를 통해 선장직에서 배제될 수 있다는 두려움에 의해 제한되었을 뿐만 아니라, 항해장의 권한에 의해서도 견제를 받았다. 전투 중에는 선장이 절대적인 권한을 지녔고, 전체적인 목표를 설정할 때에는 항상 실무적인 권한을 행사했지만, 대부분의 일상적인 문제는 항해장이 결정을 내렸다. 게다가 전리품 분배 책임자도 항해장이었다. 존슨의 설명을 보자.

> 해적들 사이에서 사소한 위법 행위를 처벌하는…… 주된 책임자는 항해장이다. 항해장은 선원들의 선택으로 결정되고, 전투 시간을 제외하고는 선상의 모든 문제를 결정하는 권한을 갖는다. 선원들이 항해장의 명령에 불응하며 서로 다투거나 싸우고, 포로를 학대하고, 그의 지시보다 더 많이 약탈하고, 특히 무기 관리를 소홀히 하면, 항해장은 선원들에게 비난받지 않을 범위 내에서 벌을 준다. 요약하면, 항해장은 배 전체의 관리자, 선상에서 전리품을 분배하는 책임자, 전체를 위해 개인의 욕심을 억누르고…….[3]

선장이 선출된 리더로서 기업의 사장이나 최고경영자와 비슷한 위치에 있었다면, 항해장은 선상의 위법 행위에 대한 처벌 수준을 결정하는 법관, 보상의 범위를 총괄하는 최고재무책임자 등 다양한 역할을 했다. 항해장은 이런 권한을 지녔기 때문에, 선장이 물러나면 1순위로 그 지위를 승계했다. 찰스2세호에서 선상 반란이 일어났을 때 일등항해사이던 에브리가 그 배의 키를 잡았던 것도 같은 이유였다. 아코루냐를 출발하고 며칠 후, 선원들은 에브리를 옆에서 도와줄 항해장을 선출했다. 야머스 출신으로 30대 말의 노련한 뱃사람 조지프 도슨(Joseph Dawson)이 항해장으로 선택되었다.

팬시호의 선원들이었다면, 해적들이 관례적으로 도입한 다른 혁신적인 조항도 틀림없이 명시했을 것이다. 구체적으로 말하면, 로버츠의 합의 조항 제9조에서 봤던 내용이다. "임무를 수행하는 과정에서 불구가 되거나 팔다리 중 하나를 잃은 사람에게는 공동의 재산에서 800스페인달러가 주어지고, 부상 정도에 비례해서 그 액수를 조정한다." 해적들은 일종의 보험을 그들의 헌법에 명기하는 걸 핵심 원리로 삼았다. 따라서 전투 중에 중대한 부상을 당한 해적은 그들 모두가 함께 모아둔 보물에서 상당한 몫을 받았다. 로버츠의 합의 조항에 서술된 수준을 넘어, 훨씬 정교하게 보험을 설계한 해적 공동체도 있었다. 예컨대 18세기의 해적이자 노예무역상이던 알렉상드르 엑스크믈랭(Alexandre Exquemelin, 1645~1707)의 해적선에서는 부상한 선원들에게 부상 정도에 따라 특별한 수준의 보상이 주어졌다. 오른팔을 잃으면 왼팔을 잃은 경우보다 보상이 더 컸고, 눈 하나를 잃으면 손가락 하나를 잃은 정도와 거의 같은 수준의 보상을 받았다.[4]

선상의 민주주의와 권력 분립, 공평한 보상 계획, 심각한 부상을 입은 경우에 대한 보험 등의 요소를 종합하면, 1600년대 말과 1700년대 초의 해적선은 유럽 국민국가의 법 테두리를 넘어 활동했지만, 실제로는 그 시대의 법을 앞서 활동한 셈이었다. 해적은 범법자였지만, 선상에서 집단의 힘을 확보하는 동시에 권력과 부의 지나친 집중을 견제하는 규칙을 운영했다는 점에서 선구자이기도 했다. 현대의 다국적기업이 처음 등장하기 시작한 바로 그때, 해적들은 다른 종류의 경제구조, 즉 노동자들의 공동 사업체와 더 유사한 경제구조를 실험하고 있었다. 최근에 역사학자들은 해적의 경제와 지배 구조에 대한 혁신적인 규칙들에 주목하며, 해적이 범죄와 탐험의 역사에서만 중요한 역할을 해낸 것이 아니라 급진적 정치사에서도 선구자였다고 하며 해적의 위치를 재평가하기에 이르렀다. 해양 역사학자 존 셀윈 브롬리(John Selwyn Bromley, 1913~1985)의 표현을 빌리면, "[해적들은] 속박에서 벗어나는 데 그치지 않았다. 적어도 그들의 사업에서 자유와 평등이라는 개념을 실천했고, 형제애도 보여줬다. 구세계와 신세계에서도 많은 사람이 그런 것들을 꿈꿨지만 좌절되고 말았다."[5]

미국 역사학자 마커스 레디커(Marcus Rediker)는 1700년대 초의 해양 문화를 다룬 권위 있는 저서에서, 해적 계급의 정치 구조를 이렇게 설명했다.

> 해적들은 주인이 없는 문화를 구축해냈다. 그들은 18세기 초의 어느 집단보다 전통적인 권위를 탈피했다. 교회와 가족 및 억눌린 노동에서 벗어나, 또 바다를 무기로 국가권력으로부터 거리를 두고, 이상한 실험을 시도했다. …… 해적들은 기회의 평등하고 동료애적인 분배, 위험으로부터 면책되는 특권의 거부, 몫의 공정한 할당 등을 통해 바다에서 살아가는 데 필요한 집산주의적 정신을 보여줬다.[6]

이런 평등주의 정신을 이해해야 헨리 에브리 같은 해적들이 모국에서 인기를 얻었던 이유가 이해된다. 해적들은 바다에서 모험적인 삶을 추구하는 카리스마 넘치는 악당이었을 뿐만 아니라, 육지에는 비견할 만한 것이 없는 가치를 실천하는 포퓰리스트이기도 했다.[7]

물론 그런 노동자 계급의 영웅 신화가 확고하게 자리를 잡고, 그들의 메시지를 밖으로 전달하기 위해서는 소문 이상의 것이 필요했다. 바로 나날이 성장하는 미디어의 힘이었다. 소책자, 책의 형태를 띤 전기, 인쇄본으로 출간된 형사재판 기록, 극화된 대본 등 17세기 말에 존재하던 온갖 형태의 출판물로 헨리 에브리와 팬시호 선원들의 모험이 미화되거나 규탄되며, 그들은 유명 인사가 되었다. 그러나 헨리 에브리가 해적으로 변신한 이야기는 가장 오래된 매개체, 즉 노래를 통해 고향에서 노동자 계급의 마음을 사로잡았다.

11

○

해적의 노래

런던
1694년 6월

제임스 후블론을 비롯해 스페인 원정 해운의 투자자들이 헨리 에브리가 찰스2세호를 점령해 해적의 길로 나섰다는 걸 정확히 파악한 때가 언제인지는 알려져 있지 않다. 오늘날의 우리에게는 이상하게 들리겠지만, 선상 반란 소식을 런던에 처음 알린 것은 신문 기사나 법정 소송, 기업 통신이 아니었다. 에브리의 배신이 잉글랜드에 처음 언급된 기록은 흥미롭게도 시(詩)였다.

1694년 늦봄이나 초여름의 어느 날, 티오필러스 루이스(Theophilus Lewis)라는 출판업자가 〈한 재산을 모으려고 최근에 사라진 헨리 에브리 선장이 쓴 한 편의 시(Verses, composed by Captain Henry Every, lately gone to Sea to seek his Fortune)〉라는 13연의 정형시를 출간했다. 에브리 선장이 지브롤터해협을 지나면서 떠오른 시상을 시로 표현했다는 상상 자체는 자극적이었지만, 루이스가 출간한 시는 에브리가 아닌 다른 사람이 쓴 것이 거의 확실했다. '에브리의 시(Every Verses)'는 알려진 후 수년 사이에 다양한 형태로 출간되었다. 그 시들이 조금씩 달랐다는 사실에서, 최초의 시가 구전되거나 노래로 전해지며 변형된 것이라는 추정이 가능하다.

헨리 에브리의 삶에서 많은 사건이 그랬듯이, 찰스2세호의 선상 반란에 대한 첫 보도도 두 제도의 중대한 전환점에서 나왔다. 이번에는 노래에서 인쇄 매체로 넘어가는 전환점이었다. 1600년대 내내 유럽의 주요 도시, 예컨대 런던에서는 군사와 정치에 대한 소식, 민담, 범죄에 대한 이야기가 노래라는 형식을 통해 전해졌고, 이런 방법은 구텐베르크 이전의 음유시인 때부터 내려온 전통이었다. 그러나 인쇄술이 발달하자, 그런 노래들의 한쪽 면에 가사와 목판 삽화가 인쇄된 커다란 종이가 더해지는 경우가 많아졌다. 최근의 사건을 음악적으로 풀이한 이런 인쇄물은 '브로드사이드(broadside)'로 일컬어졌고, '발라드몽거(balladmonger)'가 길모퉁이를 돌아다니며 그 인쇄물을 팔았다. 요즘의 신문은 이런 식으로 세상 소식을 실험적으로 알리던 인쇄물에서 진화한 것이다. 발라드몽거는 20세기에도 살아남아 "타이타닉호 침몰! 그 전모를 읽어보세요!"라고 핵심적인 소식을 반복해 소리치며 신문을 팔던 전형적인 신문팔이의 전신이었다. 그러나 발라드몽거들은 음악적인 재능도 십분 발휘했다. 그들은 행인들의 관심을 끌려고, 최근의 브로드사이드에 실린 소식을 노래하듯 말했고, 특히 '핵심적인 소식'에는 기억하기 쉬운 곡조를 붙였다. 예컨대 '에브리의 시'는 당시 사람들의 귀에 익은 노래, 〈두 영국인 여행자(The Two English Travellers)〉의 곡조에 맞춰졌다.

1694년 6월 초, 런던브리지의 아랫동네들, 예컨대 라임하우스, 와핑, 로더하이스를 산책하며, 스페인 원정 해운 같은 모험적 항해를 계획하는 상선 대리인들과 선원들로 가득한 선술집을 기웃댄다고 상상해보라. 자갈돌길을 때리는 말발굽 소리, 행상들의 날카로운 고함소리, 술집 앞을 지날 때마다 귀청을 때리는 불분명한 주장들보다 발라드몽거가 브로드사이드를 행인들에게 흔들며 감상적으로 웅얼대는 노랫소리가 귀에 더 선명하게 들렸을 것이다. 그들의 서정시는 정치적 음모나 비정상적인 날씨, 섬뜩한 살인 사건을 다뤘다. 요즘이면 심야 뉴스에서 다뤄졌을 사건들이 대도시의 거리를 걷는 사람들에게 노래로 들려졌다. 1694년 늦봄에 당신이 런던에 있었다면 '영국군의 신교도 보초병'이 작곡했다는 〈플랑드르에서 싸우는 영국군(The Loyal British Fighting in Flanders)〉이라는 서정적인 노래를 들었을 것이다. 어쩌면 한층 음울한 노랫말, 예컨대 〈살인자의 애가(The Murtherers Lamentation)〉의 노랫말에 맞춰 휘파람을 불었을지도 모르겠다. (브로드사이드의 설명글은 다음과 같았다. "존 주스터와 윌리엄 버틀러가 제인 르그랑 부인의 강도 살인죄로 기소되어 유죄 판결을 받았다. 그들은 최종적으로 사형 선고를 받았고, 그에 따라 처형되었다……."[1]) 그러나 한 구석에는 어떤 발라드몽거가 새로운 소야곡을 노래하고 있었을 것이다. 엄밀히 말하면, 어떤 범죄를 이야기하며 앞으로 더 많은 범죄가 일어날 거라고 예고하는 노래지만, 그 수사적 내용은 행동을 촉구하는 간청이다.

용감한 젊은이여, 담대한 용기를 지닌 젊은이여, 모두 오라
나와 함께 모험하지 않겠는가? 너희에게 금을 잔뜩 안겨주겠노라!
서둘러 아코루냐로 오라, 그럼 너희 마음에 쏙 드는
'팬시'라고 불리는 배를 볼 수 있으리라

에브리 선장이 그곳에서 그 배를 지휘하며
뭔가를 행하기 전에 자주 방향을 바꾸어 항해하리라
프랑스인, 스페인인, 포르투갈인, 또 이방인
그는 그들과 전쟁을 했노라, 죽을 때까지

팬시는 차고 기우는 달과 같아, 바람처럼 항해하고
팬시는 온갖 삭구를 갖추고, 기묘하게 다듬어지고
그의 설계에 따라 모든 것이 편리하게 꾸며지고
신이시여, 팬시를 축복하소서! 보물을 찾아 나서는 팬시를!

찰스2세호의 선상 반란은 당시 런던의 어느 매체에도 보도되지 않

았다. 하지만 이 서정시에는 그 반란에 대한 핵심적인 사실들이 담겨 있어, 그해 5월 초에 일어난 사건을 직접 경험했거나 간접적으로 전해 들은 사람이 썼을 것으로 추정된다. 다음 연에서는 에브리가 데번셔 출신이고, (사실일 가능성이 거의 없지만) 그 지역의 저명한 대지주 가문과 관련이 있다고 암시된다. ("안녕, 아름다운 플리머스여, 귀여운 고양이여 / 한때 나는 그 땅의 대부분을 공유한 지주였건만 / 이제는 모든 인연을 끊고, 내 위치를 포기하고 / 새로운 운명을 찾아 잉글랜드를 떠나리라") 그 서정시는 에브리의 여정까지도 정확히 묘사하고 있다.

그리고 이곳의 기후대와 온대권을 떠나
몹시 더운 곳을 향하리라. 내가 이 시대의 반짝이는
150명의 용사와 함께 떠났다는 소식을 듣게 되리라
적과 싸우겠다고 다짐한 용사들과 함께!

이 북쪽 지역도 내 수중을 벗어나지 못하리라
나는 앤터하이스(Anterhise)를 일으키리라.
결국 사람들은 알게 되리라
내가 남쪽 바다와 페르시아로 간다는 것을
세상이 알게 되는 걸 두려워하지 않는다는 것을

이 시는 팬시호의 항로에 대한 사실적인 나열을 넘어 에브리의 야망, 즉 에브리가 1694년 5월 7일 찰스2세호의 선상에서 깁슨 선장에게 말했듯이 부자가 되려는 계획을 선언한다는 점에서, 일종의 '나의 노래'처럼 들린다. 위의 두 연에서 앞 행들은 자수성가한 뱃사람들의 이야기에서 흔한 서술 방식이다. 요즘과 비교하면, 혼자 힘으로 성공해 전설이 된 야심찬 선원 허레이쇼 혼블로어(세실 스콧 포레스터[Cecil Scott Forester]의 연작 소설에서 사관후보생에서 제독까지 오른 주인공 – 옮긴이)의 이야기를 읽는 듯하다.

> 우리 이름은 하늘에서 밝게 빛나고 퍼지리라
> 아직까지 한 명의 프랑스인도 있었던 적이 없고
> 오만한 네덜란드인도 보았다고 말할 수 없는
> 많은 곳을 대담하게 찾아내기를 기대하노라
>
> 나는 큰 범죄를 범했고, 내가 직접 범했노라
> 이제 돛을 더욱더 활짝 펴리라
> 내 친구들아, 믿으라. 모든 것은 아코루냐에서 시작되었다
> 93년부터 세상이 끝날 때까지[2]

역사학자 조엘 베어(Joel H. Baer)가 지적했듯이, 에브리의 시는 선상 반란의 과정 자체를 특별히 자세히 다루지 않았다는 점에서 흥미롭다. 에브리가 팬시호를 장악하는 과정에 대한 상세한 설명이 있

었다면, 많은 발라드몽거가 길거리에서 판매한 진짜 범죄 이야기에 쉽게 맞아떨어졌을 것이다. 베어의 평가에 따르면, "새로운 소식을 담은 서정시라는 원칙을 지키며 자상한 지휘관들과 야심찬 선원들, 그리고 야만적인 배신을 노래하는 시가 지어질 수도 있었을 것이다. 그러나 작가는 명백한 배신 행위와 도적질보다, 자신과 선원들 및 포기하려는 사회에 대한 개인적인 확신을 강조하는 쪽을 선택했다." 에브리의 시는 다른 핵심적인 면에서도 원칙을 벗어났다. 로빈 후드를 노래한 서정시를 제외하면, 운문 형식을 띤 거의 모든 범죄 이야기는 교도소의 독방이나 교수대에서 회고하는 형식으로 지어졌다. (오페라의 대본, 즉 리브레토가 오페라 극장에서 배부되었듯이, 브로드사이드는 공개 처형장에서 판매되는 경우가 많았다.) 살인과 강도 이야기는 듣는 사람들을 전율하고 몸서리치게 했지만, 이런 이야기가 제시하는 도덕적 경계는 명확했다. 범인들은 공식적인 벌을 받아 마땅했다. 헨리 에브리는 명백한 범죄를 범했지만, 에브리의 시에서 그는 전혀 범인으로 그려지지 않았다. 오히려 에브리는 '담대한 용기를 지닌 젊은이들'에게 마음을 뒤흔드는 메시지를 보내며 영감을 주는 인물이었다.

에브리의 시는 다른 이유에서도 중요한 의미를 가졌다. 처음으로 에브리의 삶에서 또 다른 신분이 생겼다는 것이다. 선원 에브리는 선원들과 함께 팬시호를 끌고 희망봉을 향해 남쪽으로 떠났다. 그런데 제2의 에브리가 있었다. 바로 발라드몽거들이 런던의 길거리에서 찬양하는 에브리였다. 그의 이야기가 서정시로 노래되다가 브로드사이드와 책으로, 또 무대로 옮겨갔기 때문에 시간의 흐름에 따라 에브리의 신화가 만들어지게 되었다. 하지만 그의 실제 삶과는 크게 다른 신화였다. 에브리 이후의 해적 세대들뿐만 아니라 잉글랜드에도 신화 속 에브리는 실존 인물만큼이나 큰 영향을 미쳤다.

12

조사이아 경의 조작

런던
1694년 8월

'에브리의 시'는 원래 재밌자고 지어졌다. 정확히 말하면, 원래 런던 사람들을 즐겁게 해줄 목적에서 〈대담한 에브리 선장(Bold Captain Every)〉이라는 서정적인 곡이 쓰인 것이다. 그러나 1694년 여름이 끝나갈 즈음에 그 시는 법적 분쟁의 증거가 되었다. 에브리의 시가 런던의 길모퉁이들에서 흥얼거려지기 시작한 6월경, 스페인 원정 해운 사업에서 귀국하지 못한 선원들 때문에 분개한 그 아내들이 제임스 후블론과의 법정 다툼에 개입해달라는 탄원서를 정부에 제출했다. 그들의 주장에 따르면, 후블론이 이끌던 스페인 원정 해운 투자자들은 '치가 떨릴 지경'으로 행동하며, '그들의 남편을 죽을 때까지 스페인 왕을 섬겨야 하는 상황'에 내팽개쳤다. 오래지 않아, 추밀원이 조사를 개시하며 후블론에게 자신의 입장을 증명할 자료를 제출하라고 요구했다. 후블론은 세 가지 자료를 제출했다. 하나는 스페인 원정 해운에 투자한 사람들의 명단이었다. 투자자들의 사회적 지위로 추밀원에 압력을 가할 의도였던 것으로 추정된다.[1] 둘째는 선원들이 서명한 고용계약서였고, 마지막 자료는 〈한 재산을 모으려고 최근에 사라진 헨리 에브리 선장이 쓴 한 편의 시〉라는 브로드사이드 한 부였다.

에브리가 그 정형시를 직접 지었을 가능성은 없었지만, 후블론은 그 시를 곧이곧대로 받아들였다. 따라서 그 시를 추밀원에 제출하면서, '이 국가의 명예에 먹칠하며 해적 행위를 하겠다는 의도를 천명하고, 반란자들이 아코루냐에서 소유자들에게 큰 손해를 입혔다는 증거'라고 주장했다.

8월 16일 추밀원은 원고들의 주장과 후불론의 변론 자료를 검토한 후, 그 사건을 '무역및식민지위원회'에 배당했다. 그 위원회는 9월 초에 추가로 증언을 청취했다. 후블론의 방어 전략은 효과를 거두는 듯했다. 위원회가 부인들의 항의를 무시하고, 찰스2세호의 탈취에 초점을 맞추는 것처럼 보였다. 실제로 위원회는 "선박 회사 소속의 배에는 식민지에 정박하고 체류하라는 명령이 내려질 수 있고, 그런 명령을 받으면 모든 배는 그 명령에 따라야 한다"라는 공식 결론을 내렸다. 헨리 에브리와 그의 선원들이 법을 피해 도주 중이라는 사실을 공식적으로 확인한 첫 사례였다.

후블론은 1695년 봄까지 계속 소송에 시달렸다. 스페인 원정 해운이 아코루냐에서 완전히 철수하고, 그곳에서 오랫동안 대기하며 고생하던 선원들이 귀국한 후, 윌리엄 댐피어를 필두로 반란에 가담하지 않은 선원들이 후블론과 투자자들로부터 임금을 받아낼 목적에서 해군 고등법원에 상고한 때문이었다. 댐피어는 승선의 대가로 총 82파운드를 받기로 계약했지만 고작 3파운드밖에 받지 못했다고 주장했다. 투자자들은 확실한 정황 증거를 내세우며, 댐피어와 사관들이 명령을 어기고 에브리와 반란자들이 찰스2세호를 탈취해 탈주하는 걸 도왔다고 주장했다. (댐피어가 그 후에도 사건의 전말에 대해 함구했다는 사실을 고려하면 이런 주장이 상당히 그럴듯하게 들린다. 댐피어는 정부의 지원을 기대하던 터라, 선상 반란자로 낙인찍히는 위험을 감수하고 싶지는 않았을 것이다.) 이 사건은 1696년 봄에 결국 기각되었다. 댐피어는 체불 임금을 돌려받지 못했지만, 그즈음 뱃사람으로 살던 시절의 회고록을 마무리했다. 결국 그 회고록이 스페인 원정 해운에서 약속받은 돈보다 훨씬 많은 돈을 그에게 안겨줬다.

스페인 원정 해운의 금전적 추문은 초기 단계에는 런던 언론으로부터 거의 주목을 받지 못했다. 체불 임금에 대한 분쟁은 해운 산업에서 다반사였기 때문이다. 해군 고등법원은 그런 사건을 연간 평균 100건 이상 처리해야 했다. 게다가 스페인 원정 해운의 법적 분규는 동인도회사의 주가 폭락이라는 훨씬 더 심각한 금융 위기에도 가려지고 말았다.

동인도회사의 주가 조작

런던 엘리트 계급의 옥양목과 사라사 무명에 대한 폭발적인 수요 증가로, 동인도회사는 1600년대 하반기에 역사적인 수익을 연속적으로 거두었다. 내친김에 동인도회사는 1657년 주식회사로 전환하며 보통주를 발행하기 시작했다. 달리 말하면, 특정한 목적을 띤 항해에 그치지 않고 기업의 일부를 투자자들에게 판매하기 시작했다. 그 이후로 30년 동안 동인도회사는 인도를 400회 이상 왕래하며 직물의 수입량을 늘렸다. 1670년에는 절반을 조금 넘는 수입품이 면화를 기반으로 한 상품이었고, 후추를 비롯한 향신료가 처음으로 뒤처졌다. 1680년대 중반에는 옥양목과 사라사 무명이 동인도회사가 인도와 거래하는 품목의 86퍼센트를 차지했다. 인도 면직물에 대한 끝 모르는 수요는 동인도회사 투자자들에게도 기록적인 수익을 안겨줬다. 1660년대 중반 100파운드에 달했던 주식이 1680년에는 500파운드를 넘어섰다. 회사의 배당금은 요즘 기업의 배당금보다 훨씬 더 후했다. 17세기의 하반기 동안에도 동인도회사는 투자자들에게 매년 평균 20퍼센트의 배당을 실시했지만, 옥양목 무역이 최고조에 달했던 1680년대에는 배당률이 50퍼센트까지 치솟았다. 예컨대 1657년에 100파운드 상당의 동인도회사 주식을 매입했다면, 주가가 최고치에 올랐던 1691년까지 배당금만 840파운드를 받았을 것이다. 부의 창출이 현대 디지털 시대의 기업공개(Initial Public Offering, IPO. 1980년 애플의 기업공개에 100달러를 투자했다면 지금의 가치는 대략 4만 달러다)만큼 극적이지는 않았지만, 17세기에 그 정도의 투자수익률(return on investment)은 전례가 없었다.[2]

하지만 1680년대 말부터, 일련의 정치적이고 재무적인 추문이 동인도회사의 경제적 전망에 먹구름을 드리우기 시작했다. 회사의 선구적인 주주 구조에, 요즘의 금융시장에서는 당연한 것으로 여겨지는 수상쩍은 혁신이 더해졌다. 동인도회사의 대단히 공격적인 총재(요즘의 최고경영자) 조사이아 차일드(Josiah Child, 1630~1699)가 인도의 현황 관련 정보를 선택적으로 공개함으로써, 진실과 거짓의 경계를 모호하게 얼버무리며 시장을 조작하는 얄팍한 재주를 부린 것이다. 수년 후 대니얼 디포는 《증시의 해부(*Anatomy of Exchange-Alley*)》에서, 차일드가 투자자들에게 미친 영향을 이렇게 묘사했다.

> 동인도 주식이 주인공이었다. 조사이아 경이 주식시장에 오면, 모두의 눈이 그를 위해 일하는 중개인들에게로 향하며, "조사이아 경이 매도합니까, 매수합니까?"라고 물었다. 조사이아 경은 매수할 생각이면, 먼저 담당 중개인들에게 평소보다 침울한 표정으로 고개를 저으며 인도에서 나쁜 소식이 들려온 것처럼 행동하라고 부탁했다. 그래서 분위기가 조성되면 "조사이아 경으로부터 팔 수 있을 만큼 팔아달라는 의뢰를 받았다"라고 하며 실제로 1만 파운드나 2만 파운드 상당의 주식을 매도했다. 그럼 즉각 주

> 식시장은 매도인들로 넘쳤고, 누구도 한 푼어치도 매수하지 않았다. 그렇게 주가는 6퍼센트, 7퍼센트, 8퍼센트, 10퍼센트, 때로는 그 이상으로 떨어졌다. 그때 교활한 조사이어 경은 매수를 위해 고용한 사람들을 풀어, 눈에 띄지 않게 신중하게 모든 주식을 사들였다.[3]

물론 오늘날 이런 노골적인 조작을 한다면, 곧바로 증권거래위원회의 방문을 받을 것이다. 그러나 요즘 주식거래에서 당연하게 여겨지는 관례들이 형성되고 있던 1680년대에는 명백한 사기와 기민한 투자 간의 구분이 법제화되지 않았다. 차일드의 교활한 조작은 인도에서 들려오는 정보의 불완전한 흐름을 악용한 결과였다. 동인도회사는 인도와의 무역을 독점함으로써 인도 아대륙에서 전해지는 정보까지 추가로 거의 독점할 수 있었다. 그 결과로, 동인도회사는 주가를 조작할 목적으로 정보를 왜곡하면서도 경쟁 기업이나 언론으로부터 사실 점검을 당할 위험이 거의 없었다. 디포는 이에 대해 이렇게 표현했다.

> 동인도회사로부터 개인적으로 부탁해 받은 편지가 있다고 우리에게 말하는 사람들이 있다. 이런 편지를 거론하며 그들은 인도행 무역선이 난파되었는데도 그곳에 안전하게 도착했다고 말하고, 인도가 너무도 평화로운데도 무굴 황제와 전쟁을 했다고 말

하며, 무굴제국의 황제가 10만 대군을 이끌고 벵골의 무역 사무소를 공격했는데도 무굴제국과 평화롭게 지내고 있다고 말한다. 결국 싸게 사서 비싸게 팔려는 목적에서 주가의 등락을 조작하려는 소문이라고 생각할 수밖에 없었다.

위기에 처한 동인도회사

동인도회사의 영향력이 커지고 수상쩍은 금융거래까지 더해지자, 그 회사에 독점적으로 부여된 인도와의 무역권을 철회하라는 단호한 요구도 점점 커졌다. 조사이아 차일드는 제임스 2세(James II, 재위 1685~1688)의 충복들에게 상당한 뇌물을 안겨줌으로써 동인도회사의 독점권을 꿋꿋하게 지켜냈다. 그러나 1688년 명예혁명으로 윌리엄 3세(William III, 재위 1689~1702)가 제임스 2세를 축출하자, 뇌물도 하루아침에 무용지물이 되고 말았다. 윌리엄 3세가 즉위한 직후, 의회는 차일드를 비롯한 경영진의 부패를 조사하기 시작했다. 그 결과, 동인도회사와 경쟁하는 새로운 회사를 설립해 영국의 더 많은 상인들에게 인도와 교역할 기회를 부여하자는 제안이 나왔다.

그 시기에 런던에서 매서운 공격을 받던 동인도회사는 인도에서도 그에 못지않은 공격을 받았다. 윌리엄 호킨스가 1608년 첫발을 내딛었던 수라트의 동인도회사 무역 사무소에 대한 인도 관리들의 적대적인 간섭이 점점 심해졌다. 동인도회사는 무역 거래에 대한 자율권을 확보하려고, 수라트에서 남쪽으로 320킬로미터쯤 떨어진 콘칸 해안의 일곱 섬으로 본부를 옮겼다. 그 섬들은 한때 포르투갈령이었지만, 1661년 포르투갈의 카타리나 드 브라간사(Catarina de Bragança) 공주가 찰스 2세(Charles II, 재위 1660~1685)와 결혼할 때 일종의 지참금으로 영국에 양도되었으며, 그로부터 7년 후에 동인도회사에 임대되었다. 1687년쯤 동인도회사는 그 섬들을 대인도 무역의 주된 발판으로 삼고 있었다. 포르투갈은 그 섬들을 봄바임이라고 불렀고, 그 봄바임이 영어식으로 발음되어 20세기까지 봄베이(현재는 뭄바이)로 불렸다.

동인도회사는 찰스 2세에게 권리를 인정받아서, 봄베이 본부에서 화폐를 주조할 수 있었다. 인도 시장에서 혼용되며 혼란을 불러일으키는 개인과 국가가 주조한 동전보다 한층 안정된 통화를 무역에 사용하기 위해서였다. 동인도회사는 주조 과정의 감독자로, 연줄이 상당한 19세 청년 새뮤얼 애니슬리(Samuel Annesley)를 채용했다. 애니슬리는 저명한 비국교파 목사의 아들이었고, 지성과 신학에서 뿌리가 깊은 가문의 일원이었다. 그의 아버지는 대니얼 디포와도 친구였고, 그가 죽었을 때 디포가 애도하는 시를 짓기도 했다. 그의 조카는 감리교 창시자인 존 웨슬리(John Wesley)였다. 하지만 애니슬리는 영적인 영역보다 세속적인 것에 더 관심이 많았던 듯하다. 애니슬리는 기업가적 재능을 발휘하겠다는 각오로 봄베이에 발을 내딛었겠지만, 주조 작업이 실질적으로 중단된 상태라는 걸 확인했을 뿐이었다. 그의 전기를 쓴 아널드 라이트(Arnold Wright)가 말했듯이, "주조소가 있었고 어느 정도는 돌아갔다. 그러나 동전을 추가로 만들어달라는 요구는 없었다. 진짜 문제는 이미 주조된 동전들을 없애는 방법이었다. 섬 밖에서 어디까지 유통되는지 알 길이 없었고, 섬 자체의 거래량은 하루하루 줄어들고 있었다."[4] 오래지 않아 애니슬리는 수라트로 파견되었고, 그곳에서 무역 사무소의 감독을 보좌하게 되었다.

애니슬리가 보기에는 수라트가 봄베이군도에 갓 세워진 본부보다 더 안정적이었다. 당시 동인도회사의 무역 사무소는 벽으로 둘러싸인 창고들과 거주 지역을 갖추고 있었고, 그 아래로는 바다로 흘러드는 타프티강의 어귀가 굽어보였다. 게다가 수라트의 거주 인구는 20만 명이었고, 수라트가 홍해 무역의 거점으로서 상행위가 활발한 덕분에 상대적으로 깨끗한 거리에 늘어선 많은 저택들을 지탱하기에 충분한 부를 창출해냈다. 이에 따라 '대리석으로 지어진 궁전, 아름다운 향내를 풍기는 정원들과 물을 뿜으며 철썩대는 분수들, 어디에서나 눈에 띄는 값비싼 장식품'이 즐비했다.[5] 애니슬리는 신속히 무역 공동체의 일원이 되었다. 라이트에 따르면, "몇 년이 지나지 않아 그는 동인도회사가 수라트의 기업 활동에 미치는 온갖 영향을 거의 완벽하게 파악했고, 그곳의 토종 기업가들과 친밀한 관계를 맺었다. 게다가 공적인 삶과 관련된 복잡한 인적 네트워크까지 완벽하게 알게 되었다." 그는 수라트에서 그들과 교제하며 받은 주된 항의를 근거로, 지역 무역계와 무굴 당국이 마음속으로 동인도회사를 홍해의 해적들과 관련짓고 있다는 인상을 짙게 받았다. 애니슬리는 봄베이 본부에 보낸 편지에서 "해적이 없다면 우리는 예전보다 신뢰와 존경을 받으며 더 명예롭게 지낼 수 있을 것입니다"라고 말했을 정도였다.[6]

홍해 해적들과의 관련설은 봄베이에 파견된 동인도회사의 대리인들('팩터[factor]'라고 불렸다)을 오래전부터 괴롭히던 문제였지만, 그들은 다른 위협적인 문제들과도 씨름해야 했다. 봄베이캐슬(Bombay Castle)로 본부를 이주함으로써 동인도회사는 아우랑제브의 변덕에서 벗어나 더 자유롭게 기업 활동을 할 수 있기를 바랐다. (회사 이사진이 "우리 기업의 목적은 무역과 보증이지 정복이 아님에도 우리는 대담하게 무역하지 못하고, 안전한 교역 시장을 확보하지 못한 곳에는 투자도 못하고 있다"라고 하소연할 지경이었다.)[7] 그러나 아열대 습지대에 본부를 마련함으로써 그들은 다른 종류의 위험, 즉 풍토병과 싸워야 했다. 1690년 그곳을 방문한 한 여행객은 '생명을 위협하며 서둘러 다른 세계로 나오게 하는 역병들'에 영국 상인들이 고생한다고 썼고,[8] 봄베이군도를 휩쓴 전염병이 창궐하는 동안 절반 이상의 정착자가 사망했다는 보고서도 있다. 그 사이에 아우랑제브는 동인도회사의 독점적 무역권을 끊임없이 위협했다. 예컨대 수라트의 회사 대리인들을 재판도 없이 구금했고, 봄베이캐슬을 포위한 채 성 밖에 있는 창고들을 약탈하기도 했다. 결국 협상 끝에 회사가 15만 루피의 벌금을 내고, '향후에는 결코 부끄럽지 않게 행동하지 않겠다'고 약속하는 조건으로 휴전을 체결했다.[9]

언제 깨질지 모르기는 했지만 그렇게라도 아우랑제브와의 관계를 개선하자, 곧이어 영국에서 더 큰 사건이 터졌다. 1693년 서민원(House of Commons, 영국 하원)은 기존의 동인도회사를 해체하고, 인도와의 무역을 더 개방적인 방식으로 새롭게 시작하기로 결정했다. 그러나 동인도회사가 죽음의 문턱에 들어선 듯한 순간에 윌리엄 3세가 방향을 틀었고, 의회가 휴회하는 사이에 허가증을 갱신해줬다. 의회는 국왕의 배신에 분노하며, "잉글랜드의 모든 백성은 동인도와 무역할 동등한 권리를 갖는다"라는 결의안을 즉각 통과시켰다. 스페인 원정 해운 사건이 끝을 향해 달려가던 1695년 5월, 의회는 동인도회사의 최고위층을 다시 조사하기 시작했다. 동인도회사의 역사를 다룬 저서에서 닉 로빈스(Nick Robins)는, "그 시대의 느슨한 기준에서도 정치인들은 조사 결과에 큰 충격을 받았다. 하원의원 조사팀은 동인도회사의 장부를 철저히 조사한 끝에 복잡한 뇌물 구조를 밝혀냈다. 모든 뇌물의 출발점은 조사이아 차일드의 사위 토머스 쿡(Thomas Cooke)이었다. 명예혁명 이후로 6년 동안, 10만 7,013파운드가 '회사의 특별회계'로 처리되었고, 그중 무려 8만 468파운드가 1693년에 새로운 허가증을 발급받는 데 쓰였다"

라고 말했다.[10]

당연한 말이겠지만, 계속되는 혼란과 불확실성으로 인해 동인도회사의 주가는 치명적인 타격을 받았다. 그 결과로 1695년에만 35퍼센트가 하락했고, 이듬해에도 거의 똑같은 정도로 떨어졌다.

부패 조사, 아우랑제브와의 위태로운 관계, 독점권을 상실할 가능성, 주가 폭락 등 끝없이 전개된 사건들은 새뮤얼 애니슬리의 마음을 짓눌렀다. 당시 애니슬리는 37세로, 수라트 무역 사무소의 대표로 갓 임명된 때였다. 고향 소식은 한두 달 늦게 전해졌지만, 1695년 한여름쯤에 그는 사건의 대략적인 흐름을 감지할 수 있었을 것이다. 요컨대 동인도회사의 독점이 어떤 형식으로든 끝나고, 이런저런 무리가 인도 무역에 달려들 것이 분명했다.

오래지 않아 그들이 수라트로 모여들기 시작했다.

13

○

서풍해류

서아프리카 대서양
1694년 말

팬시호가 아코루냐를 떠날 때, 물자는 충분했다. 빵이 150통, 머스킷총이 100자루, 화약은 100통이 넘게 있었다. 따라서 에브리에게 가장 긴급히 필요한 것은 식량이나 무기가 아니라 사람이었다. 다른 선박과의 교전에 팬시호가 잠재력을 최고조로 발휘하려면 80명은 충분한 인력이 아니었다. 치열한 전투가 전개되면, 갑판에 설치된 대포들 하나하나에 적어도 여섯 명을 배치해야 했다. 에브리의 계산에, 선상에 설치된 46문의 대포를 일제히 발포하려면 적어도 현재 인력의 세 배가 필요했다. 게다가 머스킷총까지 사용하고, 돛을 유효적절하게 다루고, 적선을 기습해 압도하려면 더 많은 사람이 필요했다.

포르투갈과 지브롤터해협을 지나 남남서 방향으로, 현재의 모로

코와 사하라 서쪽 끝을 따라 3주 동안 항해한 후에야 에브리 일행은 케이프베르데에 처음으로 정박했다. 케이프베르데는 아프리카 해안에서도 560킬로미터쯤 떨어진 곳에 위치한 열 개의 화산섬으로 이뤄진 군도(群島)다. 그곳에서 그들은 세 척의 영국 선박을 습격해 식량을 확보했고, 그런 약탈 행위에 대한 면죄부를 얻기 위해 포르투갈 총독을 잠시 억류하기도 했다. 그들은 생선과 쇠고기와 소금, 그리고 '그 밖의 필요한 것'을 얻었다. 그중 가장 눈에 띈 것은 에브리 일행과 함께하는 길을 선택한 영국 선박의 선원 아홉 명이었다.

케이프베르데에 잠시 정박했을 때 에브리는 해적으로서 두 번째 범죄 행위를 범했다. 그때 그는 향후의 행동에서 점점 뚜렷이 드러난 특징을 보여줬다. 물론 헛된 노력이었지만, 특히 영국 재산에 대해서는 겉으로라도 윤리성과 합법성을 벗어나지 않으려는 시도였다. 에브리가 선상 반란을 일으킨 이튿날 아침 깁슨 선장을 비롯한 반대자들에게 하선을 허락하고, 그들이 탄 롱보트가 가라앉기 시작하자 양동이를 던져준 것, 또 조지프 도슨 항해장에게 그들이 영국 선박으로부터 약탈한 모든 물품의 목록을 작성하게 해서, 언젠가는 되돌려주겠다고 약속하듯이 그 목록을 피해 선박에 건네준 것이 그 증거다.

팬시호의 선원들에게 케이프베르데 체류는 중대한 전환점이었다. 그때 팬시호는 무역풍을 타고 정서(正西)로 대서양을 가로지르기에 안성맞춤인 곳에 있었다. 더구나 매년 늦여름과 가을에는 대서양 허리케인이 똑같은 방향으로 불었다. 따라서 팬시호의 '특별한 뱃사람들'이라면 수 주 내에 서인도제도의 남쪽 끝에 있는 바베이도스에 도착할 수 있었을 것이다. 그들 다수가 이미 똑같은 길을 몇 번이고 항해해봤기 때문이다. 그러나 에브리는 훨씬 크고 도전적인 야심을 품고 있었다. 정남쪽으로 향해해 희망봉을 돌아, 아프리카 동부 해안을 따라 마다가스카르섬까지 올라가는 것이었다. 그 여정은 훨씬 더 위험했다. 영국 선박들로부터 식량을 잔뜩 '빌린' 까닭에 팬시호에는 서인도제도까지 가기에 충분한 식량이 있었다. 하지만 마다가스카르까지는 수개월이 걸리는 여정이어서, 식량 보급을 위해 여러 곳에 기항해야 했다. 또 희망봉을 돌아가려면 높은 파도와 거센 해류, 들쑥날쑥한 해안과 싸워야 했기 때문에 경험 많은 선원에게도 상당히 위험했다.

왜 에브리는 그처럼 위험한 항로를 항해하기로 결정한 것일까? 서인도제도에도 약탈할 황금이 많았지만, 마다가스카르에는 카리브해를 가로지르는 스페인의 갤리언선보다 훨씬 더 감질나게 하는 것이 있었기 때문이다. 해적들에게 우호적인 섬으로 유명했던 마다가스카르는 인도양에 들어서는 관문 역할을 했고, 인도양을 통해 메카 순례를 떠나는 보물선들은 해적들의 좋은 먹잇감이었다. 더구나 무굴제국의 부유함은 전설적인 지경에 달해 새로운 세대의 해적을 자극하기 충분했다. 그 새로운 세대의 해적들은 주로 홍해 입구에서 번질나게 습격한 까닭에 '홍해 해적단(Red Sea Men)'이라 불렸다. 아코루냐 항만에서 무책임한 관료주의의 덫에 사로잡혀 지내던 때나, 서아프리카의 척박한 섬에 정박하던 때나 에브리는 반대편 세계에서 그를 부르는 유혹의 노랫소리가 귓가에 맴도는 기분이었다. 요컨대 5세기 동안 유지된 왕조의 보물이 홍해의 잔잔한 바다에 떠서 그를 유혹하는 듯했다. 서인도제도에 침몰한 갤리언선과 무역선은 아우랑제브의 보물에 비교하면 아무것도 아니었다.

에브리의 선원들에게 희망봉을 돌아가는 항로를 선택해야 하는 근거가 필요했다면, 미국계 해적 토머스 튜(Thomas Tew, ?~1695)가 얼마 전에 거둔 위업이 상당한 동기부여가 되었을 것이다. 당시 튜는 세계에서 가장 유명한 해적이었지만, 그의 유명세는 에브리가 얼마 후에 얻을 유명세에 비하면 아무것도 아니었다. 로드아일랜드에서 성장한 튜는 버뮤다에서 소규모 투자단을 유치하는 데 성공했다. 그들의 도움을 받아, 튜는 8문의 대포를 장착한 범선, 애머티(Amity)호를 확보했다. 버뮤다 총독(헨리 에브리가 노예 상인으로 일하며 섬겼던 바로 그 사람)이 발급한 타국 선박 나포 면허장을 쥐고, 튜는 대서양을 넘어 희망봉을 돌아 홍해까지 올라갔다. 홍해에서 튜는 인도 무역선을 맞닥뜨렸고, 그 배는 아무런 저항도 없이 튜에게 투항했다. 그때 튜와 그의 선원들은 10만 파운드 이상의 은과 금, 향신료와 직물을 쉽게 손에 넣었다. 애머티호에 승선한 해적은 45명에 불과해서 각자에게 분배된 몫이 무척 많았다. 항해장이 전리품을 모두 분배한 후에는 대부분이 약 2,000파운드를 쥐고 귀향할 수 있었다. 제임스 후불론이 스페인 원정 해운에 참여한 노련한 선원에게 임금으로 총 82파운드를 제시했다는 계약 조건을 생각하면, 애머티호의 중간급 선원은 6개월을 항해하고 50배나 많은 임금을 받은 셈이다. 찰스2세호처럼 사르가소해에 침몰한 선박에서 보물을 인양하는 상선에 승선한 수석항해사도 남부럽지 않는 삶을 살 수 있었지만, 홍해의 해적이 되면 더 많은 돈을 벌 수 있었다.

헨리 에브리와 토머스 튜가 똑같이 버뮤다 총독과 연결된다는 점을 고려하면, 그들이 서로 개인적으로 알았을 것이라는 추측이 가능하다. 그랬다면 에브리는 홍해로의 항해를 설득하는 증거로 토머스 튜의 사례를 거론하며 선원들에게 이렇게 말했을 것이다. "내가 지난번에 토머스 튜를 만났을 때 버뮤다 주변을 어슬렁대면서 투자단을 물색하더라고. 그런데 지금 그놈이 상상할 수 없을 정도로 큰 부자가 됐잖아. 우리도 그렇게 될 수 있을 거야!"

팬시호가 케이프베르데군도를 출발할 때 에브리가 선원들을 어떻게 설득했는지 모르겠으나, 선원들은 홍해 계획을 전폭적으로 받아들였다. 그들은 기니 해안을 따라 남쪽으로 내려갔고, 유럽인들과 교역하는 것으로 알려진 해안 정착촌들의 앞바다에서만 닻을 내렸다. 훗날 필립 미들턴의 회고에 따르면, 에브리는 선원들에게 "원주민들이 배에 올라와 교역하고 싶어 하도록 영국 국기를 내걸어라!"라고 지시했다. 그들은 기니에서 원주민들의 관심을 끌려고 해변에 작은 상품을 남겨두고는 원주민들이 배에 오르도록 유도했다. 구전된 노예무역 역사에서, 그 시기에 노예로 사로잡힌 한 서아프리카인의 후손은 유럽인들이 아프리카인을 노예로 체포할 때 사용한 속임수를 이렇게 설명했다.

> 어느 날 커다란 배가 앞바다에 정박하자, 원주민들은 해변 뒤의 덤불숲에 숨었다. 할머니도 거기에 있었다. 뱃사람들이 작은 배를 타고 해안에 와서 반짝이는 것과 싸구려 장신구를 해변 곳곳에 늘어놓았다. 원주민들의 호기심을 자극할 만한 물건들이었다. 할머니의 말에 따르면, 배가 해변을 떠나기 무섭게 원주민들은 그 물건들을 향해 앞다투어 달려갔다. 당연한 말이겠지만, 싸구려 장신구는 원주민의 수보다 적었다. 다음 날에도 백인들은 해안까지 작은 배를 타고 와서 약간 더 많은 물건을 내려놓았다. 그럼 그 물건을 차지하려는 소동이 다시 벌어졌다. 이리하여 백인에 대한 원주민들의 두려움이 조금씩 줄어들었다. 이제 몇몇 원주민이 배에 올라가서 원하는 물건을 가져오고 싶어 했다.

기니인들이 앞바다에 정박한 낯선 영국 배를 신뢰한 데는 일반적인 생각보다 더 많은 이유가 있다. 17세기 말 노예무역은 여전히 스페인과 포르투갈이 주도했다. 그즈음 RAC도 주된 교역품을 황금에서 노예로 바꿨다. 그러나 무역선인 척하는 팬시호의 꾸밈은 덫이었다. 유럽인과 물건을 교환하려는 바람을 안고 배에 오른 기니인은 느닷없이 감옥에 갇혔다. 미들턴의 회고에 따르면, "그들이 배에 오르면, 선원들이 그들을 기습해 황금을 빼앗고 사슬로 묶은 후에 화물칸에 집어넣었다." 영국 배가 닻을 올리고, 그들이 사랑하던 사람들이 영국 배에 갇힌 채 수평선 너머로 서서히 사라지면, 해안에 머물러 있던 기니인들은 두려움에 떨며 울음을 터뜨렸다. 그렇게 떠나간 원주민은 다시 고향에 돌아오지 못했다.

그렇게 포로가 된 아프리카인들은 팬시호에서 어떤 삶을 살았을까? 이에 대한 역사적 증거는 분명하지 않다. 미들턴의 회고에 따르면, 적어도 처음에 아프리카인들은 포로, 즉 다른 무역항에서 교환될 잠재적 상품으로 취급된 듯하다. 여하튼 그때 생포된 아프리카인 중 일곱 명은 나중에 노예로 팔린 것이 분명하지만, 그들 이외에 다른 아프리카인들에 대해 알려진 것은 없다. 다른 아프리카인이 더 있었는지도 불분명하다. 그 시기에 해적들이 생포한 노예에게 자유를 주고, 해적 단원과 동등한 권리를 부여한 사례가 전혀 없지는 않았다. 최근의 연구에 따르면, 서인도제도를 공포에 몰아넣은 해적단들의 인적 구성은 놀라울 정도로 다인종적이었다. 특히 아프리카인은 선상 인구의 20퍼센트를 넘었다. 역사학자 데이비드 올루소가가 《흑인과 영국인(*Black and British*)》에서 말했듯이, 프랜시스 드레이크의 1577년 세계 일주는 "오늘날이었다면 '여러 인종이 섞였다'라고 표현했을 법한 선원들과 함께 이뤄낸 업적"이었다. 그러나 드레이크부터가 노예 상인이었다. 따라서 올루소가는 "드레이크가 흑인들을 동료로 대하면서도 다른 흑인들을 어떻게 노예로 팔 수 있었는지 이해하기가 쉽지는 않다"라고 말했다. 몇몇 해적단에서는 자유를 얻은 노예들이 높은 지위까지 올랐다. 가장 유명한 예가 블랙 시저(Black Caesar, ?~1718)였다. 전설에 따르면, 블랙 시저는 퀸앤스리벤지(Queen Anne's Revenge)호에서 검은 수염 에드워드 티치의 부관을 지낸 아프리카 추장이다. 또한 황금시대의 해적선은 투표권을 유색인에게도 부여한 최초의 서구 기관이었다는 점에서, 선원으로 활동한 아프리카인은 해적단에서 시행한 모든 원형적 민주주의 행위에 참여했을 것이다.

역사 기록에서는 물론이고 헨리 에브리가 과거에 무면허 노예 상인으로 일했다는 이력에서도 팬시호에 나포된 아프리카인들에게 그런 유사한 특전이 주어졌을 것이라고 추론할 만한 근거는 전혀 찾을 수 없다. 오히려 고위급 사관들도 중대한 시련을 각오해야 했던 배에서, 아프리카인들은 야만적인 학대에 시달렸을 것이다. 낮에는 수갑을 찬 채 하갑판에 갇혀 지내고 강제 노동에도 동원되었을 것이며, 그 와중에도 초췌해 보이는 유럽인들은 그들을 어떻게 처리할까 걱정했을 것이다. 그 시대의 해적선들이 대체로 그랬듯이, 팬시호도 유동적인 공동체였다. 달리 말하면, 부의 분배와 민주적 지배 구조에 대한 혁신적 생각들이 시험되는 묘판이었다. 하지만 팬시호가 노예선이기도 했다는 데는 논쟁의 여지가 없다.

날렵한 전함

팬시호는 계속 남동쪽으로 항해해 페르난도포섬에 정박했다. 페르난도포섬은 현재 나이지리아의 남쪽에 위치한 섬으로 적도기니에 속한다. 그곳에서 에브리는 선원들에게 배의 외형을 크게 바꾸라고 지시했다. 선미에 있던 선장실을 포함해 상갑판의 대부분을 뜯어냈는데, 이런 개조는 해적들이 상선을 나포한 후의 관례적인 행위였다. 상갑판을 평평하게 개조하면 바람의 저항이 크게 준다. 그렇잖아도 상당히 빨랐던 팬시호는 더욱 빨라졌고, 잠재적 적선과 교전할 때도 기민하게 대처할 수 있었다. 갑판 위의 구조물들을 제거한 이유는 또 있었다. 희망봉 주변의 험난한 바다에서 높은 파도를 만날 때 배에 들이닥친 바닷물을 더 쉽게 빼내기 위해서였다. 개조에는 정치적인 함의도 있었다. 바다에서의 기민성과 선상 인력 극대화를 위해 대부분의 해적 선장은 자기만의 배타적 공간을 포기했고, 선원들과 함께 하갑판에서 잠을 잤다. 해적 공동체의 평등주의가 배의 구조에도 적용되었던 것이다.

페르난도포섬에서 선원들은 팬시호 선체를 개조하는 따분한 일에 땀을 흘리며 수 주를 보냈다. 18세기 해적들이 당면했던 존재론적 위험을 생각해볼 때, 우리는 머릿속에 대포로 상대를 침몰시키려는 적을 자연스레 떠올린다. 그러나 에브리 일행이 아프리카 서쪽의 따뜻한 대서양을 항해할 때 결코 피할 수 없는 천형(天刑) 중 하나가 그들의 배에 이미 달라붙어 보이지 않게 숨어 있었다. 팬시호의 목재로 매일 잔치를 벌이는 배좀벌레(shipworm)였다.

이름과 겉모습에서 연상되는 것과 달리, 배좀벌레는 갑각류 연체동물이다. 달리 말하면, 벌레로 위장한 조개다. 배좀벌레는 물에 잠긴 나무 안으로 파고들어, 나무의 섬유소를 먹어치우는 박테리아를 배출한다. 배좀벌레를 그대로 방치하면, 팬시호 같은 배의 선체는 대여섯 달이면 없어질 수도 있다. 훗날 헨리 데이비드 소로(Henry David Thoreau, 1817~1862)도 〈모든 운명을 뚫고(Through All the Fates)〉라는 시에서 배좀벌레의 위력을 이렇게 묘사했다.

> 뉴잉글랜드의 휘몰아치는 해안에서 멀어져도
> 뉴잉글랜드의 배좀벌레가 선체에 구멍을 내면
> 인도양에서 가라앉으리라……

해적의 삶 자체가 일탈이었기 때문에 선체를 쉽게 수리할 수 있는 드라이독을 포기해야 했다. 배를 옆으로 기울이는 것이 유일한 대안이었다. 만조에 배를 일부러 해안에 좌초시키며 선체를 한쪽으로 기울여두면, 배좀벌레에 의한 피해를 눈으로 확인하며 해결할 수 있었다. 따개비와 부식에 의한 피해도 덤으로 해소할 수 있었다. 열대 바다에서는 선체에 달라붙은 해초들도 순조로운 항해를 방해하는 요인이 되는 경우가 적지 않았다. 목선을 지휘하던 모든 선장(17세기 말에는 모든 선장)이 마지막으로 배를 기울인 때부터 얼마의 시간이 지났는지 계산하는 시계를 머릿속에 담고 다녔다. 바람 한 점 없는 드넓은 바다 한복판에서 꼼짝 않는 배에 갇히면, 갈증으로도 죽겠지만 갑각류의 먹이가 되어 죽을 수도 있었다.

1694년 초가을, 팬시호는 항해에 적합한 유선형의 선체를 갖추게 되었다. 그렇게 수리를 끝낸 에브리 일행은 마침내 희망봉을 돌아가는 여정을 시작했다. 페르난도포섬을 출발한 직후, 그들은 두 척의 덴마크 사략선과 충돌하며, 팬시호의 무기를 처음으로 시험해봤다. 덴마크 사략선들이 곧바로 투항했고, 에브리 해적단은 '40파운드의 사금과 몇 궤짝의 직물, 약간의 무기와 50통의 브랜디'를 손에 넣었다. 게다가 덴마크 사략선 선원 열일곱 명이 에브리와 그의 '날렵한 전함'을 보고 확신이 섰는지 팬시호의 선원이 되었다. 그리하여 이제 팬시호의 인력은 거의 100명에 달했다.[1]

희망봉을 돌아 마다가스카르로 가려면, 처음에는 반대 방향으로 항해해야 했다. 구체적으로 말하면, 아프리카의 서쪽 끝에서 멀어져 남대서양을 가로지며 거의 브라질까지 가야 했다. 그곳에서는 지구의 가장 가장 강력한 컨베이어 벨트, 즉 서풍해류(West Wind Drift)로 알려진 남극환류(Antarctic Circumpolar Current)에 올라탈 수 있었다. 바스쿠 다가마가 희망봉을 돌아가는 선구적 항해를 할 때 이용한 서풍해류는 거대하지만 느긋하게 흐르는 한류로, 멕시코만류보다 규모가 두 배나 크며, 희망봉의 무시무시한 암초를 남쪽 아래로 벗어나 배를 서쪽에서 동쪽으로 밀어낸다. 이곳에서는 해류를 따라 차가운 남극 한류와 상대적으로 따뜻한 남대서양의 난류가 부딪치며 영양분이 많은 상승류가 만들어지는 까닭에, 해양 생물의 다양한 생태계가 형성된다. 팬시호의 선원들은 마다가스카르를 향해 동쪽으로 항해하며 고래와 바다표범, 펭귄과 앨버트로스를 구경하는 즐거움을 만끽했다. 또한 남반부의 여름에 서풍해류에 올라탐으로써 그들은 빙산과 충돌할 위험도 거의 없었다.

1695년 새해 초반의 어느 날, 팬시호 망꾼의 눈에 갈고리 발톱처럼 생긴 모래밭이 뚜렷이 들어왔다. 마다가스카르의 남쪽 해안에, 생오귀스탱만의 서쪽 끝자락을 따라 형성된 모래밭이었다. 인도양의 안전한 항구이자 해적들의 안식처로 널리 알려진 섬까지 팬시호가 성공적으로 항해했다는 뜻이었다. 약 8,000킬로미터를 항해했으니, 이제는 섬에서 수개월을 즐기며 다음 행동을 준비할 차례였다.

14

○

건스웨이호

수라트

1695년 5월

팬시호가 마다가스카르 해안에 다시 기울어져 있을 때, 인도양 반대편의 수라트 항구에서는 또 다른 배가 다른 종류의 항해를 위해 식량을 싣고 있었다. '간자 다우(ghanjah dhow)', 즉 목재로 만든 무역선으로, 소유자는 무굴제국의 황제 아우랑제브였다. 그때 방문객이 타프티강의 반대편에서 수라트 항구의 스카이라인을 봤다면, 멀리에서도 그 배를 쉽게 알아볼 수 있었을 것이다. 강둑을 따라 정박한 동인도회사의 선박들과 갤리선들보다 훨씬 크고 높았기 때문이다. 배수량이 1,500톤이었고, 1,000명의 승객을 수용할 수 있는 널찍한 공간을 가진 그 무역선은 당시 세계에서 가장 큰 선박 중 하나였다. 아우랑제브는 그 배에 '간지이사와이(Ganj-i-Sawai)'라는 이름을 하사했다. 페르시아어로 '넘치는 보물'이라는 뜻이었다.

영어권 세계에 떠돌던 민간 설화 및 재판 자료와 새로운 보고서에서 그 배는 간단히 '건스웨이(Gunsway)'로 불렸다.

황제의 보물선

건스웨이호는 수라트를 모항으로 삼았고, 항해할 때는 역시 무굴제국에 속한 네 척의 소형 선박이 동행하는 경우가 많았다. 아우랑제브가 그 배들을 건조한 목적은 명백했다. 무슬림이 홍해 동쪽의 아시르산맥 기슭에 위치한 성지들을 순례하는 연례행사, 즉 하즈(hajj)를 맞아 황제의 직계 가족과 고위 관리들을 메카까지 실어나르는 것이었다. 그 과정에서 건스웨이호와 호위선들은 홍해 어귀 근처, 현재 예멘에 속한 모카라는 무역항에 잠시 정박했다. 당시 유럽 주요 도시들에서는 커피 열풍이 거의 광적이어서, 모카는 커피 국제무역의 중심지 중 하나로 경제적 호황을 누렸다. (스타벅스에서 모카 카푸치노를 즐기는 소비자라면, 주문할 때마다 마음속으로 이 도시에 감사해야 할 것이다.) 커피콩은 다른 상품을 전문으로 취급하는 무역상들의 관심을 끌었고, 아우랑제브가 건스웨이호를 메카 순례에 파견하는 또 다른 이유이기도 했다. 장사와 종교적 신심을 절묘하게 결합한 형태는 이미 1,000년 전에 무역상들로부터 시작된 셈이었다.

건스웨이호의 적하 목록은 그야말로 어마어마했을 것이다. 그 배는 옥양목과 정교한 도자기, 상아 장식 등 온갖 값비싼 상품들로 가득했다. 순례자들과 선원들을 배불리 먹이기 위한 식량만이 아니라, 모카에서 거래할 향신료들, 특히 말린 후추 열매도 실려 있었다. 요즘에는 식당에서 공짜로 제공할 정도로 값싼 향신료로 보물선이 가득 채워졌다는 사실이 재밌게만 여겨질 수 있지만, 17세기에 후추는 세계에서 가장 인기 있는 사치품 중 하나였다. 후추 가격은 중세에 최고로 치솟은 이후로 점차 떨어졌지만, 가장 비쌌을 때에는 말린 후추 열매가 같은 무게의 황금보다 비쌌다. 값이 떨어지긴 했지만 큰 통에 담긴 후추는 모카에서 거액에 거래되었다. 건스웨이호의 주갑판에 설치된 80문의 대포와 400명 이상의 군인이 보물과 800명의 순례자를 보호했다.

하즈 기간에 메카를 순례하는 것은 이슬람 신앙을 떠받치는 다섯 기둥 중 하나다. 나머지는 유일한 하느님과 예언자 무함마드를 믿는다는 신앙고백, 하루에 다섯 번씩 행하는 기도, 자선 행위, 라마단 기간 동안의 금식이다. 독실한 무슬림이라면 평생 동안 적어도 한 번은 하즈에 참가해야 한다. 오늘날 메카는 사우디아라비아의 도시로, 인구가 대략 200만 명이다. 그런데 하즈 기간에는 놀랍게도 인구가 세 배로 증가한다. 이 시기의 순례자 유입은 단일 행사로는 지상에서 가장 많은 인구 이동이다. (매년 중국 춘절에 훨씬 더 많은 인구가 이동하지만, 이는 중국 전역으로 분산되는 현상이지 하즈처럼 한 곳에 집중되는 현상이 아니다.) 매년 사우디아라비아는 메카 외곽에 한시적으로 거대한 도시를 세운다. 에어컨 시설이 갖춰진 섬유유리 텐트 16만 개로 이뤄진 도시로, 각 텐트에는 50명의 순례자가 거주한다. 버닝맨(Burning Man, 미국 네바다주 블랙록사막에서 개최되는 행사-옮긴이)의 임시 거주지를 판자촌처럼 보이게 만들 정도로 거대한 사막 정착지다.

이슬람력은 태음력이기 때문에 이슬람력의 1년은 그레고리력의 1년보다 대략 11일 정도가 짧다. 달리 말하면 하즈의 실제 기간이 해마다 앞당겨진다는 뜻이다. 예컨대 서구 달력을 기준으로, 어느 해의 하즈가 1월 1일에 시작되었다면 다음 하즈는 그 해 12월 20일에 시작된다. 1695년에 이슬람력의 마지막 달은 그레고리력에서는 7월이었다. 수라트에서 메카까지는 이스탄불에서 지브롤터까지 항해하는 거리와 비슷했기 때문에, 무역상들에게 모카와 다른 항구도시에서 거래할 충분한 시간을 할애하며 순례 기간에 맞춰 도착하려면 늦봄에는 수라트를 출발해야 했다.

하즈의 전통은 무함마드가 629년에 메카를 정복한 때로 거슬러 올라간다. 그때 무함마드는 카바(Kaaba)로 알려진 고대의 화강암 신전에 있던 이교도 우상들을 파괴하며 "진리가 이제 왔으니 거짓은 무너졌도다!"라고 선언했다. 무함마드는 카바 신전을 알라 성지로 다시 축성한 후, 632년 메디나에서 메카까지 순례단을 이끌었고, 메카에서 고별 설교를 했다. 그러나 이슬람교가 탄생하기 이전부터 메카는 종교적으로 유의미한 곳이었다. 《쿠란》에 따르면, 하느님은《구약성경》에 등장하는 인물 아브라함(이슬람교에서도 선지자로 여긴다)에게, 아들 이스마일(구약성경에서는 이스마엘)과 아내 하갈을 현재의 메카로 여겨지는 황량한 사막으로 데려가서 갈증으로 죽도록 내버려두라고 명령한다. 아브라함의 믿음을 시험해보려는 터무니없는 명령이었다. 며칠간의 지독한 고통이 있은 후, 척박한 사막에 기적으로 샘이 나타나 모자를 마지막 순간에 구해낸다.

어떤 종교를 믿든 간에 당신이 독실하다면, 5,000년 전 사막에서 일어난 사건에서 시작된 영향이 지금까지 계속되는 현상이 어느 정도 이해될 것이다. 또 절대적 존재가 하찮은 인간과 접촉한 사건의 파급 효과가 50세대 이후에도 계속된다는 주장에도 고개를 끄덕일 것이다. 그러나 당신이 절대적 존재를 믿지 않는다면, 그 사건에서 비롯된 종교적 현상을 도무지 이해할 수 없을 것이다. 어떤 사람이 사막에서 꿈을 꾸다가 신적인 존재에게 아내와 아들을 죽이라는 명령을 받았고, 5,000년이 지난 지금도 매년 한 번씩 600만 명이 그 사건의 여파가 일어난 곳을 찾아온다! 역사의 성당에서 기원마저 희미한 사건의 여파가 그처럼 오랫동안 울려퍼진 경우는 거의 없었다.

이슬람교와 다른 종교에서 순례가 일반적인 종교 의식이 되자, 보통 사람의 평범한 삶에서도 순례가 일종의 분수령이 되었다. 관광이 일상화되기 전의 시대에는 순례가 없었다면 수백만 명이 평생을 좁은 고향 땅에서 보냈겠지만, 순례는 그런 사람들에게 장거리 여행의 기회를 줬다. 1695년경 하즈는 지상에서 가장 큰 도가니 중 하나로 커지며, 북아프리카인과 아랍인, 유럽인과 인도인이 1년 중 한 달 동안 함께 모이는 공간을 만들어냈다. 그들은 기도하려고 그곳에 모였지만 다른 목적도 있었다. 지금이라면 '부의 과시'라고 칭할 만한 것이었다. 세계에서 가장 부유한 사람들이 카바 앞에서 기도하려고 몇 달 동안 홍해를 오르내리며 여행을 했고, 그들 중 다수가 그 여행을 중심으로 연간 계획을 세웠다. 요즘 우리가 여름휴가를 중심에 두고 연간 계획을 세우는 것과 다를 바가 없었다. 웅장한 건스웨이호는 무굴제국 황제의 측근들을 위한 호화 유람선이었을 뿐만 아니라, 부홍 사경회를 위해 항구에 입항하는 억만장자의 호화 요트처럼 바깥 세계를 향한 선언이었다. 달리 말하면, 아그라의 정교한 건축물을 방문한 적이 없었고 델리의 호화로운 옥좌를 본 적도 없었던 순례자들에게 '세계 정복자'의 재산 규모를 널리 알리는 수단이었다.

물론 그런 막대한 부를 수천 킬로미터나 떨어진 외국 도시에서 과시하려면 배가 위험에 노출될 수밖에 없었다. 이런 이유에서 80문의 대포와 400명의 군인이 건스웨이호에 배치된 것이었다. 그러나 그 지역의 지리적 조건 때문에 위험이 더욱 가중되었다. 홍해는 바브엘만데브해협이라 일컬어지는 폭 32킬로미터의 좁은 해협을 통해 아덴만과 연결된다. 수에즈운하는 수 세기 후에나 완공되기 때문에 1695년에 메카를 순례하거나 홍해의 항구도시들과 교역하던 배들은 바브엘만데브해협과 아덴만을 지나야 드넓은 아라비아 해에 들어설 수 있었다. 요즘에 그 해협을 지나는 재물은 주로 홍해 변에 늘어선 정유소에 적재될 석유다. 그러나 1695년에는 보석과 향신료, 황금과 면화 등이었다. 지금도 그렇지만 당시에도 바브엘만데브해협은 병목 지역이어서 해적에게는 더할 나위 없이 좋은 목이었다. 21세기의 가장 악명 높은 소말리아 해적이 바로 이 지역에서 활동하는 것도 우연이 아니다.

여러 조건에서 바브엘만데브해협과 아덴만은 무역상들에게 위험천만한 항로였고, 똑같은 이유에서 그곳은 해적들에게 최고의 사냥터였다.

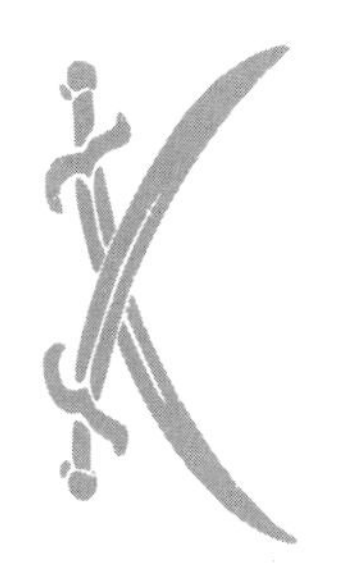

15

애머티호의 귀환

아덴만

1695년 봄

마다가스카르섬을 방문한 첫 세대 유럽인들에게는 이 섬이 별로 매력적으로 보이지 않았던 듯하다. 그 때문인지 한 방문객은 이 섬을 '뭍에는 메뚜기 떼가 극성을 부리고, 강에는 악어가 득실대는 곳'이라 묘사했다. 그러나 1641년에는 월터 해먼드(Walter Hamond)라는 영국인이 이 섬과 원주민 말라가시(Malagasy)족에게 흠뻑 빠져, 영국 청교도들을 데려와 생오귀스탱만에 정착촌(그보다 20년 전에 메이플라워[May-flower]호를 타고 미국에 건너가 매사추세츠에 정착한 청교도들의 인도양판)을 지었다. 해먼드는 말라가시족을 '가장 행복하게 살아가는 종족'이라 쓴 소책자를 발표했고, 유럽인들이 아프리카 동부 해안에서 좀 떨어진 섬을 배경으로 유토피아적인 이야기를 정교하게 짓는 문학적 전통은 그렇게 시작되었다. 그 전통에서도 에브리는 중심적인 역할을 해냈다. 해먼드는 지인들에게 쓴 편지에서 마다가스카르를, '세계에서 가장 윤택하고 풍요로운 섬'이라 표현하기도 했다. 그러나 그와 함께 정착한 청교도들이 이 의견에 얼마나 동의했을지는 의문이다. 그 정착촌이 1646년에 해체되었기 때문이다.

그 후로도 그곳에 교두보를 마련하려고 시도한 유럽인들이 있었다. 예컨대 프랑스인들은 해먼드 정착촌의 동쪽에 포르도팽(For-Dauphin)을 세웠고, 포르투갈인들은 원주민들을 노예 노동에 동원하기도 했다. 그러나 마다가스카르섬은 자치권을 유지했고, 무법지대라는 평판도 잃지 않았다. 헨리 에브리가 그곳에 도착한 1695년 초, 마다가스카르는 그야말로 해적들의 소굴이었다.

생오귀스탱만과 북쪽의 한적한 항구에서 팬시호 선원들은 홍해 공격을 준비하며 생산적이면서도 목가적인 시간을 즐겼다. 에브리가 그해 하즈의 정확히 시기를 알았는지, 아니면 서풍이 불기 시작하는 늦여름 8월에는 아덴만을 오가는 물동량이 많아진다는 사실 정도만을 알았는지는 불분명하다. 어느 쪽이든 에브리는 가장 공격하기 좋은 때가 여름이라는 걸 알고 있었던 듯하다. 팬시호 선원들은 때를 기다리며 배를 다시 손봤다. 그들은 케이프베르데에서 약탈한 덴마크 브랜디를 마셨고, 말라가시족에게 몇 자루의 총과 약간의 화약을 주고 100두의 소를 받았다. 덕분에 3월 내내 구운 쇠고기로 배를 채울 수 있었다. 봄이 끝나갈 무렵, 그들은 코모로제도로 항해해 프랑스 배의 선원 40명을 꼬드겨 해적단에 합류시켰다. (이때 그들이 프랑스 배에서 쌀을 약탈한 후에 항구 앞에서 침몰시켰을 것이라는 주장이 조금이나마 더 설득력 있게 들린다.) 에브리 해적단은 물물교환으로 돼지와 채소를 얻은 후, 세 척의 동인도회사 선박이 수평선에 나타나자 큰 바다로 피신했다.

그렇게 150명 이상의 선원을 확보하고, 여름이 하루하루 다가오자, 에브리는 아코루냐 항구에 오랫동안 정박해 있을 때부터 줄곧 숙고하던 계획을 마침내 실행에 옮길 때가 되었다는 결정을 내렸다. 팬시호는 아덴만을 목표로 현재의 소말리아 해안을 따라 항해했다. 해적들이 미트(실제로는 마이드)라고 불렀던 항구도시에 기항해 물물교환을 시도했지만, 그곳의 무슬림 공동체로부터 거절당했다. 훗날 팬시호의 키잡이 존 댄은 그 도시에 대해 "그곳 사람들이 우리와 물물교환하는 걸 거부했다. 그래서 우리는 그곳을 불태워버렸다"라고 말했다. 다른 기록에 따르면, 에브리 일당은 복수하겠다며 지역 모스크 아래에 화약을 설치해 그 모스크를 무너뜨리는 만행을 저지르기도 했다.

이 폭파에서 흥미로운 의문이 생긴다. 에브리 해적단은 무슬림, 특히 연례 순례를 오는 무슬림 배들을 표적으로 정했다는 사실에 어느 정도나 고무되었을까? 보물을 약탈해 돈을 벌겠다는 그들의 욕망이, 신앙심 없는 불신자들과 전쟁을 벌일 생각으로 더욱 커지고, 또 합리화되었을까? 에브리 일당이었다면 신앙에 대한 질문에 틀림없이 '반(反)무슬림'을 자처했을 것이다. 그러나 반무슬림이 본연의 신앙이었을까, 아니면 편의적 신앙이었을까?

이 의문들에 정확히 대답하기는 어렵다. 에브리 일당이 나중에 무슬림 배의 선상에서 저지른 범죄 행위는 섬뜩하기 그지없었고, 기독교인들의 배를 나포했다면 당연히 자제했을 법한 행위였다. 하지만 그들이 무슬림 배를 표적으로 삼았다는 사실은 우선 금전적으로 타당한 근거가 있다. 전설적인 은행 강도 윌리 서턴(Willie Sutton, 1901~1980)의 말처럼, '거기에 돈이 있기 때문'이었다.

그러나 마이드 모스크 폭파는 달랐다. 그 모스크를 폭파해서 얻는 이득이 전혀 없었다. 그래, 해적이니까 감히 물물교환을 거부한 마을에, 교환으로 얻고 싶었던 것을 건네받기 위해 폭력을 행사하거나 폭력을 쓰겠다고 위협할 수는 있다. 그러나 모스크에 굳이 폭약을 설치했다는 사실에서 이슬람교에 대한 깊은 경멸이 읽힌다. 에브리 자신은 아니었더라도 팬시호의 몇몇 핵심 인물이 무슬림에 깊은 반감을 품고 있었을 가능성이 크다.

모여드는 해적들

아덴만에 들어선 즉시, 에브리는 홍해 순례단을 먹잇감으로 삼은 해적단이 한둘이 아니라는 걸 눈치챘다. 무엇보다 두 척의 미국 사략선이 눈에 들어왔다. 돌핀(Dolphin)호와 포츠머스어드벤처(Portsmouth Adventure)호였고, 두 척에 승선한 선원을 합하면 120명이었다. 미국 사략선들은 바브엘만데브해협 입구에 있는 게 모양의 화산섬, 페림섬으로 향하고 있었다. 훗날 필립 미들턴은 "우리는 하룻밤을 그곳에 머물렀다. 세 척이 더 왔다. 한 척은 선장이 토머스 웨이크(Thomas Wake)였고, 뉴잉글랜드 보스턴에서 출항한 사략선이었다. 다른 한 척은 쌍돛대 범선 펄(Pearl)호로, 선장은 윌리엄 뮤스(William Mues), 로드아일랜드에서 출항한 배였다. 마지막으로는 뉴욕에서 출항한 애머티호가 나타났다. 모든 배에는 대략 6문의 대포가 있었다. 두 배의 선원은 각각 50명, 쌍돛대 범선의 선원은 30~40명이었다"라고 회고했다. 애머티호는 이 지역에서 이방인이 아니었다. 그 배에서는 전설적인 토머스 튜가 키를 잡고 있었다. 튜는 2년 전에 홍해를 휩쓸며 에브리에게 이곳을 표적으로 삼도록 영감을 준 해적이었다.

이 모든 해적이 앞다투어 수천 킬로미터를 항해해 홍해 입구에 있는 작은 페림섬에 모여들었다는 사실에서, 1695년 무굴제국의 부에 대한 유혹이 대단했다는 걸 짐작할 수 있다. 앞에서 언급한 해적들을 모두 합하면, 여섯 척에 440명이었다. 1695년 여름, 페림섬에 모인 해적들은 당시 지상에서 활동하던 해적의 상당수였다. 해적의 황금시대이던 1700년대 초, 즉 헨리 에브리에게 영향을 받은 한 세대의 해적들이 카리브해를 헤집고 다니던 때의 공식적인 추정에 따르면, 세계 곳곳에서 활동하던 해적의 수는 대략 2,000명에 달했다.[1] 헨리 에브리의 신화적인 이야기에 다음 세대가 영향을 받아 바다로 나가기 전, 즉 1695년의 해적 총수보다 이 숫자가 더 많았다고 가정하면, 그해 6월 바브엘만데브해협에 모여든 해적이 당시 7대양을 헤집고 다니던 해적의 절반을 차지했을 것이라는 생각도 터무니없지는 않다.

에브리는 다른 해적선들이 자신의 사냥터에 들어오는 걸 지켜보면서 심정이 복잡해졌을 것이다. 그들 모두가 똑같은 보물을 두고 다툴 것이 분명했다. 팬시호 선장으로서 자신의 운명을 철저히 통제하며 한 해를 꼬박 보냈지만, 향후의 행동은 다른 해적선의 선장들에게 영향을 받을 수밖에 없었다. 그러나 긍정적인 면도 있었다. 에브리는 무기를 잘 갖춘 인도 선단과 대적하기에 충분한 인력을 확보하려고 처음부터 애써오지 않았던가. 페림섬 항만에 닻을 내린 여섯 척의 해적선이 협력하기로 합의하면, 아우랑제브의 강력한 선단에 충분히 도전해볼 만했다.

미들턴의 증언에 따르면, 여섯 명의 선장이 각자의 선원들과 상의한 후에 모여 협력 조건을 협의하기 시작했다. 합의 조항도 틀림없이 작성되었을 것이다. 그 중대한 순간에 그들이 힘을 합했다는 사실 자체는 별로 놀라운 게 아니었다. 어떻게든 인도 보물선을 한 척이라도 성공적으로 덮치면, 나누어 가질 만한 전리품이 충분했을 것이기 때문이다. 정말 놀라운 점은 여섯 척의 해적선이 연합하면서 그들의 리더를 선택했다는 것이다. 경력으로 보면, 토머스 튜가 유력한 후보였다. 에브리는 아프리카 서해안에서 활동한 것이 거의 전부였던 까닭에, 누가 보아도 전업 해적으로는 애송이였다. 반면에 튜는 바로 그 바다에서 얼마 전에 전설적인 약탈에 성공한 전력이 있었다. 그러나 두 선장과 그들이 지휘하던 선원들이 화학적으로 결합한 끝에 예상 밖의 결과가 나왔다. 필립 미들턴의 증언에 따르면, "그들 모두가 동업자가 되어, 에브리 선장을 총사령관으로 추대하기로 합의했다."

헨리 에브리는 빠른 배와 기묘한 계획만을 무기로, 지난 12개월 동안 적선을 피해 다니며 선원들을 무사히 지켜냈다.

그러나 이제 에브리도 함대를 갖추게 되었다.

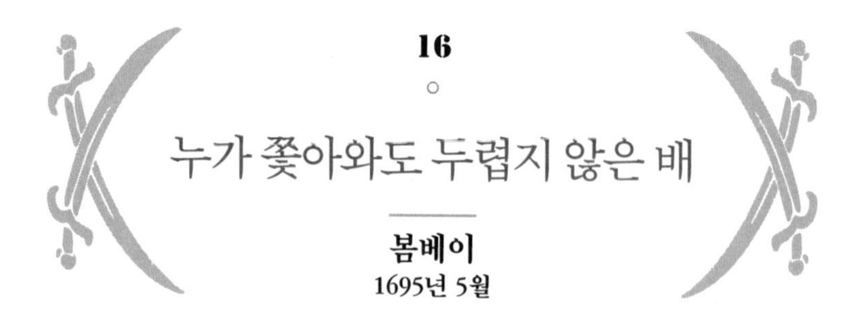

16

누가 쫓아와도 두렵지 않은 배

봄베이

1695년 5월

존 게이어(John Gayer, ?~1711)가 동인도회사 총재에 취임해 인도 아대륙에서 회사의 운영 상황을 점검하기 시작하자마자, 헨리 에브리라는 해적의 이름이 그의 책상에 올라왔다. 상인의 아들이자, 런던 시장을 지낸 존 게이어(John Gayer) 경의 조카인 그는 데번셔에서도 에브리의 고향으로부터 멀지 않은 곳에서 자랐다. 에브리처럼 그도 젊었을 때 바다로 나갔고, 동인도회사에 소속된 선박의 선장이 되었다. 1690년대 초, 그는 120명의 영국군과 함께 인도에 파견되며, '황폐해진' 봄베이 항구와 무역 사무소를 안정시키라는 지시를 받았다. 다시 2년 후에는 인도에서의 사업 전체를 감독하는 지위에 올랐다.

이듬해 5월, 에브리 해적단이 마이드에서 모스크를 폭파했을 때

코로모제도에서 에브리를 추적했던 세 척의 동인도회사 선박이 보낸 보고서가 도착했다. 그들이 직접 에브리를 상대한 사실에 기반한 보고였지만, 에브리가 훗날 동인도회사에게는 골칫거리가 될 거라는 예측이기도 했다. 또 에브리가 팬시호의 선장으로 활동하는 동안 내내 언급되던 "이 해적은 놀랍도록 빠른 배를 지휘하고 있다"라는 말이 보고서의 곳곳에서 되풀이되었다.

> 우리 배는 그 섬으로 가던 중에 그를 발견하고 추적했습니다. 하지만 그는 상갑판의 시설물을 대부분 제거하고 항해에 적합하게 배를 개조한 까닭에 우리보다 훨씬 빨랐습니다. 따라서 전에도 항해하기에 좋았던 상황에 더욱 빠른 속도로 항해할 수 있는 이점이 더해져, 누가 쫓아와도 두렵지 않을 배가 되었습니다. 그 배는 틀림없이 홍해로 들어갈 것이고, 결국에는 수라트에서도 끝없이 소동을 일으킬 것입니다.[1]

당시 동인도회사가 런던에서 겪던 소동과 아우랑제브와의 악화된 관계를 고려하면, 그 보고서는 게이어에게 틀림없이 불길하게 느껴졌을 것이다. 그렇다고 그때 게이어가 '더욱 빠른 속도로 항해하는 이점이 더해져, 누가 쫓아와도 두려워하지 않을 배'를 타고 홍해로 진격하는 해적단에 대해 걱정했을까?

에브리가 배를 '항해에 적합하게' 개조하기는 했지만, 전혀 두려움이 없지는 않았다는 증거가 적지 않다. 동인도회사 선박들은 위의 보고서 이외에, 코모로제도의 앙주앙섬(당시 영어로는 조하나섬)에서 발견한 편지도 보냈다. 헨리 에브리가 직접 쓴 편지로, '모든 영국 사령관'에게 보내는 공개 선언으로 남겨둔 것이었다. 이 편지는 영어를 제대로 습득하지 못한 사람이 쓴 듯 이상했는데, 반(半)문맹적인 철자와 구두점까지 그대로 살아 있는 정확한 글이 지금까지 그대로 전해진다.

> 모든 영국 사령관에게, 내가 지금 이 순간에 팬시호에 타고 있다는 걸 알린다. 이 배는 전에 스페인 원정 해운에 소속된 찰스호였고, 우리는 1694년 5월 7일 아코루냐를 떠났다. 지금 이 배에는 46문의 대포가 장착되고 150명의 선원이 타고 있다. 이제 우리는 보물을 찾아 떠나지만, 여지껏 영국 배와 네덜란드 배에 해를 끼친 적이 없고, 내가 사령관으로 있는 동안에는 앞으로도 그럴 의도가 없다. 그러므로 나는 앞으로 나를 만나게 될지도 모를 모든 배에게 이 편지를 숙독하고, 이렇게 신호를 주고받자고 선언하는 바다. 너희와 너희가 알릴 수 있는 모든 선박이 우리를 멀리에서 보고 깃발을 동그랗게 말아 뒷돛대 위쪽에 올리면, 우리도 똑같은 식으로 반응하고 너희를 공격하지 않을 것이다. 내 선원들은 한결같이 굶주리고 건장하며 불굴의 의지를 지닌 사내들이다. 그들이 내 바람을 넘어서려 한다면 나도 어쩔 수가 없다.

아직은

영국인의 친구

조하나섬에서,

1694/5년 2월 28일

헨리 에브리

모헬리섬에서 해적이 될 기회를 기다리던

프랑스 선원 160명을 만났다.

부디 건강하기를.

대체 어떤 뜻에서 이런 공개 선언을 남겼을까? 곧이곧대로 해석하면, 이 편지는 일종의 규칙, 즉 해상에서 통하는 일종의 비밀 합의를 전달한 것이었다. 국기를 동그랗게 말아서 뒷돛대 위쪽에 올리면 공격하지 않겠다는 뜻이었다. 그러나 이 공개 선언은 거짓말이기도 했다. 에브리는 영국 배를 이미 약탈한 적이 있었다. 물론 마이드 주민들에게 저질렀던 짓만큼 영국 배를 잔혹하게 대하지는 않았다. 역사학자 조엘 베어는 이 편지를 '인도양에서 실질적으로 팬시호에 대적할 수 있는 유일한 세력, 즉 강력한 군비를 갖춘 동인도회사의 선박들과 충돌하는 걸 피하려는 영리한 전술'이라 해석했다.[2]

이런 자료들이 에브리라는 인간의 어떤 면을 밝혀줄 수 있을까?

선상 반란부터, 해적 함대의 총사령관으로 토머스 튜가 아니라 에브리를 지명하는 집단 결정까지 여러 면에서 보이듯이, 에브리가 뛰어난 카리스마를 지녔던 것은 분명한 듯하다. 역사의 표현을 빌리면, '타고난 지도자'였던 듯하다. 그렇다면 그는 어떤 유형의 악당이었을까? 팬시호 선장으로서 에브리는 기니에서 노예를 나포하고, 마이드에서 모스크를 폭파하는 야만적 행위를 마다하지 않았다. 그러나 영국 시민에 대해서는 즉흥적으로 결정한 약속을 충실히 지키려고 애썼다. 앙주앙섬에 남긴 편지에서 에브리는 그런 긴장 관계를 미묘하게 드러냈다. 국민국가와 그 법의 경계 밖에 존재하는 해적이라는 위치를 인정하는 동시에 영국 시민으로서 법적인 위치를 지키고 보존하려고 노력하겠다는 다짐을 은근히 담아냈다. 또 이 편지에서 에브리는 모든 규칙을 완전히 무시하는 사람이 아니라 새로운 행동 규칙을 신속히 마련하려고 애쓰는 사람이라는 냄새도 풍긴다. 에브리가 영국 배에서 선상 반란을 일으켰고, 영국 시민의 재산을 갖고 달아났다는 사실은 부인할 수 없었다. 그러나 찰스2세호는 민간 기업에 속하므로, 영국 해군의 재산을 훔친 것과는 달랐다. 제임스 후블론이 계약 조건을 어겼고, 선원들은 임금도 받지 못한 채 수개월 동안 아코루냐에서 괴로운 나날을 보내야 했다. 에브리라면, 스페인 원정 해운의 투자자들이 약속한 것을 지키지 못한 순간부터 선상 반란은 당연한 권리라고 확신했을 것이다. 그러나 이런 사고방식은 순전히 기회주의적 태도일 수 있다. 그가 영국인으로서는 합법적으로 행동할 것이므로, 동인도회사의 배를 비롯해 영국을 대리하는 다른 선박들로부터 방해받지 않아야 한다고 진심으로 생각했을까? 아니면, 그가 본래의 계획을 완수할 때까지 영국 당국의 간섭을 저지하기 위한 방편에 불과했던 것일까? 어쨌든 그가 영악했던 것만은 분명하다. 그가 도적이었던 것도 분명하다. 에브리라는 도적에게 명예가 있었는지 없었는지를 지금 판단하기는 무척 어렵다. 그 답을 찾을 만한 실마리가 거의 없기 때문이다.

하지만 앙주앙섬에 남긴 편지의 수수께끼 같은 마지막 문장, "내 선원들은 한결같이 굶주리고 건장하며 불굴의 의지를 지닌 사내들이다. 그들이 내 바람을 넘어서려 한다면 나도 어쩔 수가 없다"라는 말에서 작지만 유의미한 실마리가 보인다. 이것은 분명한 위협이다. '내 선원들이 너희보다 굶주렸으니, 감히 우리에게 도전하지 말라!'라는 뜻이다. 이 문장을 해독하는 건 그다지 어렵지 않다. 선원들이 그의 명령을 거역하더라도 그가 선원들의 행동을 억제할 수 없다는 뜻이다. 결국 그는 유동적인 민주 체제의 선장이었다. 그가 보유한 힘은, 그에게 그 힘을 부여한 사람들에게서 비롯된다. 어쩌면 그는 선원들에게 내재한 폭력성을 감지하고, 그가 감당할 수 있는 수준을 넘어선다는 걸 직감했을 것이다. 또 선원들의 '굶주림'이 결국에는 그의 계획을 위협하고, 그의 신중한 처신도 통제할 수 없는 선원들의 광기에 수포로 돌아갈 수 있다는 걸 알았을 것이다.

에브리의 진정한 의도가 무엇이었든 간에 마지막 문장은 일종의 예언이었다. 선원들은 무언가에 굶주렸던 까닭에 극단적인 인간 폭력성, 즉 지극히 야만적이고 가학적인 폭력을 휘둘렀고, 그에 대해서는 많은 증거가 있다. 그러나 그들의 그런 범죄 행위가 에브리의 '바람을 넘어선 것'인지에 대해서는 분명히 대답하기가 쉽지 않다.

17

○

공주

메카
1695년 6월

무굴제국의 건스웨이호가 평소와 달랐던 이유는 그 배에 실린 보물 때문만은 아니었다. 승객 명부를 슬쩍 훑어봐도 놀라운 사실을 쉽게 확인할 수 있었다. 선상에는 수십 명의 여성이 있었고, 그들 중 다수가 아우랑제브의 왕실 가족이었다.

1695년경 해양 세계는 거의 절대적으로 남성의 세계였다. 상선과 전함, 사략선 등 어떤 유형의 배에도 여성은 전혀 없었다. 메이플라워호 같은 이민선이 간혹 여성과 소녀를 실어 바다 건너의 새로운 고향에 데려다줬을 뿐이다. 그러나 상당수의 귀족 여성을 태운 배는 전례가 거의 없었다. 물론 그 배에 승선했던 여성 모두가 귀족은 아니었다. 그 배의 선장은 과거에 터키 여성들을 구입해 인도에 데려가 팔았을 것이다. 지금이라면 인신매매라 칭할 만한 행위다. 그러나 그때 건스웨이호에 승선한 여성의 대부분은 하즈를 준수하는 선량한 무슬림으로서 의무를 충실히 수행하는 종교 순례자였다.

그 순례자 중에는 메카로의 여행이 처음일 법한 여성이 있었고, 그녀가 아우랑제브의 손녀라는 소문이 돌았다.

무굴제국의 그 공주에 대해서는 지금까지도 모든 것이 미스터리에 싸여 있다. 공식 기록에 따르면, 아우랑제브는 다수의 부인에게서 열 명의 자녀를 두었다. 그러나 그들 중 누구에게도 간지이사와이호에 승선한 공주의 연령에 해당하는 딸이 없었다. 그녀는 아우랑제브의 직계보다 친인척이었을 가능성이 크다. 그녀의 신분이 지금도 미스터리라는 사실에서, 그 시대의 역사가 관례적으로 어떻게 기록되었는지에 대해 많은 것이 짐작된다. 그러나 메카 순례에 참가한 그 많은 여성이 간지이사와이호의 이야기를 완전히 바꿔놓았다. 달리 말하면, 그들에게 닥친 운명 때문에, 지극히 사소한 사건으로 끝났을 법한 사고가 세계적인 위기로 돌변했다. 사실 에브리 해적단의 대담성과 야만성에 대한 분석은 지루할 만큼 많지만, 동인도회사의 기업적 야심과 아우랑제브의 분노 및 그 배에 승선한 여성에 대해서는 잠깐 언급할 뿐이다. 그 여성들에게 부여된 신분은 극악무도한 범죄의 희생자라는 게 전부였다. 그들에게는 이름도 없었고 역사도 없었다.

무굴 왕실 여성의 삶

역사 기록에는 비어 있는 부분이지만, 무굴 왕실에서 여성이 어떤 삶을 살았는지 재구성하고, 그 어린 공주가 메카로부터 돌아오는 길에 어떤 생각을 품었을지를 상상해볼 수는 있을 듯하다. 궁정 사회에서 가장 높은 지위에 있던 여성들은 정치적이고 문화적인 사건에서 일정한 역할을 할 수 있었고, 개인 재산을 소유했으며 사업에도 손댈 수 있었다. 상대적으로 진보적이던 아크바르와 자한기르의 시대에 부유한 귀족 여성들은 무역에도 관여했고, 어떤 경우에는 무역선을 소유하기도 했다. (1631년 포르투갈 무역상들은 라히미[Rahimi]호라는 무굴 왕실의 선박을 압류했다. 당시 인도 선단에게 가장 큰 배였는데, 자한기르 황제의 어머니 소유여서 국제 분쟁으로 발전하기도 했다. 이 사건은 70년 후 건스웨이호로 폭발한 위기의 예고편이었던 셈이다.) 공주들은 예술과 건축의 후원자이기도 했다. 오늘날 인도의 많은 공원이 애초에 무굴 왕실 여인들의 후원으로 지어졌다.

정치에 적극적으로 참여한 여성도 적지 않았다. 아우랑제브가 주변의 피를 흘리며 황제권을 차지할 때 그 누이들이 궁정 암투에서 상당한 역할을 했다. 아우랑제브가 자한기르의 후계자로 여겨지던 다라를 공격한 배후의 주동자가 여동생 로샤나라 베굼(Roshanara Begum)이었을 것이라 추정하는 학자도 적지 않다. 아우랑제브가 그때는 로샤나라에게 감사했을 테지만 시간이 지나면서 그 마음이 사그라들었고, 승계 다툼에서 다라를 편들었던 누나 자하나라에게 심정적으로 더욱더 가까워졌다. 그러나 아우랑제브와 두 여인 간의 관계는 아크바르 시대까지 거슬러 올라가는 중대한 칙령에 의해 상당히 복잡했다. 무굴 왕실의 여인은 결혼할 수 없다는 칙령이었다. 왕위 승계에서 적통에 도전할지 모를 자손이 생기는 걸 두려워한 때문이었다. 현대에 발표된 다수의 연구에 따르면, 아우랑제브는 두 누이가 남자와 연애하고 성관계하는 걸 막으려고 상당한 노력을 기울였다. 프랑스 여행가 프랑수아 베르니에(François Bernier, 1620~1688)가 남긴 기록에 따르면, 아우랑제브는 자하나라의 연인을 초대해 자신의 침실에서 만났고, 빈랑나무 열매를 환대의 표시로 줬다. "그 불운한 남자는 미소짓는 황제로부터 독을 받았을 거라고는 상상조차 못했다. 그는 집에 도착하기도 전에 죽었다."[1] 또 이탈리아 여행 작가 니콜라오 마누치(Niccolao Manucci, 1638~1717)는 《무굴 궁정을 회고하며(*Memoirs of the Mughal Court*)》에서 "로샤나라가 아홉 명의 젊은이를 자신의 숙소에 가둬두고 성적 노리개로 삼았다"라고 주장했다. 로샤나라의 비밀이 드러나자, 아우랑제브는 "다양하고 은밀한 고문으로 그 아홉 명을 거의 한 달만에 죽여버렸다." 마누치에 따르면, 아우랑제브는 로샤나라마저도 그런 범법 행위를 이유로 독살했다.[2]

무굴 왕실 공주들의 난잡한 성생활은 외설스런 여행기에 한몫했지만, 무굴제국 궁정 사회의 일상적인 현실은 가부장적이고 억압적이었다. 이런 현실은 거의 5,000명을 수용하는 호화로운 감옥, 즉 하렘(harem)이라는 제도에 의해 유지되었다. 황제의 부인들과 첩들이 각자 어머니와 할머니, 누이와 숙모의 보살핌을 받았고, 다시 그들을 돕는 시녀들과 여성 노예들 및 환관이 있었다. 하렘에서 최상층 여성, 즉 부인들과 첩들 및 그들의 직계들은 거의 정신분열증을 일으킬 듯한 삶을 살았다. 지상에서 어떤 집단도 견줄 수 없는 호화로운 삶을 살았지만 개인적인 자유는 거의 없었기 때문이다. 소마 무케르지(Soma Mukherjee)는 무굴제국의 공주를 다룬 역사책에서 "그 여인들은 호화로운 설비가 갖춰진 널찍한 저택에 살았다. 아름다운 정원과 분수, 저수지와 수로도 있었다. 최고급 천으로 지은 아름답고 값비싼 옷을 입었고, 온갖 보석으로 머리부터 발끝까지 온몸을 꾸몄다"라고 말했다.[3] 그러나 그들과 외부 세계의 접촉은 철저히 규제되었다. 드물게 하렘 밖으로 여행을 나갈 때는 '퍼다(purdah)'로 얼굴을 가려야 했다. 강요된 결혼을 해야 했고, 그들의 남편들은 원하는 대로 많은 부인과 첩을 둘 수 있었다. 남편들은 지상에게 가장 부유한 국가의 오만한 귀족이었지만, 한편으로는 치밀하게 통제받는 포로이기도 했다.

아우랑제브 궁정의 그 많은 여인들이 하렘 밖으로 나와 지금의 사우디아라비아까지 멀리 여행할 수 있었다는 사실에서, 이슬람교가 하렘 문화에서 차지한 중요성을 엿볼 수 있다. 《쿠란》에 대한 철저한 학습은 무굴제국에서 공주도 반드시 치러야 할 교육과정이었다. 아우랑제브의 장녀 제브운니사(Zeb-un-Nissa)는 일곱 살 때《쿠란》전체를 암기했다고 전해진다. 종교적 관습에 따라, 그들에게는 신전이나 성지를 방문하는 경우에만 하렘 밖을 여행하는 게 가끔 허락되었다. 그러니 아우랑제브 궁정의 한 젊은 여성에게 메카 순례는, 그때까지의 가장 긴 여행이자 세계 정복자의 영토 밖으로 나가는 유일한 여행이었을 것이다.

그 공주가 누구였든 간에, 그녀는 퍼다라는 베일 뒤에서 어떤 삶을 살았을까? 당시 대다수의 삶과 비교할 때 그녀와 그녀의 여자 형제들은 하렘에서 상당히 특이한 삶을 살았다. 호화롭고 풍요로웠지만 자유가 거의 없었고, 온갖 장신구로 온몸을 꾸몄지만 성적 노예와 다를 바 없었다. 그러나 우리에게 전해지는 그들의 삶에 대한 이야기는 거의 전부가 외부인의 입을 빌린 것이다. 특히 마누치와 베르니에 같은 외부인의 관찰에서 비롯한 것이 대부분이다. 무굴제국의 공주들 중에는 새뮤얼 피프스(Samuel Pepys, 1633~1703)와 안네 프랑크(Anne Frank, 1929~1945)처럼 일기를 열심히 쓴 사람이 없었다. 쉽게 말하면, 무굴제국의 궁정에서 여성으로 지낸다는 것이 어떠한지에 대해 정직한 기록을 남긴 일기 작가가 없었다. 현대인의 눈으로 보면, 하렘은 억압 시설이었고, 가부장제는 돌덩이처럼 확고했다. 그러나 자신의 삶 전체가 바깥 세상으로부터 철저히 감춰졌던 여성에게, 하렘이 억압 시설로 여겨졌을까? 혹시 하렘에도 은밀한 급진주의자, 즉 다른 식으로 조직된 사회를 꿈꿨던 여성이 있었을까? 옳고 그름을 떠나, 유럽에서는 여성이 베일을 쓰지도 않고 일부일처제가 관습이며, 때로는 여성이 국가 수반(首班)이 된다는 걸 알고는 유럽을 더 매력적이라 생각한 여성이 있지 않았을까?

이런 질문들에 어떻게 대답하느냐에 따라, 1695년 9월 열대의 바다 인도양에서 일어난 사건들에 대해 생각하는 방향이 달라지고, 헨리 에브리에 대한 생각도 달라질 수 있다. 물론 순례를 마치고 수라트로 돌아가던 인도 공주도, 무굴제국의 법과 관습이 남성에게 훨씬 많은 자유와 권한을 부여한다는 걸 분명히 알고 있었을 것이다. 이런 현실을 억압이라 생각했든 그렇지 않았든 간에 그녀는 현실을 아프게 느꼈을 것이고, 억눌린 가능성을 답답해했을 것이다. 또 의례적인 강간(ritualized rape)을 직접 겪지는 않았더라도 그에 대해 틀림없이 들었을 것이다. 따라서 이런 경험들이 어떤 형태로든 상처를 남겼을 것이라는 가정이 터무니없지는 않다. 문제는 '그녀가 하렘을 벗어나고 싶었을 만큼 그 상처가 깊었느냐'다.

The Heist

약탈

18

파트마흐마마디호

케이프세인트존 서쪽 인도양
1695년 9월 7일

새로이 결성된 해적 함대는 계절풍이 불기 시작할 때를 한 달이 넘도록 기다렸다. 그때는 남서풍이 불며 상선들이 바브엘만데브해협을 통해 수라트로 돌아가는 게 수월해지기 때문이다. 기온이 섭씨 37.7도 이상으로 올라가, 페림섬에서도 사막의 열기를 피할 수 없었다. (한여름에는 페림섬의 자그마한 자연항 앞바다의 수온도 35도까지 치솟았을 것이다.) 오랜 기다림에 선원들은 에브리의 계획에 잘못이 있을지도 모른다는 걱정이 점차 깊어졌다. 훗날 존 댄은 당시를 회상하며 "꽤 오랜 시간이 지난 후에도 무슬림 배가 모카에서 내려오지 않자, 그들이 걱정하기 시작했다. 그래서 모선에 딸린 작은 배를 그쪽에 보냈다. 그들은 두 사람을 끌고 왔고, 두 사람은 그들에게 무슬림 배가 반드시 내려올 거라고 알려줬다"라고 말했다. (당시에는 홍해의 반대편 끝에 수에즈운하가 없어서 상선들이 다른 쪽으로 갈 수 없었다.) 며칠 후, 그들은 마침내 무슬림 배가 해협을 향해 출발했다는 소식을 들었다.

그러나 8월의 마지막 토요일에 첫 상선이 마침내 모습을 드러냈을 때, 처음에 에브리 해적단은 재앙적 실수를 저지른 듯했다. 그 순간을 위해 1년을 준비했건만, 모카에서 내려오는 대략 25척의 상선단은 어둠을 타고 해협을 무사히 빠져나갔고, 어떤 이유였는지 몰라도 해적들은 상선단의 움직임을 감지하지 못했다. (그날 밤 망을 봤던 다수의 망꾼들이 처벌을 받았다는 기록은 전혀 없다. 그러나 처벌이 있었다면 가혹하지 그지없었을 것이다.) 해적들은 이튿날 아침에 작은 배 한 척을 나포한 후에야 밤사이에 치명적인 실수를 범했다는 걸 깨달았다.

무슬림 배를 향한 추격

필립 미들턴에 따르면, "해적들은 무슬림 배들을 추적할 것인지, 아니면 그곳에 계속 머물 것인지를 상의했다." 어려운 결정이었다. 무슬림 선단을 따라잡는 게 쉽지 않았고, 더구나 돌핀호는 가라앉고 있었다. 그러나 에브리는 자신이 지휘하는 배가 적어도 인도양에서는 가장 빠르다는 걸 알고 있었다. 무슬림 상선단을 추적해 앞지를 수 있는 배가 있다면 단연코 팬시호였다.

신속한 협의 후, 해적단은 추적하기로 결정했다. 그 전에 함대를 효율적으로 재구성했다. 돌핀호의 선원 60명이 팬시호로 옮겼고, 존 댄의 표현을 빌리면 '병든 항해자'였기 때문에 돌핀호는 불살라져서 바다에 가라앉았다. 펄호도 뒤처지지 않을 가능성이 거의 없었기 때문에 선원들은 그 배를 팬시호에 밧줄로 묶었다. 그리고 해적 선단은 오래전에 사라진 무슬림 상선단을 뒤쫓아 항해하기 시작했다. 팬시호는 뒤에 펄호를 매달았음에도 선단에서 가장 빨랐다. 댄의 회상에 따르면, 포츠머스어드벤처호만이 뒤처지지 않았다. 수재나(Susanna)호가 마침내 해적 선단을 따라잡았지만, 토머스 튜의 애머티호는 수평선 너머로 뒤처졌고 결국 시야에서 완전히 사라졌다. 튜는 당시 홍해에서 가장 유명한 해적이었을지 모르지만, 애머티호는 물에서 팬시호의 상대가 되지 않았다.

며칠 동안 해적 선단의 망꾼들은 먹잇감의 낌새를 찾아 수평선에서 눈을 떼지 않았다. 아덴만을 벗어나 아라비아해에 들어서자, 에브리는 팬시호를 북동쪽으로 조정했다. 추적하던 배가 시야에 보이지 않자, 에브리는 수라트와 봄베이로 항로를 정했다. 무슬림 선단의 최종 목적지가 두 곳 중 하나일 것이라 확신한 때문이었다. 추적을 시작하고 열흘이 지났지만 아무런 징조가 보이지 않았다. 선원들은 굶주림까지 더해져 안절부절못했다. 페림섬에서 오랫동안 지체하느라 식량이 부족해진 탓이었다. 무슬림 선단을 따라잡을 가능성이 더욱더 줄어드는 기분이었다. 그런데 열흘째 되던 날,

망꾼들이 처음으로 육지가 보인다고 소리쳤다. 봄베이 북쪽에 위치한 케이프세인트존의 윤곽이 아스라이 보였다.

그 열흘 밤낮은 에브리에게도 극도로 괴로운 시간이었을 것이다. 9,600킬로미터를 항해했고, 400여 명으로 구성된 선단을 꾸린 뒤에 세계에서 가장 호화로운 보물선단을 습격하는 데 이상적인 곳에서 기회를 노렸다. 그런데 그 선단은 그의 시야에서 감쪽같이 빠져나갔다. 그때부터 열흘이 되어갈 무렵, 때이른 계절풍이 불기 시작했고, 케이프세인트존이 시야에 들어왔다. 무슬림 선단이 안전하게 정박한 후에 화물을 이미 내리고 있을 가능성이 컸다. 그렇다면 보물은 에브리의 수중을 떠난 것이나 마찬가지였다.

그러나 9월 7일, 마침내 그들에게 행운의 여신이 미소를 지었다. 주된 선단에서 좀 떨어진 곳에 정박한 서너 척의 배가 그들의 눈에 들어왔다. 그중 가장 큰 배는 중무장한 상선 파트마흐마마디(Fath Mahmamadi)호로, 인도에서 가장 부유한 무역상이던 압둘 가파르(Abdul Ghaffar)가 주인이었다. 가파르와 동시대를 산 사람의 주장에 따르면, "가파르의 무역량은 영국 동인도회사에 버금가는 규모였다. 내가 알기에 그는 연간 20척 이상의 무역선을 운영하며 300~800톤의 상품을 교역했다."[1] 1년 이상 전에 계획을 세운 이후로 에브리의 눈에 무슬림 보물선이 처음으로 들어온 것이었다. 에브리는 선원들에게 무슬림 선단의 앞쪽까지 항해한 후에 닻을 내리고 기다리라고 지시했다. 며칠 전 야밤에 바브엘만데브해협에서 무슬림 선단을 놓친 것을 고려하면 위험한 전략이었다.

새벽에 짙은 안개가 수면 위를 뒤덮으며 시야가 제한되었다. 해적들은 짙은 안개를 뚫어지게 보며 무슬림 선단이 움직인다는 징조를 찾아 귀를 기울였다. 오래지 않아, 파트마흐마마디호의 거무스레한 윤곽이 안개를 뚫고 나타났다. 다시 존 댄의 표현을 빌리면, "그 배는 팬시호에서 권총을 쏘아도 닿을 거리에서 지나갔다. 200~300톤 정도로 보였고, 대포는 6문이었다." 에브리는 선원들에게 그 배를 공격하라는 명령을 내렸다. 파트마흐마마디호는 세 발의 대포로 반격했지만, 에브리 해적단에 아무런 피해를 주지 못했다. 놀랍게도 파트마흐마마디호는 곧바로 깃발을 내리고 투항했고, 그 배는 해적들의 수중에 떨어졌다.

그 배에 올라탄 해적들은 6만 파운드의 가치를 넘어서는 엄청난 양의 금과 은을 찾아냈다. 지금의 가치로 환산하면 500만 달러에 달한다. 토머스 튜가 2년 전에 약탈한 재물의 가치에는 못 미쳤지만, 에브리가 한 곳에서 약탈한 가치로는 여느 때보다 많았다. 300명 남짓한 해적들이 나눠 갖더라도, 각 선원에게 돌아가는 액수는 스페인 원정 해운이 2년 동안 일하는 대가로 약속한 임금보다 대략 세 배가 많았다. 물론 선장이던 에브리에게는 추가로 약정된 몫이 있었다. 육지에서 적어도 5년 동안 편안히 지내기에 충분한 돈을 갖고 파트마흐마마디호를 떠날 수 있다는 뜻이었다. 압둘 가파르의 보물은 에브리와 그의 선원들에게 삶을 바꿔놓을 만한 재산의 획득일 수 있었다. 그러나 에브리는 그 보물을 얼핏 보고도 해적 행위에서 완전히 은퇴하기에는 충분하지 않다는 계산을 해냈을 것이다.

드디어 만난 건스웨이호

에브리에게는 승리를 만끽할 시간이 48시간밖에 허용되지 않았다. 일부에게 파트마흐마마디호를 맡겨두고, 해적선단은 다시 케이프세인트존 앞바다에 정박했다. 9월 10일, 망꾼이 다시 화급히 신호를 보낸 때문이었다. 훨씬 큰 보물선의 돛이 수평선 위에 나타났다. 건스웨이호가 수라트를 향해 다가가고 있었다. 팬시호는 곧바로 돛을 활짝 펴고 추적을 시작했다.

에브리는 건스웨이호를 정확히 평가해보려고 최대한 근접해 항해했다. 배의 첫인상은 상당히 위압적이었다. 1,000명의 승객을 수용하기에 충분할 정도로 커서, 기껏해야 200명 남짓이 승선할 수 있었던 팬시호를 비롯해 웬만한 해적선과는 비교가 되지 않았다. 게다가 건스웨이호에는 80문의 대포와 수백 정의 머스킷총이 있어 자체의 방어력도 막강했을 뿐만 아니라, 사수들이 상대적으로 작은 배의 갑판을 내려다보며 사격할 수 있어 공격 각도 면에서도 상당히 유리했다.

헨리 에브리는 선상 반란 이후 15개월 동안 배를 기울여 수리해야 할 시점, 마다가스카르에 머무는 기간, 해적선단의 지휘권을 두고 토머스 튜에게 도전한 것 등 수많은 결정을 내리고 또 내린 터였다. 그러나 건스웨이호의 실질적 크기를 가늠하려고 접근한 순간, 에브리는 실로 중대한 결정을 내려야 했다. 며칠 전의 기습을 아무런 피해도 없이 성공하며, 순식간에 5년치의 임금을 벌지 않았던가. 파트마흐마마디호 습격은 그 시대에 가장 성공한 해적 행위로 손꼽을 만했다. 게다가 운이 좋으면, 무슬림 상선단에서 뒤처져 쉽게 제압할 수 있는 또 다른 상선을 마주칠 가능성도 있었다. 건스웨이호가 쉽게 투항하지 않을 것은 분명했다. 에브리는 이미 선단의 거의 절반을 잃은 상황이었고, 남은 선단에서도 한 척은 너무 굼떠 전력에 보탬이 되지 않아, 아덴만에 버려두고 왔다면 더 좋았을 거라고 생각될 정도였다. 따라서 도박사라면, 에브리가 건스웨이호에 도전한다고 할 경우에 지는 쪽에 돈을 걸었을 것이다.

에브리가 수백 킬로미터가량 떨어진 곳에서 어떤 사건이 있었는지 알았더라면 그 모든 계산이 당연히 달라졌을 것이다. 팬시호에 뒤처진 채 서서히 항해하던 토머스 튜와 애머티호의 선원들은 파트마흐마마디호를 단독으로 습격해 교전을 벌였다. 그러나 그 공격은 애머티호에게 재앙으로 끝났다. 포격전을 벌이는 동안 포탄 하나가 튜의 배를 관통했고, 튜은 그야말로 내장을 쏟아냈다. 한 보고서에 따르면, 튜는 두 손으로 아랫배를 움켜잡은 채 숨을 거뒀다.

"튜가 쓰러지자 선원들은 공포에 사로잡혀, 더는 저항하지 않고 투항했다." 많은 해적이 생포되어 포로로 끌려갔다.

튜가 처참하게 맞은 죽음도 충격이지만, 그의 말년에 대한 이야기도 충격적이다. 튜가 1693년의 약탈 이후에 은퇴의 길을 선택했다면, 로드아일랜드에 정착해 미국의 프랜시스 드레이크가 되어 힘든 일에 땀흘리지 않고 편안한 삶을 누릴 수 있었을 것이다. 이렇게 보장된 미래에도 불구하고, 튜는 지구 반대편에서 애머티호의 갑판에 누워 두 손으로 아랫배를 움켜진 채 피를 흘리다가 아덴만의 하늘을 바라보며 마지막 숨을 거두었다.

에브리가 튜의 끔찍한 죽음에 대해 알았을 가능성이 없지는 않았다. 1695년 늦여름 인도양에서 벌어진 해전들에 대한 자료에 따르면, 애머티호가 파트마흐마마디호를 만나 재앙적 최후를 맞이했고, 단 며칠 후에 팬시호가 파트마흐마마디호를 급습했다. (여기에서 파트마흐마마디호가 신속히 항복한 이유가 설명된다. 파트마흐마마디호는 애머티호와 교전하는 과정에서 피해를 입었고, 팬시호와 또 다시 싸울 만한 화약이 없었을 것이다.) 이런 시나리오에 따르면, 에브리는 금과 은의 양을 확인하려고 파트마흐마마디호에 올랐을 때 애머티호에서 끌려온 포로들을 만나 그들로부터 튜 선장의 충격적인 죽음에 대해 들었을 것이다.

그러나 에브리가 토머스 튜의 죽음을 의식하지 못한 채, 건스웨이호를 공격해 성공할 가능성을 따져봤을 것이라는 게 더 그럴듯한 시나리오다. 에브리는 수개월 전부터 모든 일을 신중하게 처리

해왔고, 영국 법을 준수하며 혼자 힘으로 자신의 길을 개척했으며, 계절풍이 무슬림 보물선들을 그의 덫으로 유인하기를 끈기 있게 기다리던 사람이다. 그런데 그런 사람이 위험을 무릅쓰고, 자신을 완전히 박살내고도 남을 듯한 배를 무모하게 공격한 이유가 무엇일까? 어쩌면 에브리가 앙주앙섬에 남긴 편지의 수수께끼 같은 마지막 문장에 속임수를 썼던 것일 수 있다. 보물에 대한 '굶주림'이 에브리도 선원들만큼이나 컸을지 모른다. 어마어마한 전리품을 손에 넣기 위해 추적하지 않으면 그 자신이 선상 반란의 피해자가 될 거라는 두려움도 있었을 것이다. 팬시호의 빠른 속도라면 건스웨이호를 공격하고, 상황이 틀어지면 재빨리 후퇴할 수 있을 것이라고도 굳게 믿었을 것이다. 동인도회사의 통신원이 수개월 전에 실제로 경고했듯이 "그 배는 무척 빠른 속도로 항해하기 때문에 누가 쫓아와도 두려워하지 않을 배였다."

그 보고서는 에브리를 방치해두면 수라트에서 '끝없이 소동'이 있을 것이라고도 예측했다. 건스웨이호을 직접 공격하겠다는 결정으로, 과장돼 보이던 그 경고는 정확한 예언이 되었다. '소동'이 수라트 너머에서도 일어난 것이 달랐을 뿐이다. 에브리와 그의 선원들은 굶주렸고 용맹무쌍했다. 따라서 그들은 '넘치는 보물'을 최종 목표로 삼았다.[2]

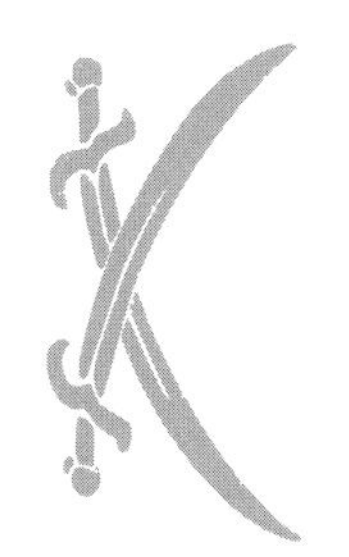

19

넘치는 보물

수라트 서쪽 인도양
1695년 9월 11일

그해 늦여름의 어느 날, 인도양의 연안 해역을 하늘에서 내려다본다고 상상해보자. 동쪽으로 수라트를 가로지르는 타프티강 변에 늘어선 공장들과 조선소들이 한눈에 들어온다. 그 건물들 중 어딘가에서는 새뮤얼 애니슬리가 얼마 후에 자신과 동료들에게 닥칠 재앙은 전혀 모른 채 재고 목록을 점검하고, 런던에 보낼 보고서를 작성하고 있다. 수라트 앞바다에서는 메카에 다녀온 상선단의 선발대가 항구로 들어오고, 승객들은 3개월의 긴 여정에 지친 표정이지만 '홍해 해적단'을 맞닥뜨리지 않고 무사히 고향에 돌아와 안도한다. 더 멀리, 해안에서 150킬로미터쯤 떨어진 큰 바다에는 두 척의 배가 눈에 띈다. 크기가 다른 배의 두 배는 돼 보이는 한 척은 수라트 항구로 서서히 다가오고, 다른 하나는 돛을 활짝 펴고 파도를 가르며 전속력으로 항해한다. 선원들이 갑판에서 바삐 움직이며 전투를 준비하는 듯하다.

결정적 장면

고대 역사는 항상 현재와 충돌한다. 유전자, 언어, 문화 등 우리와 관련된 모든 것이 머나먼 과거의 흔적을 현재의 순간에 남기기 때문이다. 그러나 1695년 인도양에서의 이 장면은 다른 종류의 충돌이었다. 구체적으로 말하면, 그리스도가 탄생하기 수 세기 전에 발명된 면직물로 축적해온 인도의 막대한 부, 무함마드가 1,000년 전(아브라함이라면 그 이전)에 메카를 방문하며 시작된 순례자들의 여정, 인도 아대륙을 수 세대 동안 지배한 무슬림 왕실을 통해 계승된 아우랑제브의 어마어마한 권력, 수라트와 봄베이에 세운 교두보를 유지하려고 애쓰는 동인도회사의 불안한 운명, 유구한 역사를 지닌 해적 행위와 그들의 급진적인 평등주의 등 여러 갈래의 긴 역사가 극적으로 충돌한 아주 드문 순간이었다. 각 역사를 개별적으로 풀어가더라도 1695년 9월의 사건은 각 역사의 연대표에서 굵은 글씨로 기록될 것이다.

이 색다른 실들을 하나로 엮어주는 것이 무엇일까? 200명의 해적이 한 배에 모여, 큰돈을 벌겠다는 일념으로 굶주림과 싸우며 고향에서부터 9,600킬로미터를 항해했다.

팬시호가 공격을 개시할 수 있을 정도로 건스웨이호에 가까이 접근했을 때, 미리 약속이라도 한 듯이 세 가지 사건이 동시에 일어났다. 첫째로, 건스웨이호가 에브리의 해적선에 반격하려고 준비할 때, 갑판에서 대포가 폭발하며 여섯 명의 포수가 즉사했고, 다른 포수들은 중상을 입었다. 그리하여 건스웨이호의 갑판은 불바다가 되고 대혼란에 빠졌다. 둘째로, 에브리가 실시한 집중 포격이 운좋게 건스웨이호의 주 돛대를 때리며, 주된 돛과 그에 연결된 모든 삭구가 무너져 내렸다. 그 결과로, 대포 폭발로 인한 혼란에 배가 제대로 움직이지 못하는 지경이 더해졌다.

셋째 역시 반박의 여지가 없는 사실이었다. 전투가 끝난 후, 에브리와 그의 선원들이 '건스웨이'라는 이름에 걸맞는 재물, 즉 '넘치는 보물'을 포획했다는 것이다. 건스웨이호의 거대한 선체에서 해적들은 엄청난 양의 금과 은, 장신구와 상아, 몰약과 유향, 사프란을 비롯해 기분을 좋게 해주는 많은 향료를 찾아냈다. 에브리가 인도 보물선에서 얼마나 많은 보물을 약탈했느냐에 대한 뜨거운 논쟁이 이때부터 지금까지 이어지고 있다. 찰스 존슨은《해적의 보편적 역사》에서 그 양을 계산하기 어렵다면서 "동양인들은 최대한 호화롭고 웅장하게 여행하는 것으로 알려졌다. 노예와 수행원을 모두 데리고, 온갖 장신구로 꾸미고 화려한 옷을 입었다. 또 금과 은, 육지를 여행할 때 지불해야 할 막대한 돈도 갖고 다녔다. 따라서 이 해적이 약탈한 전리품은 쉽게 계산되지 않는다"라고 말했다.[1] 일부에서는 건스웨이호에서 약탈한 보물의 가치는 약 20만 파운드, 지금의 가치로 환산하면 약 2,000만 달러일 것이라고 추정했다. 훗날 동인도회사는 그 가치를 세 배 정도로 높게 계산했다. 어느 쪽이든 간에 에브리의 건스웨이호 약탈은 범죄 역사상 가장 많은 액수를 탈취한 사건 중 한 자리를 차지하기에 충분하다.

해적왕과 공주

우연히 겹친 세 사건(대포의 폭발, 무너진 주 돛대, 역사상 최고액의 약탈)을 되돌아보면, 에브리와 건스웨이호에 대한 이야기는 두 갈래로 나뉜다. 하나는 그 이후로 수십 년 동안 런던에서 발라드몽거들이 노래하고, 소책자 작가들이 과장하며 선정적으로 다룬 이야기다. 이 이야기에서 에브리는 건스웨이호에 올라가 인도 전사들과 두 시간 동안 맞붙어 싸운 끝에 그들을 제압했다. 그 배를 완전히 장악한 후, 해적들은 하갑판에서 수십 명의 무슬림 여자들이 히잡을 쓰고 몸을 웅크린 채 있는 것을 발견하고는 놀란다. 에메랄드와 다이아몬드로 장식된 옷을 입은 것으로 보아, 아우랑제브 궁정에 속한 여인들인 게 분명했다.

이 이야기에 따르면, 베일로 얼굴을 가린 여인 중 한 명이 아우랑제브의 손녀였다. 어쨌든 해적들은 그녀의 진짜 신분을 알아냈고, 공포에 질려 훌쩍이는 그녀를 에브리에게 데려갔다. 아드리안 판 브루크가 1709년에 쓴 에브리의 전기에 따르면, "선장은 눈물로 범벅이 된 그녀를 보자마자 연민에 빠졌다." 그 이후의 이야기는 그야말로 인도양판 포카혼타스(미국인 식민지 개척자와 결혼한 인디언 추장의 딸 – 옮긴이)다. 포카혼타스 이야기를 요약하면, 서구인이 '원주민'의 이국적인 아름다움에 취하고, 위험한 여행 끝에 사랑을 발견한다는 것이다. (물론 '원주민'이 서구인보다 훨씬 부유하다는 차이가 있기는 하다.) 여하튼 그 이야기에 따르면, 에브리는 무굴제국의 공주에게 즉석에서 청혼했고 '보석보다 더 좋은 것'을 마침내 얻었다. 무슬림 성직자 앞에서 결혼한 "행복한 신혼부부는 마다가스카르로 돌아가는 여정 내내 신혼의 단꿈에 빠져 지냈다고 전해진다."[2]

대니얼 디포는 1720년에 출간한 《해적왕(*The King of Pirates*)》에서, 에브리의 목소리를 빌려 일인칭으로 그때의 이야기를 풀어냈다. 디포는 공주를 왕비로 격상시켰지만, 에브리의 숙소에 끌려온 무굴제국 공주의 외모에 대한 묘사는 비슷했다. "눈물에 묻혀서도 광채가 나는 모습은 해적 노릇을 하며 본 적이 없었다. 왕비였다는 그녀는 금과 은으로 온몸을 둘렀지만 두려움에 질려 눈물을 하염없이 흘렸다. 나를 보고는 더더욱 떠는 것 같았다. 그렇게 떨다간 죽을 것만 같았다. 그녀는 일종의 침대, 침대라기보다는 공중 덮개가 없는 침상처럼 보이는 것 옆에 거의 엎어지다시피 앉아 있었다. 그녀는 다이아몬드로 온몸을 뒤덮고 있었다. 나는 진정한 해적답게, 여자보다 보석에 더 관심을 많다는 걸 알려주고 싶었다."[3] 판 브루크가 쓴 에브리의 전기에서와 마찬가지로, 디포의 이야기에서도 에브리는 무슬림 공주를 정중하게 대했지만 둘 사이의 사랑은 결실을 맺지 못한다. 오히려 에브리는 공주의 시녀에게 연정을 품었던 것으로 보인다. "내 마음에 쏙 드는 여인이 눈에 들어왔다. 나는 완력을 써서 강제로 그녀를 품지 않았다. 서로 마음이 맞아 관계를 맺었다."[4]

데번셔 출신의 해적 헨리 에브리와 무굴제국 공주의 사랑 이야기는 현대인의 눈에는 조금도 타당해 보이지 않는다. 새뮤얼 애니슬리의 전기를 쓴 작가에 따르면, 에브리는 "메카를 순례한 후에 고향으로 돌아가던 양가의 어린 무슬림 여인을 포로로 데려갔다."[5] 이 문장에서 핵심어는 분명히 '포로'라는 단어다. 이는 결코 신혼의 단꿈에 어울리는 단어가 아니다. 에브리의 구애를 한층 감상적으로 풀어낸 이야기임에도 화자의 목소리에 내재한 의혹이 읽히는 듯하다. 디포의 소설에서 화자는 "내가 이 여자를 강간했고, 극히 야만스럽게 대한다는 보고가 잉글랜드에 전해졌다는 말을 들었다. 그러나 그 보고는 나를 모함한 것이다. 정말이지, 나는 그녀를 결코 그렇게 대하지 않았다"라고 말한다. 디포는 에브리를 앞세워 선원들의 행동도 옹호한다. "나는 공주의 여인들이 다른 배로 옮겨 가기를 원할 것이라 생각하고, 온전히 그들이 원하는 대로 해주라고 명령했다. 따라서 그들은 죽느냐 명예를 지키느냐 하는 두려움이 나 불안에 떨지 않고 다른 배로 옮겨졌다."[6]

판 브루크도 비슷한 논조로 에브리의 명예를 지켜줬다. "몇몇 자료에서 언급되듯이, 에브리는 공주를 강간하기는커녕 왕실 자녀에 걸맞는 대우를 해줬다. 그녀와 그녀의 시종들을 자신의 배로 정중히 데려갔고, 배에서 모든 보물을 빼앗은 후에 그 배와 선원들은 항구로 돌려보냈다." 그랬다. 에브리와 그의 선원들이 배에서는 모든 재물을 탈취했을지 모르지만, 적어도 공주에게는 신분에 걸맞는 대우를 해줬다. 그러나 정반대의 이야기도 있었다.

그 정반대의 이야기는 어떤 것이었을까? 에브리를 사랑의 열병에 빠진 해적으로 그려낸 민중의 이야기(에브리가 공주를 공경하며 급기야 청혼했고, 더 나아가 무슬림 성직자의 주례로 결혼하는 걸 수락했다는 이야기)를 반박하는 이야기가 있었다는 사실은, 그 자체로 영국과 인도 관계의 유의미한 변화를 보여준다. 드레이크가 중앙아메리카의 항구도시들을 휩쓸며 유혈극을 벌인 때부터 네덜란드인들이 인도네시아 향료제도에서 자행한 집단 학살까지, 해적과 상인과 해군 수병을 막론하고 유럽 선원들은 적어도 두 세기 동안 세계 곳곳에서 야만적인 범죄를 저질렀다. 그러나 이런 잔혹 행위가 유럽의 수도까지 전해져, 그 대담한 탐험가들의 도덕성에 의문을 제기하게 하는 경우는 거의 없었다. 그들은 귀향하면 영웅이 되었지, 결코 대량 학살자로 손가락질받지 않았다. 그러나 에브리와 그의 선원들은 불미스런 잔혹 행위를 씻어낼 수 없었다. 건스웨이호에 대한 에브리의 공격으로 피해를 입은 사람들이 자체적으로 이야기를 만들어내며, 결코 용서할 수 없는 사건으로 꾸민 때문이었다.

건스웨이호 사건을 부드럽게 다루며 이상화한 이야기를 반박하는 주장이 등장한 것은 당시 인도와 영국의 역학 관계가 부분적으로 반영된 결과였다. 1600년대 초 인도네시아 본토 앞바다에서 네덜란드인들이 1만 3,000명의 반다제도 섬 주민들을 학살했을 때, 그 잔혹 행위를 기록하고 항의한 관리나 대사는 없었다. 전함 파견은 더더욱 없었다. 그러나 헨리 에브리가 공격한 배는 세계에서 가장 부유한 사람, 유럽의 '문명화된' 정부에 필적할 만한 막강한 국가 권력을 지닌 사람의 것이었다.

이 반박 주장은 다른 이유에서도 잉태되었다. 완벽한 목격자가 적절한 순간에 적절한 장소에 있었다는 것이 큰 이유였다. 에브리가 건스웨이호를 공격하는 동안, 라히리라는 내륙 도시의 특사가 때마침 어떤 거래를 하려고 수라트에 도착해 있던 터였다. 그 특사가 바로 앞에서 언급한 카피 칸이었다. 칸이 거래를 무사히 끝내고 고용주에게 물건을 성공적으로 전달했는지는 불분명하지만, 수라트에서 그 거래보다 훨씬 더 중요한 이야기, 즉 강간과 학살로 뒤범벅된 무척 충격적인 이야기를 우연히 들었던 것은 분명하다. 그 이야기를 듣는 순간, 칸은 그 사건에 담긴 정치적 의미를 알아차렸다. 칸은 그런 부분을 인식하기에 적합한 재능을 지닌 인물이었다.

그는 단순한 특사를 넘어 역사학자를 꿈꿨고, 실제로 훗날 그는 아우랑제브 시대의 연대기를 기록한 권위자로 찬사를 받기도 했다. 그때까지 인도 상선단은 에브리를 만날 때마다 잔인무도한 불운을 겪어야 했다. 그러나 카피 칸이 건스웨이호의 습격을 알게 된 순간부터 행운의 여신은 인도 편이 되었다. 수라트에 때마침 도착한 탁월한 이야기꾼 카피 칸이 어떤 해적선과 관련된 세기의 범죄 소식을 먼저 가로챈 덕분이었다.

20

대항 담론

수라트 서쪽, 80킬로미터 떨어진 인도양
1695년 9월 11일

카피 칸은 생존자들의 직접 증언을 기초로, 건스웨이호 습격에 대한 보고서를 작성했다. 에브리가 그 배를 습격하고 일주일 후에 수라트로 돌려보낸 까닭에 많은 생존자가 있었다. 칸이 초기에 작성한 보고서는 처음에 궁정 외곽에서 나돌았지만, 결국에는 세계의 정복자에게도 전해졌다. 궁극적으로 그 보고서는 칸이 쓴 무굴 왕조의 전반적인 역사, 즉 아크바르 시대부터 당시 황제였던 아우랑제브 시대까지 살펴본 포괄적인 연대기의 일부로 출간되었다. 역사학자의 아들인 칸은 아우랑제브의 휘하에서 다양한 직책을 맡았고, 일종의 순회 감찰관으로서 그의 눈과 귀 역할을 하며 삶의 대부분을 살았다. 이런 직책 덕분에 건스웨이호 사건을 지체 없이 다룰 수 있었고, 따라서 그의 보고서는 발라드몽거들이 재인용을 거듭하며 지어낸 공상보다 사실에 가까울 수밖에 없었다. 에브리와 무굴제국 공주 사이의 로맨스는 관심을 끌려고 간접적인 이야기들에 근거해 꾸민 이야기에 불과했지만 칸의 경우는 달랐다. 역사학자로서 실질적으로 기자 역할을 하며, 에브리의 선원들이 건스웨이호에 올랐을 때 그 배의 승객으로서 현장을 목격한 사람들을 인터뷰했다.

잔혹한 고문

칸은 아우랑제브라면 가장 먼저 물었을 법한 질문에 거의 곧바로 파고들었다. 누더기를 걸친 해적 떼가 규모와 병력에서 적어도 자기들보다 세 배나 큰 배를 어떻게 정복할 수 있었는가? 이 질문에 대한 대답으로, 칸은 우연히 주 돛대를 맞춘 집중 포격과 대포의 폭발에 대해 충실히 언급했으며, 제3의 가능성, 즉 대부분의 유럽 보고서가 간과한 가능성도 열어놓았다. 건스웨이호의 선장이던 방탕한 귀족 이브라힘 칸(Ibrahim Khan)이 히스테리 발작을 일으켰을 가능성이다. 주 돛대가 무너진 후, 해적들이 좌현과 우현 양쪽 모두에서 기어올라 무슬림 전사들과 미친 듯이 칼싸움을 벌였다. 아우랑제브의 남자들은 해적들에 맞서 씩씩하게 싸웠지만, 이브라힘 칸은 에브리의 혼란스런 공격에 분별력을 잃었던 듯하다.

> 기독교인들은 칼을 사용하는 데 그다지 대담하거나 능숙하지 않았다. 왕실의 배에는 많은 무기가 있었으므로 선장이 강력히 저항했더라면 기독교인들을 물리칠 수 있었을 것이다. 그러나 영국인들이 배에 올라타기 시작하자, 이브라힘 칸은 혼비백산해 화물창으로 내려갔다. 그곳에는 그가 첩으로 삼으려고 모카에서 데려온 몇몇 터키 여자가 있었다. 선장은 그들의 머리에 터번을 씌우고, 그들의 손에 칼을 쥐어주며 싸우라고 재촉했다. 그들은 적들의 손에 쓰러졌고, 곧이어 적들이 배를 완전히 장악했다.

이브라힘 칸 선장의 비겁한 행동은 너무도 비상식적이어서 오히려 진실로 여겨졌다. 칸 선장의 비겁한 행동은 배를 지키려고 여자들을 남자로 변장시켜 해적들과 싸우게 한 못난 선장을 풍자할 때 지금도 가끔 언급된다. 그러나 그 여인들에게 당시 상황은 무섭기 그지없었을 것이다. 그 터키 '첩'들의 관점에서 당시 상황을 상상해보자. 그들은 커피콩처럼 돈을 주고 산 성노예로, 왕실 선박의 화물창에 갇혀 있었다. 어둠밖에 없는 화물창에 갇힌 채, 위에서 대포가 폭발하는 소리가 들려오고 하갑판까지 밀려오는 불탄 판재를 보고 화약 냄새를 맡았을 때 어떤 기분이었겠는가? 게다가 그들을 억류하고, 바다를 항해하던 지난 한 달 동안 시시때때로 그들을 강간했던 사람이 느닷없이 화물창에 뛰어들어, 머리에 터번을 씌우고 손에 단검을 쥐어줬다고 상상해보라. 그의 재촉에 주갑판에 떠밀려

올라가, 아수라장으로 변한 눈앞의 상황을 어떻게든 이해해보려고 애쓴다고 상상해보라.

무슬림 선장의 행동이 끔찍하기 그지없었지만, 영국인들이 자행한 악행에 비하면 아무것도 아니었다. 전투가 끝났을 때 건스웨이호 측에서만 25명의 남자(혹은 여자)가 사망했고, 거의 같은 수가 중상을 입었다. 그 모든 혼란 중에 에브리는 단 한 명도 잃지 않았다. (훗날 칸 선장은 자신의 견해를 직접 밝히며 이런 일방적인 패배를 변명했고, 에브리가 1,200명의 해적을 이끌고 자신의 배를 공격했다고 주장했다.) 해적들은 지체 없이 보물을 찾아 배를 뒤지기 시작했다. 건스웨이호에 적재된 막대한 보물, 예컨대 금괴 더미와 은괴 더미, 값비싼 향신료가 담긴 통을 찾아내기는 어렵지 않았다. 조지프 도슨 항해장이 매섭게 지켜보는 가운데 수십 명의 해적이 전리품을 팬시호로 옮겼다. 약탈이 끝난 후에 전리품을 분배하는 것이 도슨의 역할이었기 때문이다. 그러나 해적들은 건스웨이호처럼 왕실에 소속된 배에는 선상 어딘가에 값비싼 귀중품이 감춰져 있다는 걸 알고 있었다. 그 귀중품이 감춰진 곳을 알아내려면 해적이 적을 심문할 때의 일반적 관례, 즉 고문을 동원할 수밖에 없었다.

해적들은 건스웨이호의 사관들로부터 보물을 감춘 곳을 알아내기 위해 정확히 어떤 기법을 사용했을까? 1695년의 공격을 다룬 어떤 기록에도 이에 대한 언급이 없다. 그러나 그 이후 이어진 무굴제국의 분노를 보면, 무척 잔혹한 고문이었을 것으로 추정된다.

우리는 다른 해적들로부터 직접 들은 이야기를 참고해서, 에브리 해적단이 어떤 고문법을 사용했는지 짐작해볼 수 있다. 〈아메리칸 위클리머큐리〉에 실린 특별 기사에 따르면, 18세기의 해적 에드워드 로(그의 합의 조항은 지금까지 전해지는 네 종류의 주된 해적 헌법 중 하나다)는 "그들은 칼로 살을 베어내거나 채찍으로 때렸고, 손가락 사이에 성냥을 끼워 뼈가 드러날 정도로 태우면서, 돈이 어디에 있는지 털어놓게 만들었다." 네덜란드 언론인 알렉상드르 엑스크믈랭은 비협조적인 사람으로부터 보물의 위치를 알아내기 위해 사용된 '울딩(woolding)'이라는 기법을 이렇게 설명했다. "손을 뒤로 묶어 매달았다가 떨어뜨리는 고문을 두 팔이 완전히 탈구될 때까지 반복했고, 두 눈이 달걀만큼 크게 튀어나올 지경까지 밧줄로 이마를 세게 묶었다. 그래도 그가 돈궤가 어디에 있는지 털어놓지 않자, 그들은 그의 고환을 묶어 매달았다. 그 상태에서 한 해적은 그를 무지막지하게 때렸고, 다른 해적은 그의 코를 베어냈고, 또 다른 해적은 그의 귀를 잘라냈다. 그 사이에 또 다른 해적은 불로 그를 그슬렸다."

건스웨이호의 비명 소리

카피 칸의 보고서에 따르면, 이렇게 잔혹한 행위들도 이차적인 핍

박에 불과했다. 무굴제국이 진짜 분노한 이유는 건스웨이호의 여성 승객에게 가해진 만행에 있었다. 전투 이후의 격분한 상태, 성적 욕구를 억누르며 바다에서 보낸 15개월, 에브리 해적단이 마이드의 모스크를 폭파하며 과시한 이슬람교에 대한 심한 편견, 습격한 배에서 예기치 않게 발견한 수십 명의 여성, 특히 상상을 초월하는 보석과 장신구로 치장한 일부 여성들, 이 모든 것이 합쳐지며 해적들의 성적 욕구가 분출되었다. 그 결과로 성폭력은 몇 날 며칠 동안 계속되었다. 칸의 보고서에서는 성폭력 사건이 두 문장으로 요약되었지만, 이 핵심적인 구절은 궁정 보고서와 편지, 소문으로 계속 반복되었다.

> 해적들은 해적선에 보물을 옮겨 실은 후에 왕실의 배를 자신의 정착지 부근의 해안으로 끌고 가서는 일주일 동안 더 많은 보물을 찾아 배를 샅샅이 뒤졌고, 남자들을 발가벗겼으며, 연령을 가리지 않고 여자들을 욕보였다. …… 명예를 중시하는 몇몇 여성은 기회가 오면 바다에 몸을 던져 순결을 지켰고, 크고 작은 칼로 자결한 여성도 적지 않았다.

이상하게도 해적 문학은 이런 종류의 만행에 초점을 맞추는 걸 꺼린다. 해적 문학이 폭력과 살인으로 점철된 해적의 삶에 대해서는 어떤 제약도 없이 자세히 서술했기 때문에 그 점이 이상하다는 것이다. 예컨대 애머티호 선상에서 두 손으로 작은창자를 움켜잡은 채 죽어간 토머스 튜에 대해, 또는 한 포로에게서 펄떡이는 심장을 뜯어냈다는 에드워드 로에 대해 읽고 싶은 독자는 기록 보관소를 찾아가면, 그런 만행을 기록한 자료를 어렵지 않게 찾아낼 수 있다. 그러나 윤간은 '그리고 남자들은 여자들을 욕보였다'라는 식의 완곡한 어법으로 요약되었다.

동인도회사의 존 게이어가 봄베이에서 카피 칸을 만나고, 수 주 후에 쓴 개인 서신에서도 성폭력 사건은 비슷하게 완곡어법으로 묘사된다. 칸의 이야기를 되풀이하며 게이어는 이렇게 썼다.

> 이쪽 사람들은 해적들이 모두 영국인이었다고 주장하며, 그들이 건스웨이와 압둘 가파르의 배에 있던 사람들을 심히 야만적으로 학대했고, 돈을 감춘 곳을 알아내려고 온갖 고문을 가했다고 확신합니다. 그런데 메카를 순례하고 돌아오던 위대한 움브로의 아내가 그 배에 있었다고 합니다. 우리가 듣기로는 그 여자가 왕의 친척이었습니다. 해적들이 그 지체 높은 여자를 욕보였고, 다른 여자들도 학대했습니다. 그 때문에 명예가 더럽혀지는 걸 남편들에게 보이지 않으려고 자결한 여자도 적지 않았습니다.[1]

'명예를 더럽히다', '욕보이다'. 그 가증스런 범죄에 비하면, 이 단어들은 현대인의 귀에 지나치게 격식을 차린 신중한 표현으로 들린다. 우리는 까놓고 정직하게 말해야 한다. 에브리의 선원들은 최악의 강간범들이었다.

카피 칸의 표현도 게이어만큼이나 신중했다. 물론 아우랑제브의 근본주의적 신앙을 자극하지 않으려는 노력의 일환이었겠지만, 여성에게 베일로 얼굴을 가리도록 강요한 종교적인 문화에서 여성에게 가해진 성범죄를 노골적으로 표현하는 것도 바람직하게 여겨지지는 않았을 것이다. 그러나 칸은 자신의 글과 게이어에게 전한 증언 모두에서 충격적인 사실, 즉 아우랑제브 궁정의 여인들이 에브리 해적단에게 욕본 불명예의 피해자가 되지 않으려고 스스로 심장을 칼로 찌르고 배 밖으로 몸을 던지는 선택을 했다는 사실을 강조함으로써 영국인 해적들이 건스웨이호에서 얼마나 잔혹하게 행동했는가를 간접적으로 전달했다. 헨리 에브리의 선원들이 건스웨이호의 여인들을 공포에 떨게 했던 며칠 동안 어떤 일이 있었는지 모르지만, 자살이 최선의 선택일 정도로 참혹했던 것은 분명한 듯하다. 수년 후, 존 스파크스는 임종을 앞두고 "그 불쌍한 인도인과 그들의 여자들에게 가한 비인간적인 학대와 무자비한 고문은 아직도 내 영혼을 아프게 한다"라고 후회했다.[2]

칸이 '욕보이다'라고 완곡하게 표현했지만, 그 여인들은 이 이야기에 지워지지 않는 흔적을 남겼다. 헨리 에브리와 해적들의 범죄는 선상 반란, 살인과 고문, 절도 등 한두 가지가 아니었다. 그러나 칸의 보고서가 있은 후, 건스웨이호에서 일어난 강간이 해적들에게 씌워지는 새로운 혐의로 크게 부각되었다. 소책자 집필자들과 발라드몽거들은 여전히 에브리의 의협적인 행동을 칭송하는 노래를 불렀지만, 궁극적으로 그 사건을 어떻게든 해결해야 했던 당사자들(아우랑제브 궁정, 동인도회사, 영국 정부)에게 건스웨이호에서 일어난 윤간은 이 사건에서 빼놓을 수 없는 핵심적인 사안이 되었다.

이 아수라장에서 아우랑제브의 손녀는 어디에 있었을까? 게이어는 '위대한 움브로의 아내이며 왕의 친척'인 '그 지체 높은 여자'가 자살했다고 모호하게 암시했다. (움브로는 왕실의 고위층을 뜻하는 '우마라[Umara]'의 영어식 표현이다.) 에브리가 건스웨이호를 공격했을 때 그 배에 무굴 황제의 여자 친척들이 있었던 것은 분명하다. 게이어의 설명으로 짐작해보면, 그들 중 일부가 해적들에게 '성적 학대'를 당했고, 그런 학대의 위협을 견디지 못하고 자살한 듯하다. 그들 중 하나가 메카로 순례 여행을 다녀오던 공주였고, 생포되어 팬시호로 끌려가 에브리 앞에 서게 된 것일까? 그랬다면 그 만남에서 어떤 일이 있었던 것일까? 이후의 사건과 증언에 비춰 보면, 아우랑제브의 손녀든 먼 친척이든 간에 아우랑제브의 친척과 헨리 에브리 사이에 어떤 관계가 있었던 듯하다. 그러나 그 관계가 건스웨이호에서 분출된 성폭력의 연장에 불과했을까, 아니면 그 이후로 수십 년 동안 이어진 전설처럼, 영국인 해적과 무슬림 신부가 어떻게든 문화의 차이를 극복하고 맺어졌다는 로맨스에 더 가까웠을까?

필립 미들턴의 증언에 따르면, 헨리 에브리는 9월의 그 격렬했던 며칠 동안 건스웨이호에 한 번도 승선하지 않았다. 그러나 그의 선원들이 절도의 경계를 넘어 고문과 강간 등 인류 모두의 적이 되고도 남을 만한 혐오스런 짓을 범하고 있다는 것을 틀림없이 감지했을 것이다. 그리고 에브리 정도의 경험과 교활함을 겸비한 선원이라면, 그런 행동에 대한 소문이 결국 본토에 전해질 때 어떤 결과가 닥칠지 충분히 짐작했을 것이다. 그때 팬시호 선원들은 새로운 바다에 있었다. 홍해의 보물선단에서 상상을 초월하는 재물을 찾아낼 수 있을 거라던 에브리의 예측은 정확히 입증되었고, 기회가 주어지면 선원들이 '그의 바람을 넘어설 것'이라는 암울한 예측도 정확히 들어맞았다. 문제는 두 번째 예언의 실현이 그들이 거둔 승리까지 망칠 것이냐였다.

불리한 상황을 이겨내고 헨리 에브리는 넘치는 보물을 손에 넣었다. 그러나 에브리는 건스웨이호에서 들려오는 온갖 비명 소리와 선원들의 지나친 행동을 통해 자신이 지상 최고의 지명수배자가 될 것임을 직감할 수 있었다.

21

○

복수

수라트
1695년 9월 중순

파트마흐마마디호의 선원들이 만신창이로 수라트에 입항한 후, 압둘 가파르의 배가 영국 해적들에게 공격을 받아 '몇몇 선원이 싸우다가 죽었고 적잖은 선원이 야만적인 학대를 당했다'는 소문이 도시 전체에 퍼지는 것은 시간 문제일 뿐이었다. 항구가 훤히 내려다보이는 선임 팩터의 사무실에서, 새뮤얼 애니슬리는 영국 해적들에 대해 하나둘씩 들려오는 소식이 동인도회사에게 결코 좋은 징조가 아니라는 걸 어렵지 않게 파악할 수 있었을 것이다. 동인도회사가 해적과 어떤 식으로든 암묵적으로 손잡고 인도 상선을 직접 강탈해 무역 수입을 보충하고 있다고 의심하는 사람이 당시 수라트에는 상당히 많았다. 수라트에서 가장 부유한 상인이던 압둘 가파르가 자신의 배 파트마흐마마디호가 영국 해적에게 공격을 받았다는 걸 알게 되자, 그런 소문이 기정사실화되었다. 애니슬리의 전기를 쓴 아널드 라이트의 표현을 빌리면, "복수심에 불탄 압둘 가파르의 손가락이 애니슬리와 그의 동료들을 그 약탈의 주범으로 지목했다."

압둘 가파르의 복수

9월 12일, 분노한 지역민들이 동인도회사의 무역 사무소 정문 앞에 모여, 동인도회사의 악습에 복수하겠다고 소리쳤다. 그때 카피칸은 그들 사이를 돌아다니며 상황을 살폈고, 파트마흐마마디호 선원들을 인터뷰하며 결국에는 아우랑제브에게 전해질 보고서를 작성하기 위한 증거를 수집했다. 처음에 애니슬리는 그런 집단 항의를 당연하게 받아들이며 침착하게 대응했다. 애니슬리는 정문을 닫으라고 지시했고, 기다리면 폭풍이 가라앉을 것이라 생각했다. 라이트에 따르면, "그는 무역 사무소의 방어 능력을 알고 있었기에, 잘 무장된 역내 거주자들과 혼란의 시기에 수라트 시장에서 모여든 오합지졸 간의 혹시 모를 충돌 결과에 대해 조금도 걱정하지 않았다."

서너 시간이 지난 뒤, 수라트 주둔 무굴제국군 사령관 우셰르 베그(Usher Beg)가 기병 부대를 이끌고 정문 앞에 나타났다. 그는 수라트 총독의 서신을 가져왔다고 주장하며 무역 사무소에 들여 보내 달라고 요구했다. 그러나 그 서신은 속임수에 불과했다. 당국이 파트마흐마마디호의 약탈을 조사하는 동안 애니슬리와 직원들을 가택에 연금해두려고 베그를 파견한 것이었다. 물론 베그는 정문 밖의 폭도들로부터 영국인들을 보호하려고 자신과 기병 부대가 무역 사무소에 파견된 것이라고 주장했다. 애니슬리가 더 음험한 계획이 진행되고 있다는 걸 직감하면서도 베그의 말을 믿은 데는 그럴 만한 이유가 있었다. 영국인들은 수라트의 '무타사디(mutassaddi, 총독)' 이티마드 칸(I'timad Khan)과 우호적인 관계를 줄곧 유지해온 데다 믿을 만한 뇌물을 꾸준히 제공하며 그의 환심을 얻었기 때문이다. 따라서 애니슬리는 가택 연금과 무굴제국의 보호를 받아들이며 길거리의 분노가 가라앉기를 기다리는 게 더 낫겠다고 판단했다.

동인도회사 사람들이 무역 사무소 안에서 안전하게 지내는 동안, 시위자들은 지역 종교 지도자들의 선동으로 총독에게 몰려가 직접 탄원했다. 그들은 애니슬리를 비롯한 회사의 핵심 간부들을 파트마흐마마디호의 약탈에 연루되었다는 죄목으로 처형하라고 요구했다. 총독은 시위자들이 끝없이 나열하는 불만을 끈기 있게 경청했지만, 판결을 내리지는 않았다. 그 대신 사건의 진상을 아우랑제브 황제에게 전달하고, 황제가 어떤 처벌을 내리든 간에 그대로 시행하겠다고 약속했다. 애니슬리가 체념하며 며칠간의 가택 연금을 받아들였듯이, 총독도 아우랑제브의 뜻을 따르겠다고 약속함으로써 자신과 동인도회사가 어느 정도의 시간을 벌 수 있을 것이라고 생각한 듯했다. 해적에게 공격을 당한 파트마흐마마디호에 대한 보고서가 델리의 궁정까지 올라가려면 몇 주가 걸렸다. 그때쯤이면 그 사건에 대한 분노가 사그라들 것이고, 그의 바람대로 그와 동인도회사의 좋은 동반자 관계가 복원될 것으로 추정했던 것이다. 혹시 아우랑제브가 시위자들을 편들더라도 이티마드 칸은 회사를 완전히 쫓아낼 때 예상되는 경제적 손실을 거론하며 회사의 존속을 건의할 수 있었다. 또 해적이 동인도회사가 고용한 폭력단이라는 터무니없는 가설이 사실이더라도, 아우랑제브의 입장에서는 해적에게 빼앗기는 재물보다, 동인도회사가 수라트에서 거래하는 비용으로 무굴 당국에 지불하는 관세와 뇌물로부터 얻는 수입이 더 많았다.

그러나 이틀 후 건스웨이호가 정신적 충격을 심하게 받은 생존자들을 싣고 수라트에 정박했을 때, 이런 금전적 계산은 물거품이 되고 말았다. 라이트의 표현을 빌리면, "무함마드의 눈에 왕실 순례선 포획은 단순한 범죄가 아니라 신성모독이었다." 영국 해적들은 부유한 상인의 것을 도둑질하는 죄를 범했을 뿐만 아니라, 아우랑제브 궁정의 여인들, 그것도 무슬림에게 가장 신성한 행위로 여겨지는 성지 순례에 참여한 여인들에게 끔찍한 성폭력을 저질렀다. 이보다 아우랑제브를 격노하게 할 범죄는 상상하기 힘들었다.

알았든 몰랐든 간에 헨리 에브리는 세계의 정복자가 가장 소중하게 여기던 소유물들, 즉 재물과 믿음과 여인을 동시에 침해하는 범죄를 저지른 셈이었다.

봄베이 포위에 대한 복수

카피 칸이 인터뷰한 피해자와 생존자 중에는 개인적으로 아는 사람도 적지 않았다. 그들이 힘겹게 털어놓은 가슴 아픈 이야기는 기본적으로 똑같았다. 그들의 증언을 종합하면, 해적들은 광적으로 공격했고, 그들 중 일부는 봄베이에서 당한 것에 대한 복수라고 소리쳤다. 5년 전 그들이 오랫동안 고립무원 상태로 갇혀 있던 때를 가리키는 것이었다. 그 말이 사실이라면 그들을 동인도회사가 직접 고용하지 않았더라도 넓은 의미에서 한 식구가 되는 것이었다. 이 증언은 이번 사건의 중요 증거가 되기에 충분했다. 물론 에브리의 선원 중 일부가 영국과 무굴제국 간의 전쟁(1686~1690)에 참전해 봄베이에서 포위된 적이 있었는지에 대해서는 전혀 알려진 것이 없었다. 에브리의 선원들에 대해서도 에브리만큼이나 알려진 게 없었다. 스페인 원정 해운에 신청한 사람들 중에는 과거에 동인도회사를 위해 일하며 봄베이 포위 때 고초를 겪었던 사람이 얼마든지 있을 수 있었다. 아니면 17세기판 '알라모(알라모 요새는 텍사스 독립

운동 시기에 텍사스 주민 186명이 열 배에 달하는 멕시코군에 맞서 싸우다가 전사한 곳이다 – 옮긴이)를 기억하라'에 불과했을 수도 있다. 당시 영국인이었다면 반(反)무슬림적 구호를 외치며 과거에 당한 포위를 떠올렸을 수 있기 때문이다. 진실이 무엇이든 간에 그 이야기는 동인도회사에 유리하지 않았다. 게이어와 애니슬리가 봄베이 포위에 대한 보복으로 그 공격 계획을 도왔다면, 신성모독에 그치지 않고 전쟁 행위가 되기 때문이다.

총독 관저 앞에 모여든 시위자들의 흥분은 최고조에 달했다. 압둘 가파르는 "정의가 실현될 때까지 어떤 기도도 신께서 받아들이지 않을 정도로 우리 도시가 더럽혀졌다"라고 분노했다.[1] 가파르와 성직자들은 해적 사건에 대한 경악스런 사실들을 이티마드 칸 총독에게 전달했고, 총독은 판이 완전히 달라졌다는 걸 인정할 수밖에 없었다. 이번 사건은 쉽게 가라앉을 폭풍이 아니었다. 폭도들이 무역 사무소 정문만이 아니라 그의 관저 앞에도 끝없이 모여들고 있었다. 그가 영국인들을 매섭게 처벌하지 않는다면 그의 목숨도 위태로울 수 있었다. 따라서 델리로부터의 지침을 기다리지 않고, 칸 총독은 수라트에 거주하는 모든 영국인에게 동인도회사 무역 사무소 관내에 들어가 꼼짝하지 말라는 명령을 내렸다. 애니슬리와 동료들은 '한 무리의 개'처럼 굵은 쇠사슬에 묶인 신세가 되었다. 한동안 그들은 '펜과 잉크의 자유'를 빼앗겼고, 외부 세계와의 연락도 완전히 단절되었다.[2]

그런 통제가 있은 후, 봄베이캐슬과의 서신 교환이 가장 먼저 복구되었다. (이때 애니슬리는 자신을 억류한 인도인들이 자신과 게이어가 주고받는 서신을 읽어볼 것이라 확신하고 암호를 사용했다.) 애니슬리의 설명에 따르면, 폭도들이 언제라도 정문을 깨부수고 들어와 직접 복수하겠다고 나설 수 있다는 걸 알았기 때문에 극도의 분노일지 자비일지 모를 아우랑제브의 판결을 기다리는 하루하루가 불안하기 짝이 없었다. 펜의 자유가 회복된 직후, 그는 게이어에게 보낸 편지에서 "우리가 밤낮으로 견뎌야 하는 포악한 욕설과 모욕을 굳이 나열하거나, 누구도 우리 고통을 없애거나 완화할 방법이 없다는 걸 자세히 설명할 필요는 없을 것입니다"라고 썼다.[3]

한편 애니슬리는 동인도회사의 수입이 수라트와 봄베이에 주재하는 무역 파트너들의 선의에 크게 의존하기 때문에 해적들을 지원하는 짓은 회사의 이익에 반한다는 증거를, 자신을 억류한 사람들에게 끊임없이 제시했다. 실제로 애니슬리는 칸 총독에게 보낸 편지에서 "지난 9년 동안 우리에 대한 잘못된 비방이 적잖게 있었고, 그때마다 결국에는 우리가 장사꾼이지 해적이 아니라는 게 입증되었습니다. 우리가 정말 해적이었다면, 우리가 이곳 상인들과 어울리며 10만 루피 상당의 상품을 이 도시에서 거래했겠습니까?"라고 말했다.[4] 개인적으로 이티마드 칸은 애니슬리를 동정했지만, 공적으로는 두 손이 묶여 있었다. 따라서 아우랑제브가 이 사건에 대해 판결을 내리기 전까지, 그는 팬시호 선원들과 적어도 정황적 관계를 가진 사람들을 과감히 풀어줄 수 없었다.

건스웨이호 사건 소식은 1695년 초가을쯤에 델리에 전해졌다. 카피 칸이 직접 아우랑제브에게 전했을 가능성도 완전히 배제할 수는 없다. 영국 해적들의 잔혹 행위에 대한 이야기에, 황제의 분노를 자극할 두 가지 핵심 증거가 더해졌다. 하나는 건스웨이호의 생존자들이 영국 해적들의 도덕적 타락에 대해 남긴 증언이었다. 더구나 그들 중 몇몇은 아우랑제브의 친인척일 가능성이 컸다. 다른 하나는 봄베이에서 윌리엄 3세의 얼굴을 담아 주조한 동전이었다. 이 동전은 영국이 세계의 정복자 아우랑제브의 통치권을 경멸한다는 증거였다. 특히 수라트에서 델리로 올라온 특사들은 건스웨이호와 파트마흐마마디호 공격에 동인도회사가 연루되었다고 준엄하게 주장하며, 동인도회사가 그 해적 행위를 모른 척해서는 안 된다고도 주장했다. 심지어 해적질이 동인도회사의 비즈니스 모델에서 큰 부분을 차지한다는 주장도 있었다. 카피 칸은 수학적 계산까지 해 보였다. "봄베이의 총수입은 빈랑나무 열매와 코코넛 열매에서 주로 파생되며, 20~30만 루피에 미치지 못한다. 이 이교도들의 거래 수익은…… 200만 루피를 넘지 않는다. 영국 정착지를 운영하는 데 필요한 비용은 알라의 집을 순례하는 선박들을 매년 한두 번씩 약탈해 얻는 듯하다."[5]

당연한 말이겠지만, 영국의 유죄를 입증할 논거는 인도인들에게 환영을 받았다. 라이트의 표현을 빌리면 "그 광신적이고 오만한 지배자에게, 에브리의 대담한 범죄는 화약통에 들어간 불꽃으로 여겨졌다."[6] 영국인 '불신자들'의 신성모독적인 행위에 경악한 아우랑제브는 수라트 무역 사무소의 자산을 압류하고, 봄베이캐슬 공격을 준비하라고 지시했다. 동인도회사가 과거에 아우랑제브의 인내심을 쓸데없이 시험한 적도 이미 한두 번이 아니었다. 영국인이 무굴제국과 오랫동안 무역 파트너로 행동한 것은 위장이고 거짓이었다는 게 파트마흐마마디호와 건스웨이호에 대한 공격으로 밝혀지고, 그들의 진면목이 에브리의 무도한 행동으로 드러난 셈이었다. 동인도회사는 아우랑제브의 통치를 위협하고 그의 종교적 믿음을 훼손하려는 침략군이었다. 이제 그들을 축출할 때였다.

22

○

전쟁하는 회사

봄베이 봄베이캐슬

1695년 가을

카피 칸과 수라트 특사들이 아우랑제브에게 제시한 증거를 고려하면, 건스웨이호 공격은 아우랑제브에게 전쟁을 선포한 것이라 보아도 무방한 듯했다. 그러나 그 공격이 실제로 전쟁 행위였다면, 적어도 당시 전쟁의 정의에서는 이상한 전쟁이었다. 엄밀히 말하면, 1695년 가을에 폭발할 조짐을 보였던 군사적 충돌은 두 주권국 간의 충돌이 아니라 제국과 기업 간의 충돌이었다. 윌리엄 3세는 인도에 전쟁을 선포한 적이 없었다. 당시 윌리엄 3세는 9년전쟁의 끝자락에서 프랑스와 싸우고, 1694년 말 천연두로 사망한 메리 2세(Mary II)의 죽음을 애도하느라 바빴다. 만에 하나 윌리엄 3세가 인도와 군사적으로 맞붙을 의도가 있었다면 동인도회사가 그런 작전을 수행하기에 적합한 위치에 있었던 것은 사실이다. 동인도회사는 런던과 인도 아대륙을 잇는 믿을 만한 정보망을 폭넓게 갖추고 있었기 때문이다. 게다가 동인도회사에는 이미 그 지역을 항해하는 선단이 있었고, 봄베이 본부는 그야말로 요새였다. 물론 영국 해군에게도 자체의 함대가 있었지만, 남동아시아에서 전쟁을 수행하기에는 다른 모든 면에서 동인도회사보다 적합하지 않았다.

존재론적 위협에 직면한 동인도회사

에브리의 시대가 끝나고 수 세기 동안 시종일관한 지정학적 구조에 길들여진 현대인에게는 국가와 기업 간의 이런 관계가 이상하게 여겨질 것이다. 이런 사례를 현재에서 찾아보고 싶다면, 잉글랜드가 인도 관련 문제와 기회를 민간 하도급 업자에게 위탁했다고 생각하는 게 가장 좋은 듯 싶다. 동인도회사라는 민간 기업은 무역 거래를 협상하고, 해전(海戰)에 관여하고 영토를 획득할 수 있는 전권을 위임받았다. 요즘에는 민간 기업이 가질 수 없는, 국민국가에만 허용된 권한들이다. 지금의 우리에게는 이런 권력 분산이 이상하게 여겨지지만, 당시의 당사자들에게도 쉽게 이해되는 현상은 아니었다. 그런 범주화, 즉 권력 분산이 완전히 새로웠기 때문이다. 다국적기업이 외국 정부와 협상할 때 그 역할과 책임을 어디까지 인정해야 하는가? 그 답은 아무도 몰랐다. 역사학자 필립 스턴

(Philip Stern)이 말하듯이, 그때는 "국가가 정치력을 독점하지 않고, 통치권이 복합적이고 불완전하며 혼성적이고 다층적이며 중첩되던 때였다."

에브리와 선원들의 경계도 이에 못지않게 모호했다. 지금의 우리라면, 프랜시스 드레이크가 그랬다는 이유로 무슬림 보물선을 약탈하는 해적이 영국 시민으로서는 합법적인 틀 안에 있다고 생각하며 살아갈 수 있을까? 이런 의문도 1695년 가을의 사건이 우리에게 던지는 질문이다. 물론 헨리 에브리가 스페인 원정 해운에 투자한 사람들 소유의 배를 탈취함으로써 영국 법을 어겼지만, 그 투자자들도 선원들과 맺은 계약을 위반하며 노동의 대가를 제대로 보상하지 않았다. 에브리에게 타국 선박 나포 면허장은 없었지만, 바다에서의 행동이나 영국 정부에 영국 배를 공격하지 않겠다고 약속한 공개적인 편지에서 보이듯이 에브리는 자신과 선원들이 합법성의 경계를 넘어서지 않도록 노력한 듯하다.

결국 이번 위기에서 영국 측 핵심 관계자들(에브리, 애니슬리와 게이어, 런던의 동인도회사 경영진, 심지어 윌리엄 3세조차)은 각자의 역할이 어디부터 어디까지인지 정확히 몰랐다는 뜻이다. 당연한 말이지만, 각자의 역할이 그때까지도 명확히 규정되지 않았기 때문이다. 어쩌면 그들은 각자의 한계를 드러냄으로써 새로운 제도적 기관들을 규정하는 데 실질적인 도움을 줬을 수 있다. 해적과 기업과 국가라는 뚜렷이 구분되는 세 범주가 있었지만, 각 범주가 어디에서 시작하고 어디에서 끝나는지 누구도 단정적으로 말할 수 없었다. 헨리 에브리의 행동이 야기한 세계적인 위기는 결국 이런 근원적 혼란에서 비롯된 것이었다.

물론 아우랑제브의 관점에서 보면, 이런 모호한 경계가 범인 분류에 크게 문제를 제기하지는 않았다. 해적과 기업 대리인, 국왕이 모두 영국인이었다. 그러나 아우랑제브 치하에서 살아가는 영국인들, 특히 새뮤얼 애니슬리와 존 게이어를 위해서는 해적과 기업을 개념적으로 분리할 필요가 있었다. 그들에게는 사느냐 죽느냐 하는 존립의 문제였기 때문에 적어도 아우랑제브는 그렇게 해주길 바랐다. 무굴 황제가 그런 구분을 당연한 것이라 생각하지 않는다면, 동인도회사가 더 이상 존재할 이유가 없었다. 10월 12일, 게이어는 지난 9월에 있었던 불안한 사건들에 대해 런던에 편지로 보고하며, 불길하기 그지없는 문장들로 끝을 맺었다. "모두가 해적을 방치하기 때문에 그들의 세력이 무서울 정도로 커지기 시작했습니다. 해적을 절멸하기 위한 조치가 취해지지 않으면, 해적 행위가 돈이 된다는 걸 알았기 때문에 해적의 준동은 매년 증가할 것이고, 그럼 해적들에게 당한 피해자들의 불만을 달래려는 복수에 우리 회사의 거래와 직원들이 희생될지도 모릅니다."

런던에서도 동인도회사는 다른 종류의 존재론적인 위협에 시달리고 있었다. 인도가 오래전부터 세계 전역에 널리 퍼뜨린 옥양목은 몸을 감싸는 데뿐만 아니라 부유한 도시인의 거실을 꾸미는 데도 쓰였다. 그 결과로 잉글랜드 내의 양모 사업에 치명적인 타격을 줬다. 이에 따라 북잉글랜드 전역에서 '잉글랜드의 양모 사업을 다시 위대하게'라는 운동이 시작되었으며, 인도 아대륙의 장인들(그리고 외국 물품을 영국 땅에 가져오는 중개상들) 때문에 힘들게 일하는 국내 노동자의 임금이 하락했다고 주장했다. "동인도회사의 배가 들어오면 우리 방직공의 임금이 절반으로 줄어든다."[1] 노골적으로 성적 수치심을 자극하는 비난도 있었다. 진정한 영국 여성은 양모를 입는 반면, '옥양목 마님들(Calico Madams)'은 그들을 의심스럽게 관능적으로 감싸주는 면화에 집착하며 영국의 전통적인 산업 중 하나를 말살하는 데 일조한다는 비난이 적지 않았다. 이런 비난은 런던의 여론 형성층(chattering class)에서 자주 거론되었고, 발라드몽거들도 옥양목 마님들을 조롱하는 노래를 지었다. 옥양목 마님들을 빈정대는 데는 시와 소책자도 빠지지 않았다. 일례로 "천박한 옥양목 마님보다 / 지저분하고 난잡한 계집은 / 누구도 생각해내지 못하리라"라는 시까지 있었다. 대니얼 디포는 면화 열풍을 '무역이 만든 질병, …… 초기에 잡지 못하면 도시의 역병처럼 전국으로 퍼져나갈 전염병'이라고 표현했다.

1696년 3월, 양모 산업을 보호하고 지키려는 사람들(역사상 최초의 진정한 노동운동가들)이 극단적인 조치가 필요하다며 몇몇 의원을 설득했다. 그렇잖아도 급진적인 성격을 띠던 서민원은 '인도로부터 가공된 명주와 벵골 면, 염색되거나 착색된 옥양목'의 수입을 전면 금지하는 법안을 통과시켰다. 그즈음 동인도회사의 주가는 이미 지난 15개월 동안 절반까지 폭락한 터였다. 따라서 귀족원(House of Lords)에서 그 법안이 비준되면, 면화 수출을 금지하겠다고 위협하던 아우랑제브만큼이나 노스컨트리(잉글랜드 북부 지역-옮긴이)의 방직공들이 회사에 치명타를 가할 것이 분명했다. 명주와 염색된 면화를 수입하지 못하면 동인도회사는 폐업할 수밖에 없었다.

세계 최초의 다국적 주식회사가 설립 100주년을 몇 해 앞두고, 국내외에서 존재론적 위협을 맞이하고 있었다. (논란의 여지가 있지만 동인도회사는 당시 지상에서 가장 강력한 경제력을 지닌 민간 기업으로, 강력한 국가의 경제력에 필적할 정도로 평가되었다.) 영국 정부가 인도와의 관계를 동인도회사에게 위임한 것이 사실이라면, 1696년 초에는 그 전략을 어떤 식으로 끝내야 할지 막막한 상황이었을 것이다. 아우랑제브가 그랬듯이, 강력한 제국들도 자본주의 무역상들이 국가의 권위를 침해하고 기생적인 무역 관례와 노골적인 해적 행위로 경제력을 키우고 있다는 걸 깨닫게 되었을 수도 있다. 또 방직공들이 보수적인 귀족원을 자기편으로 끌어들이는 방법을 생각해내면, 동인도회사가 법령에 의해 사라질 가능성도 있었다. 여하튼 두 시나리오가 모두 타당했다.

그러나 가정의 역사를 지나치게 밀어붙여서는 안 된다. 옥양목 수입을 반대하는 군중과 해적들이 골칫거리였지만, 그 다국적 주식회사는 나중에도 어떻게든 지배적인 기업으로 남았다. 그러나 그 회사가 장기적인 생존에 최악의 위기를 맞이한 때를 꼽으라면, 인도에서는 뇌물 스캔들과 봄베이 포위와 에브리의 해적 행위, 국내에서는 '옥양목 마님'을 내세운 반발이 있었던 17세기 후반기의 수십 년일 것이다. 그때가 역사의 강에서, 작은 소동이 궁극적으로 역사의 방향을 결정한 변곡점이었다.

에브리 머리에 붙은 현상금

요새와 같은 봄베이캐슬에서 그 위기를 맞은 존 게이어가 런던에 보낸 보고서들은 점점 절망적으로 변해갔다. 첫 보고서가 동런던의 레든홀스트리트에 있던 동인도회사 본사에 전해진 때는 1695년 12월이었다. 그 뒤로 수개월 동안 세 편의 보고서가 뒤따랐다. 에브리 해적단이 체포되어 법정에 세워지지 않는다면, 아우랑제브의 분노가 회사 직원들의 대량 학살까지는 아니어도 인도 아대륙에서의 완전한 추방으로 이어질 것이라고 게이어는 경고했다. 당시 애니슬리와 그 직원들은 수라트의 무역 사무소에 실질적으로 감금된 상태였고, 봄베이 본부도 임박한 공격을 견뎌낼 수 있을지 의문이었다. 그때서야 회사 경영진은 인도에서의 위기가 국내에서의 옥양목 반발만큼이나 회사의 미래를 위협한다는 걸 조금씩 깨닫게 되었다. 인도 전역의 회사 지역 사무소에, 해당 지역에 정박한 모든 선박의 선원들을 구금하고 심문해서라도 에브리의 행방을 알아내라는 지시가 떨어졌다. 또 해적선에 한 번이라도 승선한 적이 있는 선원은 잠재적 정보원이므로 런던으로 보내라는 지시도 있었다.

동인도회사에게는 안타깝게도 당시는 해외에서 발생한 위기 상황에 적절히 대응하기가 무척 힘든 때였다. 이전이었다면 그런 문제는 상무청(Lords of Trade)에 회부되었겠지만, 하필이면 그때 그 행정기관이 전문 지식을 갖춘 공무원들로 구성된 지금의 상무원으로 개편 중이었다. 동인도회사가 당면한 사건은, 영국 정부가 강력하게 대응해야 회사와 국가 모두에 유리했다. 하지만 그 사건을 청문하고 해결책을 모색해야 할 행정기관이 그때 개편 과정에 있었다는 게 문제였다.

결국 동인도회사는 자체적으로 그런 대대적인 규모에 대응할 만한 힘이 부족하다는 걸 인정할 수밖에 없었다. 10월 19일, 20명의 이사가 레든홀스트리트의 본사에 모여, 현재의 기업 이사회에 상응하는 '위원회 회의(court of committees)'를 개최했다. 참석자들 중에는 런던에서 상당한 영향력을 가진 경제인과 정치인이 있었다. 특히 동인도회사의 총재이며 하원의원이던 조지 보훈(George Bohun 1642~1705), 런던 시장경을 역임한 존 플리트(John Fleet, 1648~1712)가 눈에 띄었다. 회의 참석자의 3분의 1에게 작위가 있었고, 대부분이 지난 10년 동안 회사 주가의 상승으로 상당한 재산을 축적했지만,

에브리로 인한 위기로 회사가 인도로부터 축출되면 엄청난 손실을 감수해야 했다.

또 회의실의 탁자에는 58회 생일을 앞둔 이사, 아이작 후블론(Isaac Houblon)도 있었다. 그는 재앙으로 끝남으로써 에브리의 선상 반란과 해적 행위를 야기한 스페인 원정 해운의 기획자, 제임스 후블론의 동생이었다. 아이작 후블론이 회의에 참석한 데는 두 가지 목적이 있었다. 인도에서 동인도회사의 이익을 지키고, 찰스2세호를 필두로 한 형의 금전적 손실을 조금이나마 되찾는 것이었다.

이사회는 세관에서의 사소한 분쟁, 한 상인이 요구한 거액의 청구서 등 일상적인 문제들을 논의한 뒤에 가장 중요한 문제를 상의하기 시작했다. 이사회 회의록에 따르면, '영국인 해적' 헨리 에브리가 '홍해에서 무굴제국의 선박들을 크게 약탈한 사건이 그 지역에서의 회사 사업에 크게 악영향을 미칠 가능성'을 염려했다. 이사들은 특별위원회를 설립하고, 그 위원회에 '앞에서 언급한 해적을 체포하는 데 가장 적절한 방법, 예컨대 타국 선박 나포 면허장이나 잉글랜드 법무성의 위임장 혹은 국왕의 포고령, 또 이 사건에서 회사의 명예를 지키고 무고함을 입증하며, 그런 가증스런 범죄를 혐오한다는 회사의 입장을 알리는 데 동원할 수 있는 온갖 방법을 조언할 권한'을 부여하기로 합의했다. 또 회사의 무고함과 범죄에 대한 혐오를 아우랑제브에게 직접 알리는 편지를 쓸 권한도 부여했다. 네 명의 이사가 특별위원회에 임명되었고, 그중 한 명이 아이작 후블론이었다.

그로부터 서너 주가 채 지나지 않아, 동인도회사의 총무 로버트 블랙본(Robert Blackborne)이 손으로 쓴 탄원서를 법무성에 제출했다. 헨리 에브리가 1695년에 남긴 편지를 길게 인용하고, 에브리의 범죄 행위를 개략적으로 설명한 후에 애니슬리를 비롯해 회사 관리자들이 수라트에 감금된 상태라면서, '수라트와 다른 무역 사무소들에 감금된 영국인들이 견뎌야 하는 많은 불편도 문제시했지만 수라트의 그들에게 가해질지 모를 보복'을 특히 염려했다. '인도의 여러 항구 사이를 왕래하는 교역만이 아니라 인도와 잉글랜드를 오가는 무역도 중단될' 수 있다고 덧붙였다. 그 탄원서는 "법관님들이 뛰어난 지혜를 발휘해서 그들을 위협하는 커다란 손실과 피해를 효과적으로 예방할 수 있는 수단을 사용해주시기를 간절히 청원하는 바입니다"라는 간청으로 끝난다.

법무성은 그 탄원서에 신속히 대응하며, 공식적인 성명을 즉각 발표했다. 해적들의 약탈 행위가 영국 법을 위반했다는 걸 명확히 규정한 성명이었다.

> 동인도와 교역하는 런던의 상인 회사와 그 총재로부터 우리가 받은 정보에 따르면, 45문의 대포와 130명의 선원을 갖춘 팬시호라는 배의 선장, 헨리 에브리라는 사내가 영국 깃발을 내걸고 공해에서 해적과 강도 행위를 했고, 또 같은 깃발를 내걸고 인도양과

페르시아해에서 몇 번의 해적 행위를 범함으로써 영국 상인들에게도 큰 피해를 줄 수 있는 원인을 제공했다. …… 그리하여 우리는 영국의 모든 해군 제독과 함장 및 바다의 모든 사관들, 또 영국령인 요새와 성과 식민지 등 모든 곳의 총독과 지휘관에게 헨리 에브리는 물론이고 그와 함께 해적으로서 처벌받아 마땅한 선원들까지 공해에서 사로잡아 끌고 오라고 명령하는 바다.

새롭게 개편된 상무원은 법무성이 초안을 작성하고 국왕 윌리엄 3세가 추인한 원고를 기초로 후속 성명을 발표하며, 에브리와 그 선원들을 사냥하는 데 모든 관계자, 실질적으로는 일반 시민까지 참여해달라고 독려했다.

그러므로 우리는 추밀원 위원들의 조언을 받아들여, 주 장관, 감독구의 감독, 영토 관할구의 관리자와 부관리자, 자치구의 치안판사, 군대의 장교, 요새와 주둔지의 사령관, 그 밖에도 지위에 상관없이 정부가 고용한 모든 관리, 왕국의 민간인과 군인 및 우리의 선량한 백성에게, 앞에서 언급한 헨리 에브리와 그의 공범들을 붙잡고 체포하는 데 전력을 다하라고 요구하고 명령하는 바다…….

정부는 해적특별위원회와 비공식적으로 협상한 후, 동인도회사의 은밀한 지원을 받아 현재 가치로 5만 달러 상당의 현상금을 내걸었다.

상무원의 성명은 팬시호의 선원 중 누구라도 체포하면 적잖은 보상이 있을 것이라는 약속이기도 했다. 현상금과 '우리의 선량한 백성'에게 한 호소는 바다의 공동체에게 보내는 명확한 신호였다. 주 장관과 군 지휘관만큼이나 해적들은 헨리 에브리의 머리에 걸린 포상금을 반겼다. 해적들에게 에브리나 그의 선원들을 체포하려는 과정에서 그들에게 신체적 위해를 가하는 것도 허용되었다. 실제로 상무원의 성명은 "우리 백성이 헨리 에브리에게 도살과 신체 훼손 등 어떤 폭력 행위를 가하더라도 면죄된다"라고도 선언했다. 그 냉혈한 악당 에브리를 붙잡는 과정에서 그를 죽일 수밖에 없다면 방아쇠를 당길 수 있는 권한도 국왕으로부터 현상금 사냥꾼들에게 부여된 것이다.

세계 전역에 주둔한 군사력, 지역 법 집행관들, 외딴 식민지 전초기지의 총독들, 상선의 선원들 및 다수가 해적이었던 아마추어 현상금 사냥꾼들이 역사상 처음으로 한 명의 지명수배자를 추적하고 나섰다. 이 범세계적인 범인 추적은 흥미진진한 일종의 예고편이자, 오사마 빈 라덴(Osama bin Laden) 같은 현대판 '인류 모두의 적'을 추적하는 인간 사냥의 전조였지만, 그 시대의 느릿한 커뮤니케이션 채널 때문에 추적전은 원활하지 않았다. 봄베이에서 런던까지, 다시 런던에서 봄베이까지 배로 새로운 소식을 전하는 데 걸리는 시간 및 상무성의 관료주의적인 태도는 정부의 위기 대응력을 심각하게 제한했다. 헨리 에브리의 관점에서 보면 법무성의 성명에서 가장 중요한 구절은 자신의 '지독한 악행'에 대한 고발과 포상금의 유혹이 아니었다. 마지막 부분, 즉 1696년 7월 17일이라는 서명 날짜였다.[2]

영국 정부가 마침내 에브리의 머리에 가격표를 붙이고, 전 세계에서 본격적으로 인간 사냥을 시작한 때는 헨리 에브리가 수라트를 떠난 지 10개월이 지난 뒤였다.

The Chase

추적

23

도주

인도양과 대서양
1695년 가을부터 겨울까지

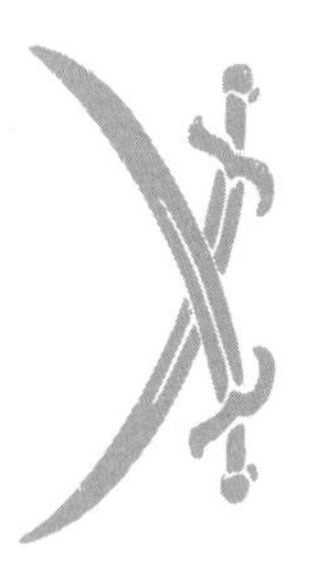

훗날 존 댄은 건스웨이호 약탈에 대해 “우리는 질리도록 즐긴 후에 그 배와 사람들을 수라트로 보냈다”라고 냉담하게 말했다. 헨리 에브리는 건스웨이호가 본토를 향해 느릿하게 항해하는 걸 지켜보며 ‘지난 15개월 동안 완벽한 기회를 끈기 있게 기다렸지만 이제는 초 단위로 신속하게 움직여야 한다’고 생각했을 것이다. 파트마흐마마디호는 이미 수라트에 도착했을 것이고, 건스웨이호도 수일 내에 도착할 예정이었다. 마지막 승객이 보물선에서 내리면, 동인도회사 직원들은 말할 것도 없고 무굴 황제의 정보원들이 그를 찾아 나설 게 분명했다. 그렇다면 에브리와 그의 선원들은 팬시호를 최고 속도로 운항해 범죄 현장에서 벗어나야 했다.

전리품의 분배

그러나 그들에게 최우선 과제는 전리품 분배였다. 세 척의 배(팬시호, 펄호, 수재나호)는 무슬림 보물선과 맞서 싸울 때 수적인 강점을 제공했지만, 이제는 부담스런 골칫거리였다. 바람이 도와주면 반나절 만에 두 배를 수평선 너머로 따돌릴 수 있다는 걸 알았던 에브리에게는 더더욱 부담스런 짐이었다. 그래도 파트마흐마마디호와 건스웨이호에서 탈취한 보물을 분배하기 전에는 그들을 떠날 수 없었다.

해적들의 합의 조항에서 무엇보다 명확한 부분은 전리품분배가 성찬식에 가까울 정도로 엄숙하게 행해졌다는 것이다. 전리품 분배는 공정해야 했다. 그렇지 않으면 해적 행위 자체가 금전적 매력을 상실했을 것이다. 엄청난 위험, 견디기 힘든 생활 조건, 바다 한가운데에서 내장을 쏟으며 죽을 수도 있다는 가능성. 이런 모든 두려움을 이겨낼 수 있었던 건 두 가지를 알았기 때문이다. 첫째는 수개월 만에 엄청난 돈을 손에 넣을 수 있는 모험이라는 것이고, 둘째는 해적은 그 전리품을 모두에게 공평하게 분배하는 조직이라는 것이다. 해적들은 후불론이나 아우랑제브처럼 조상으로부터 제위나 막대한 부를 물려받은 상속자들이 지배하는 세계에 사는 사람들이었다. 한편 에브리가 15개월 전에 깁슨 선장에게 말했듯이, 태생적 운명을 벗어나 재산을 모은 평민의 수는 극히 적었다. 해적의 삶은 그런 성공을 약속해줬고, 궁종과 가난의 악순환을 탈출할 수 있는 통로였다. 그러나 전리품이 공평하게 분배된다는 조건에서만 실현될 수 있는 약속이었다.

전리품 분배는 쉽지 않은 과제였다. 두 배에서 약탈한 통화만도 열 가지가 넘는 듯했다. 환율에 대한 전문 지식이 없는 데다가 교환 비율도 정확히 알지 못해, 통화 분배는 어림짐작에 가까웠다. 다른 전리품, 예컨대 보석류, 코끼리 엄니, 명주, 향신료 등은 가치를 측정하기가 더욱더 어려웠을 것이다. 항해장 도슨이 비율을 정리하는 데 며칠이 필요했을 테고, 전리품을 분배하는 데도 시간이 걸렸을 것이다. 그때, 즉 세 배가 닻을 내리고 모든 선원이 번쩍이는 금과 은의 광채 속에 있을 때가 세 배 모두 가장 취약한 때였다.

에브리는 세 배에게 계속 인도 해안을 따라 남쪽으로 항해하라고 지시했다. 동인도회사의 작은 전초기지로, 봄베이 남쪽에 위치한 무역항 라자푸르 근처에서 그들은 물과 식량을 보충했고, 그때 도슨은 선원들에게 전리품의 일부를 조금씩 나눠줬다. 세 배 어디에서나 선원들의 역할에 따라 분배되는 몫이 달랐다. 훗날 필립 미들턴은 "어떤 이는 1,000파운드, 어떤 이는 600파운드, 어떤 이는 500파운드, 어떤 이는 더 적었다. 각자의 가치에 대한 조직의 판단에 따라 분배되었다"라고 회고했다. 미들턴은 가장 어린 선원이었던 탓인지 100파운드를 조금 넘게 받았지만, 동료이던 존 스파크스가 나중에 '그것마저 훔쳐갔다'고 주장했다.

일반 선원이 받은 500파운드는 보통 사람이 평생 땀흘려 일해야 받을 수 있는 임금에 가까웠다. 스페인 원정 해운은 예외적으로 파격적인 임금을 약속한 사업이었고, 당시 대부분의 선원이 3파운드 가량의 월급을 약속받았다. 그 수준의 월급을 받는 최상급 기업에서도 500파운드는 10년을 쉬지 않고 일해야 벌 수 있는 액수였다. 영국 해군이라면 30년을 근무해야 그 돈을 벌 수 있었다. 헨리 에브리의 이야기를 극화한 민담에서는 그가 건스웨이호를 공격해 획득한 황금이 그 이후로 평생 동안 '해적왕'으로 살기에 충분할 정도였다고 주장하지만, 그 약탈로 받은 에브리의 몫은 2,000파운드였다. 그 돈도 그 시대에는 평생을 여유롭게 살기에 충분했지만, 왕족이 물려받는 재산에는 미치지 못했다.

물론 여유로운 삶을 즐기려면, 틀림없이 그를 향해 덮쳐올 저인망 추적을 벗어나야 했다. 드레이크가 그랬듯이, 에브리와 선원들이 영웅처럼 팬시호의 돛을 활짝 펴고 템스강 선창으로 귀향할 수는 없었다. 법의 처벌을 피하고, 또 그들을 추적하고 있을 현상금 사냥꾼들로부터 벗어나려면, 배를 버리고, 인도 보물선으로부터 탈취한 돈을 어떤 식으로든 세탁해야 했다. 세 배는 먼저 인도양을 남서쪽으로 가로질러, 당시 부르봉섬으로 알려진 레위니옹섬으로 향했다.

근처의 마다가스카르섬은 거의 1,000년 전부터 사람들이 정착해 살았지만, 레위니옹섬은 산악 지형이어서 정착하기가 쉽지 않았다. 그 섬은 유럽인들이 1500년대에 처음 발견했을 때 완전히 무인도였고, 따라서 지상에서 인간이 가장 최근에 정착하기 시작한 섬들 중 하나다. 프랑스가 1600년대 중반에 그곳에 상설 기지를 설치했고, 장기적으로 이익이 보장되는 산업을 개발해 종내에는 바닐라를 재배하기 시작했다. 실제로 바닐라는 한동안 세계에서 가장 값비싼 상품 중 하나였다. 프랑스는 척박한 땅을 개간해 농장을 건설하려고 마다가스카르에서 원주민을 사로잡아 노예로 부리거나, 노예를 사들였다. 에브리 해적단이 그 섬에 도착한 1695년 가을쯤, 그 섬은 마다가스카르 못지않게 해적의 안식처로 명성을 얻고 있었다. 게다가 하루가 다르게 확대되던 노예무역의 중심지이기도 했다.

레위니옹섬에 정박한 에브리는 프랑스인들에게 무면허 노예 상인인 척했다. 에브리는 스페인 원정 해운에 참가하기 수년 전에 실제로 그런 일을 하기도 했다. (물론 무면허 노예 상인도 경계선상의 범죄자였지만, 세계 최고의 지명수배자보다 평범한 무면허 노예 상인으로 보이는 편이 나았을 것이다.) 에브리는 다시 벤저민 브리지먼이라는 가명으로 돌아가, 건스웨이호에서 약탈한 보물의 일부로 90명의 노예를 사들인 후에 화물창에 가둬두었다.[1] 그들 대부분은 마다가스카르에서 태어났을 것이고, 프랑스인 정착자들에게 사로잡혀 얼마 전에야 레위니옹섬에 끌려왔을 것이다. 그들이 공포에 질린 채 겪어야 했던 삶의 여정을 생각하면 등골이 섬뜩해진다. 그들은 조상 대대로 살아온 마을에서 태어났지만, 프랑스인들에게 포획되어 오랫동안 인간의 정착조차 거부했을 정도로 척박한 외딴 섬에 끌려와, 화산토를 농사에 적합한 땅으로 바꾸는 작업에 강제로 동원되었다. 그런데 어느 날, 잠을 자고 일어났더니 영국인 해적에게 팔려, 어디로 갈지 모르는 배의 하갑판에 갇혔다고 상상해보라.

레위니옹섬에서 90명의 노예를 사들인 뒤, 에브리는 중대한 작업을 시작했다. 중범죄자라면 누구에게나 거의 필수적인 '돈세탁'이었다. 요즘 사람들에게는 섬뜩하게 들리겠지만, 노예는 누구나 들락대는 무역의 중심지에서 통용되는 세계 통화에 가장 가까웠다. 노예는 건스웨이호 약탈과 아무런 연결 고리가 없다는 점에서 팬시호 선원들의 주머니 속 '아랍의 황금'과 달랐다. 화물창에 갇힌 90명의 아프리카인은, 에브리가 무면허 노예 상인 벤저민 브리지먼으로 행세하면서 진행한 그런 돈세탁을 더욱 그럴듯하게 꾸며주는 수단이었다.

거의 50명의 선원이 해적들의 유토피아로 여겨지던 마다가스카르로 넘어갈 생각으로 레위니옹섬에서 항구적으로 내렸기 때문에, 에브리에게는 선상에서 노예의 노동력이 추가로 필요하기도 했다.

하선한 선원들 중 절반이 프랑스인이었고, 3분의 1은 덴마크인이었다. 훗날 미들틴의 증언에 따르면, "그들은 영국에 돌아가면 체포되어 교수형에 처해질까 무서워했다. 그들은 그곳이 안전하다고 생각했다."[2] 그러나 에브리는 다른 항로를 계획하고 있었다. 그는 바하마제도에서 식민지 전초기지의 부패상을 직접 경험한 적이 있었다. 따라서 그들이 약 8,000킬로미터를 발각되지 않고 항해해 뉴프로비던스(현재는 나소)에 도착할 수 있다면, 그곳에서 팬시호를 버리고 흩어질 계획이었다. 존 댄의 증언에 따르면, 일부 선원이 에브리의 계획에 반대하며 선상 반란까지 획책하려 했다. 그들은 뉴프로비던스가 부패했다 하더라도 영국령이기 때문에, 차라리 남아메리카의 프랑스인 정착지 카옌이 더 안전할 것이라고 주장했다. 댄의 표현을 빌리면, "그러나 선장은 그런 반대를 견뎌냈다."[3] 그리고 팬시호는 바하마제도로 항해하기 시작했다.

동아프리카에서 서인도제도까지 일반적인 항로를 따라가면, 우호적인 항구들(예컨대 아프리카 남단의 네덜란드령 케이프콜로니, 남대서양의 영국령 세인트헬레나섬의 전초기지)에 기항해 물과 식량을 보충해야 했다. 그러나 에브리는 현상금이 이미 자신의 목에 걸렸을 거라고 추정했을 것이다. (물론 그는 자신을 추적하라는 포고령이 그로부터 6개월 후에나 있었다는 걸 몰랐을 것이다.) 따라서 그들은 유럽이 지배하는 항구들과 어떻게든 접촉을 피하며 바하마까지 가야 했다.

펄호와 수재나호와 헤어진 뒤, 팬시호는 마침내 전속력으로 항해하기 시작했다. 희망봉을 돌아, 작은 무인도 어센션섬으로 향했다. 아프리카 서쪽 해안에서 1,600킬로미터쯤 떨어진 섬이었다. (해적 에브리에 대한 많은 전설이 주로 팬시호의 놀라운 속도에 맞춰져 있지만 그의 뛰어난 항해술도 간과해서는 안 된다.) 그들이 어센션섬에 도착한 때는 커다란 바다거북이 때마침 그 섬에 둥지를 짓던 시기였다. 선원들은 50마리의 바다거북을 산 채로 잡아 왔고, 그 이후로 항해를 끝낼 때까지 거의 바다거북 고기만을 먹고 지탱했다. 놀랍게도 열일곱 명이 어센션섬에 남기로 결정하며, 뉴프로비던스에서 영국 정부에 체포되는 위험을 감수하는 쪽보다 지상에서 가장 외딴 섬에서 실질적인 조난자로 사는 길을 선택했다.

4월의 끝자락에 팬시호는 바마하제도의 최외곽 섬에 도착했다. 하루나 이틀만 항해하면 뉴프로비던스에 도착할 수 있는 곳이었고, 선상에는 113명의 선원과 90명의 노예가 있었다. 식량 보충을 위해 전통적인 기항지를 피하는 에브리의 전략은 위험천만했지만 운좋게 맞아떨어진 셈이었다. 에브리가 뉴프로비던스 항구에 입항하는 방법을 궁리하고 있을 때, 팬시호의 주방에는 이틀치의 식량밖에 남아 있지 않았다.

24

명백한 반란

봄베이캐슬
1695년 말

카피 칸은 수라트에서 건스웨이호 생존자들과의 인터뷰를 완료한 후, 라히리의 지휘관이던 압두르 라자크(Abdur Razzak)를 대신해 거래하는 원래의 임무로 돌아갔다. 그 임무를 끝내고, 칸은 수라트에서 남쪽으로 해안 길을 따라 내려갔다. 그때가 1695년 늦가을이었고, 어느덧 그는 봄베이 외곽에 있었다. 라자크는 존 게이어와 오래전부터 관계를 맺어온 터여서, 때마침 그 지역에 있던 그의 특사 칸과 만나 당시 교착 상태에 있던 문제를 해결할 방법을 모색해보라고 권하는 편지를 게이어에게 보냈다. 봄베이캐슬에 갇힌 채 아우랑제브가 그곳을 공격할 때를 넋 놓고 기다리던 게이어는 자신의 입장을 칸에게 직접 전할 수 있는 기회라 생각하며, 그 권고를 지체 없이 받아들였다. 게이어는 수석보좌관의 동생에게 그 소식을 알렸고, 그 동생은 칸을 직접 찾아가, 봄베이캐슬에서 둘만의 회의를 제안하는 게이어의 초대장을 전달했다.

칸의 동인도회사 방문

칸이 쓴 아우랑제브 시대의 서사적 역사를 읽어보면, 영국인 무역상들에 대한 그의 반감이 확연히 눈에 띈다. (예컨대 게이어와 만났을 때를 언급하며 "그 혼란의 시기에, 이 연대기의 저자인 나는 봄베이에서 영국인을 만나야 하는 불행을 겪어야 했다"라고 투덜거렸을 정도다.) 그러나 동인도회사에 대한 경멸이 그의 직관력 있는 보고 능력에 부정적인 영향을 주지는 않았다. 그가 게이어를 만난 뒤에 남긴 보고서는 위기가 최고조로 치닫던 시기에 영국과 무굴제국 간의 협상을 어렴풋이라도 들여다볼 수 있는 최상의 자료다.

칸이 봄베이캐슬에 들어섰을 때, 첫눈에 들어온 것은 군복을 완벽하게 차려입고 차렷 자세로 서 있는 회사 경비병들의 당당한 모습이었다.

> 내가 한 걸음을 내딛을 때마다, 턱수염을 짤막하게 기르고 군복을 깔끔하게 차려입은 잘생긴 젊은이들이 양옆으로 보였다. 그들은 한 명도 빠짐없이 머스킷총을 손에 쥐고 있었다. 나는 계속 앞

으로 걸었다. 이번에는 턱수염을 길게 기른, 비슷한 연령대로 보이는 영국인들이 서 있었다. 그들은 군복에 훈장까지 달고 있었다. 그 뒤로는 머스킷총으로 무장한 군인들이 있었다. 역시 깔끔하게 차려입고 열을 지어 반듯하게 정렬한 모습이 보기 좋았다. 더 앞쪽에는 하얀 턱수염을 기르고 수놓은 제복을 입은 영국인들이 어깨에 머스킷총을 걸고, 똑같은 간격을 두고 두 줄로 정렬해 있었다. 그다음에는 가장자리를 진주로 장식한 모자를 쓴 잘생긴 영국 어린아이들을 봤다.

전체적으로 칸은 머스킷총을 든 병사를 7,000명가량 지나갔다고 추정했다. 당시 영국군의 작전 규모를 고려하면, 상당히 많은 숫자다. 그렇게 양쪽으로 늘어선 병사들을 지난 후, 칸은 곧바로 게이어의 사무실로 안내되었다. 게이어는 칸을 포옹하며 반갑게 맞이했고, 그에게 의자를 권했다. (그들 사이에 통역관이 있었을 테지만, 칸은 그에 대해 특별히 언급하지 않았다.) 두 사람은 서로가 잘 아는 압두르 라자크에 대해 잠시 한담을 주고받았고, 게이어는 라자크의 특사인 칸에게 라자크를 칭찬하며 우호적인 분위기를 조성하려고 애썼다. 하지만 곧 그들의 대화는 당시의 화급한 쟁점으로 넘어갔다. 게이어는 칸에게 수라트의 직원들이 여전히 가택 연금 상태에 있는 이유를 물었다.

칸이 애매하게 대답했다. "양식 있는 사람이라면 누구라도 질책

할 부끄러운 행동을 당신 쪽의 사악한 자들이 저질렀다는 걸 당신은 인정하지 않겠지요. 그럼 당신이 나한테 한 질문은, 현명하다고 자처하면서도, 세상에 햇살이 가득한데 태양이 어디에 있냐고 묻는 것과 다를 바가 없습니다."

게이어가 반박하고 나섰다. "나에게 나쁜 감정을 가진 사람들이, 다른 사람들의 잘못을 핑계로 나를 몰아세우는 겁니다. 이번 일을 내 사람들이 저질렀다는 걸 어떻게 아십니까? 그렇게 단정할 만한 증거가 있습니까?"

이 반박에 칸은 자신이 인터뷰한 사람들의 증언을 바탕으로, 그렇게 의심하는 확실한 근거를 제시했다. "그 배에는 내가 개인적으로 아는 부유한 사람도 꽤 많았습니다. 세속적인 재물이 없는 두세 명의 가난한 지인도 있었고요. 그들로부터 이런 말을 들었습니다. 배가 약탈되고 그들이 포로가 되었을 때 영국식 옷을 입은 영국인으로 보이는 사람들, 손과 몸에 상처와 흉터가 많은 사람들이 영어로 '시디 야쿠트(Sidi Yakut)에게 포위됐을 때 이 상처를 얻은 거야. 하지만 오늘, 이 상처는 우리 마음에서 없어졌어'라고 말했다고 합니다. 그들과 함께하던 한 사람이 힌디어와 페르시아어를 알아, 그들의 말을 내 친구들에게 통역해줬다고 합니다."

게이어는 그런 혐의 제시에 헛웃음을 지었지만, 칸이 제시한 사실 자체를 부인하지는 않았다. "그들의 말이 틀린 건 아닐 겁니다. 해적들 중에는 영국인도 있으니까요. 야쿠트 칸(Yakut Khan) 장군에게 포위되어 부상을 입고 포로가 된 영국인이 많지 않았습니까." 그러나 그들이 동인도회사의 고용인은 아니고, 동인도회사는 그들의 행동을 강력히 규탄한다는 변명도 덧붙였다.

처음에 카피 칸은 점잖게 대응했고, 게이어에게 미소까지 지으며 말했다. "여기에 오기 전에, 당신이 많은 대답을 준비해두었고 지혜롭다는 말을 들었습니다. 정말 그렇군요. 생각할 틈도 없이 지체 없이 대답하고, 죄가 없다는 걸 합리적으로 설명하는 능력이 정말 대단하십니다!" 그러나 그런 미소 뒤에 칸은 동인도회사가 영국왕의 얼굴을 담아 동전을 주조한 사실을 언급하며 "하지만 비자푸르와 하이데라바드, 또 아무 짝에도 쓸모없는 삼바의 세습 군주들이 아우랑제브 왕의 손에서 벗어나지 못했다는 걸 기억해야 할 겁니다. 봄베이섬이 확실한 피난처일까요? 루피 동전을 주조하며 당신들이 보여준 행위는 명백한 반란 선언입니다!"라고 은근히 협박했다.

이번에도 게이어는 사실에 근거한 칸의 생각을 반박하지 않았다. 대신 힌두스탄 동전을 비난하며 불리한 형세를 만회해보려 했다. "우리는 매년 무역을 하며 얻은 이익으로 상당한 액수의 돈을 본국에 보내야 합니다. 그런데 힌두스탄 동전 때문에 손해가 적지 않습니다. 힌두스탄 동전은 무게도 부족한 데다 가치도 떨어졌습니다. 이 섬에서 힌두스탄 동전으로 거래하면 큰 분쟁이 일어나는 경우가 많습니다. 그래서 우리 이름으로 동전을 발행해서 우리 관할 구역에서 통용하게 된 겁니다." 그러고는 영국인들은 아우랑제브 군주에게 어떤 불만도 없으며, 장사꾼으로서 안정된 통화가 필요할 뿐이라고 역설했다.

둘의 대화는 아무런 소득도 없이 끝난 듯하다. 그러나 적어도 양측이 대화를 시작한 것은 분명했다. 게이어는 칸이 더 오랫동안 머물러주기를 바랐을지 모르지만, 칸은 전문적인 대화로 만족하는 게 낫다고 생각한 듯하다. "그 영국인은 그들의 방식대로 나에게 오락거리를 제공하려 했지만 나는 공기만을 받아들였다. …… 그곳을 탈출해 정말 기뻤다."

25

추측은 증거가 아니다

바하마제도 나소
1696년 4월 1일

18세기 전반기에 두각을 나타낸 해적 세대에게, 나소는 열대권에 위치한 피난처인 동시에 환락의 아방궁이었다. 그러나 1696년 뉴프로비던스섬의 수도 나소는 생존을 위해 발버둥치던 작은 마을이었다. 원래 찰스타운이라 불렸던 이 마을은 1648년 스페인인들에 의해 완전히 타버려 잿더미가 되었다. 에브리가 도착하기 한 해 전, 바하마의 소유자이자 총독이던 니컬러스 트롯(Nicholas Trott)이 윌리엄 3세의 원래 작위, 오렌지나소 군주(Prince of Orange-Nassau)라는 이름을 따서 새로운 정착지의 이름을 나소로 바꿨다. 트롯의 재건 노력은 프랑스와의 오랜 전쟁으로 별다른 결실을 맺지 못했다. 섬 전체의 무역량이 크게 줄어든 데다 마을 자체도 자원 부족에 시달린 까닭에, 항만에 적절한 부두를 설치할 여력이 없었다. 그즈음 프랑스가 엑수마섬을 점령했고, 바하마제도가 다음 표적이라는 소문이 나돌았다. 당시 트롯에게는 새로 완공된 요새가 있었고 28문의 대포도 있었다. 그러나 프랑스 해군의 공격을 막아내기 위한 전함이 없었다. 또 섬에는 60명의 거주자밖에 없어 요새의 대포를 운영하기에 충분하지 않았다.

그런 암울한 상황이 트롯 총독의 마음을 심히 짓누르고 있던 때, 한 척의 미스터리한 롱보트가 항만에 미끄러져 들어왔다. 벤저민 브리지먼이라는 노예 상인이 뜻밖의 거래를 제안한 때는 1696년 4월의 첫날이었다.

팬시호와의 작별

헨리 에브리는 지난 몇 개월 동안 편안하게 항해하며, 최종적으로 바하마제도에 도착한 후의 전략에 대해 생각하고 또 생각했다. 그는 거의 1년 동안 200명 남짓한 선원을 제외하면, 완전히 외부 세계와 단절한 채 지낸 터였다. 새로운 소식을 접할 수 없었고, 우호적인 항구에서 식량을 보급받는 동안에도 항간의 소문을 듣지 못한 탓에 자신이 도주범으로서 어떤 위치인지 알지 못했다. 건스웨이호를 공격한 지 어느덧 7개월이 지난 뒤니 어쩌면 인도에서도 격한 분위기가 진정되고, 나소 당국도 에브리의 만행에 대해 아무런 소식을 듣지 못했을 수 있었다. 해적 소굴로 전성기를 맞기 훨씬 전에도 나소는 영국 법을 엄격하게 적용하지 않고 해적과 무면허 노예 상인을 대체로 눈감아주는 곳으로 알려져 있었다. 따라서 에브리와 그의 선원들이 영웅으로 환영받을 수도 있었다. 그러나 인류 모두의 적으로 수배된 범죄자로 받아들여질 가능성도 없지 않았다.

에브리는 특유의 신중함을 발휘하며, 먼저 상황을 살피기로 결정했다. 뉴프로비던스 항구에서 보이지 않는 무인도, 호그섬 북쪽에 팬시호의 닻을 내렸다. (호그섬은 1960년대에 파라다이스섬으로 개칭되었고, 지금은 아틀란티스 관광 리조트가 무질서하게 들어서 있다.) 에브리는 선원을 갑판에 불러 모은 후, 자신의 계획을 대략적으로 알렸다. 요약하면 나소의 총독에게 뇌물을 주고 그의 보호를 사자는 것이었다. 따라서 모든 선원이 조금씩 추렴해 20스페인달러와 두 개의 금덩이를 마련하기로 했다. 공평한 이익 분배라는 해적의 전통에 따라, 트롯에게 건넬 뇌물을 준비할 때도 에브리는 일반 선원보다 두 배의 몫을 냈다. 항상 그랬듯이, 해적들이 약탈할 때나 뇌물을 건널 때나 합의 조항은 신성불가침이었다.

에브리는 노예 상인이라는 거짓 신분으로 트롯에게 편지를 썼다. 팬시호에는 실제로 90명의 노예가 있어, 그런 위장이 더욱 설득력 있게 느껴졌다. 훗날 필립 미들턴은 그 편지를 직접 읽었다며, 트롯이 제안받은 조건은 단순한 '주고받기'였다고 말했다. "우리를 자유롭게 해안에 들어와 떠나고 싶을 때 떠나게 해주면, 충독에게 20스페인달러와 두 개의 금덩이, 그리고 팬시호와 그 안의 모든 것을 주겠다고 약속했다."

팬시호는 에브리와 선원들이 아코루냐에서 선상 반란을 일으킨 후에 거의 2년 동안 많은 도움을 줬지만, 이제는 짐스런 골칫거리였다. 한때는 '누가 쫓아와도 두렵지 않을 정도'로 항해에 적합한 배였으나 이제는 다른 종류의 두려움이 에브리에게 밀려들었다. 이제는 적보다 빨리 달릴 필요가 없었다. 이제는 흩어져야 할 시간이었다.

에브리를 보좌하던 선임 사관 헨리 애덤스가 몇몇 선원과 함께 롱보트에 올라탔다. 그들은 벤저민 브리지먼이 보내는 쪽지를 품고, 뉴프로비던스 항을 향해 천천히 노를 저었다. 트롯은 그 제안을 처음 봤을 때 당연히 의심하며 '영국 배의 선장이 항구에 들어오는 기회를 얻는 조건으로 많은 것, 심지어 그의 배까지 포기하는 이유가 무엇일까?'라고 생각했을 것이다. 또 트롯은 공물로 자신에게 제안된 황금과 스페인달러가 합법적으로 획득된 게 아니라고도 추정했을 것이다. 팬시호와 '그 안의 모든 것'도 장물인 게 분명했다. 하지만 트롯을 위해 변명하자면, 에브리를 추적하라는 성명의 공포는 그로부터 석 달 후에나 있었다. 또 수라트로부터 약 1만 3,000킬로미터나 떨어진 곳에 위치한 데다 유럽과의 일반적인 커뮤케이션 통로가 프랑스 해군에 의해 차단된 까닭에, 트롯이 건스웨이호

소동에 대해 아무런 소식도 듣지 못했을 가능성이 컸다. 물론 트롯은 벤저민 브리지먼의 조건을 받아들이는 게 결국 해적과의 거래라는 걸 알았겠지만, 문제의 그 해적이 세계에서 가장 악명 높은 해적일 거라고는 꿈에도 몰랐을 것이다.

브리지먼의 제안에는 뇌물이라는 경제적 보상을 훌쩍 뛰어넘는 흥밋거리가 있었다. 그의 편지만을 읽어서는 팬시호가 얼마나 항해에 적합한지 알 수 없었지만, 46문의 대포가 설치된 전함을 갖는다면 프랑스 해군이 섬을 공격할 때 대처할 수 있는 새로운 수단 하나를 확보하는 셈이었다. 게다가 그들이 섬에 들어오면 하룻밤 사이에 나소의 인구가 세 배로 증가한다. 브리지먼의 선원 중 일부라도 계속 나소에 남으면, 트롯은 전함과 신축한 요새 이외에 인력까지 확보해 프랑스군에게 그럭저럭 저항할 수 있을 것 같았다. 그 영국인에게 수상한 구석이 있었지만, 그와 협상해서 서인도제도에 새로 확보한 유망한 전초기지를 지킬 수 있다면 본국 정부도 그 협상을 권장할 것이 분명했다.

트롯이 머릿속으로는 어떤 계산을 했는지 몰라도 지체 없이 답장을 보냈다. 미들턴의 회상에 따르면, 그 편지는 "무척 정중한 어투로 에브리 선장에게 선장과 선원들을 환영하겠는 뜻을 밝혔다." 그들 사이에 체결된 계약 조건은 간단했다. 팬시호 선원들은 자유롭게 상륙할 수 있었고, 그 대가로 트롯은 전함과 46문의 대포 및 약간의 장물을 얻었다.

1년 남짓 후, 트롯 총독이 세계 최악의 지명수배자에게 피난처를 제공한 데 그치지 않고 훔친 배까지 소유한 사실이 알려지자, 스페인 원정 해운의 투자자들은 트롯에게 소송을 제기하며, 그 재앙적 투자로부터 입은 손실을 조금이나마 만회하려고 했다. 트롯은 선서 후에 한 증언에서, 당시 나소는 에브리를 환영할 수밖에 없었다며 "프로비던스가 더 강했더라도 그 배를 초청할 수밖에 없었을 겁니다. 4월 4일 프랑스군은 부근의 염전을 이미 점령하고, 프로비던스를 공격하려고 준비하고 있었으니까요. 46문의 대포를 갖춘 그 배가 입항했다는 소식을 듣지 못했다면 틀림없이 우리를 공격했을 겁니다"라고 주장했다. 또 당시 그들이 해적이라는 걸 알았느냐는 질문에 트롯은 "내가 어떻게 알았겠습니까? 추측은 증거가 아닙니다"라며 자신의 무죄를 주장했다.[1]

역사학자 콜린 우더드(Colin Woodard)는 "그로부터 오래지 않아, 커다란 배가 호그섬을 향해 다가왔다. 갑판은 선원들로 가득했고, 양편에는 포문이 뚫려 있었다. 선체는 화물의 무게 때문인지 수면 아래로 깊이 가라앉아 있었다. 애덤스와 몇몇 선원이 가장 먼저 상륙했고, 그들의 롱보트는 가방과 궤로 빈틈이 없었다. 트롯에게 약속한 뇌물, 또 스페인달러인 은화들, 아라비아 등 여러 곳에서 주조된 금화가 거기에 있었다"라고 썼다. 미들턴에 따르면, 팬시호 선원들은 "50톤의 코끼리 엄니, 46문의 대포, 100통가량의 화약, 서너 궤의 해적 총도 남겨두었다."

선원들이 각자의 짐을 모두 내린 후에야 헨리 에브리는 롱보트를 타고 해안에 들어가 니컬러스 트롯의 환영을 받았다. 그리고 그들은 사적인 대화를 시작했다.

그 이후로 헨리 에브리는 팬시호의 갑판에 다시는 발을 딛지 않았다.

26

○

바다의 파우지다르

수라트
1696년 겨울부터 봄까지

새뮤얼 애니슬리는 수라트의 무역 사무소에 '한 무리의 개'처럼 족쇄가 채워져 개인적인 자유를 빼앗겼지만, 하나의 사치품만은 마음껏 사용할 수 있었다. 구체적으로 말하면, 거의 무한에 가까운 생각할 시간을 가졌다. 구속 시간이 1695년 겨울까지 이어지자, 그의 머릿속에 기발한 아이디어가 꿈틀대기 시작했다. 회사가 건스웨이호에 닥친 재앙을 기회로 삼을 수 있을 것이라는 아이디어였다. 아우랑제브가 건스웨이호 습격에 대한 칸의 보고서를 읽은 후에 공식적으로 공포한 칙령에서 얻은 아이디어일 수도 있다. "동인도회사가 인도에서 계속 사업 활동을 하고 싶다면, 바다에 들끓는 해적들을 찾아내거나, 해적들이 건스웨이호로부터 탈취한 재물을 상인들과 상의해서 배상해야 할 것이다. 배상으로 인해 어떤 피해가 뒤따른다면 그 가치에 상응하는 담보를 제공하고, 다시는 피해가 닥치지 않도록 상선을 보호하는 대포를 제공하라"라는 황제의 칙령이 있었기 때문이다.[1]

인도 바다를 지키는 동인도회사

동인도회사는 '바다에 들끓는 해적들', 적어도 문제의 해적을 찾아내려고 이미 혼신을 다하고 있었다. 무굴제국 황제의 칙령에서 핵심적인 구절은 뒷부분, 즉 아우랑제브가 회사에 '담보를 제공하고', 인도 상선을 '보호할 대포를 제공'하라는 제안이다. 아우랑제브는 영국이 자신의 호의를 계속 받으려면 그 정도는 양보해야 한다고 제안한 것이지만, 애니슬리는 그 제안을 다른 식으로, 즉 새로운 시작으로 봤다. 게이어에게 보낸 편지에서, 애니슬리는 무굴 황제의 '파우지다르(faujdar)', 즉 인도 곳곳의 특정 지역에서 법 집행관 역할을 하는 군 장교에 비교해 설명했다. 동인도회사는 바다에서 이미 가장 강력한 배들을 운영하고 있어, 아우랑제브와 압둘 가파르 같은 상인들의 배를 보호하기에 더할 나위가 없었다. 따라서 아우랑제브가 육지의 경찰관에게 부여한 권한을 바다에서는 동인도회사에 부여하도록 황제를 설득해보자는 것이었다. 1695년 말, 애니슬리는 게이어에게 보낸 편지에서 "육지에서 활동하는 파우지다르가 강도들로부터 빼앗은 것으로 자신들의 급여를 충당하듯이, 우리 회사도 바다에서 모든 손실을 메울 수 있을 것입니다. 이런 고결하고 숭고한 시도는 현재의 불명예와 손실을 만회하는 데 그치지 않고, 영국이 이렇게 모욕받을 위험으로부터 영원히 벗어나게 해줄 것입니다"라고 제안했다.[2] 게다가 애니슬리는 이 새로운 시도가 받아들여지면, 해상 방위에 노력한 대가로 매년 40만 루피 정도를 아우랑제브에게 청구할 수 있을 것이기 때문에 회사의 최종 결산에도 도움이 될 것이라고 생각했다.

처음에 게이어는 애니슬리의 계획에 반대했다. 무엇보다 당시에는 회사가 쇠약해진 상태여서 아우랑제브의 배들을 충분히 보호할 만한 여력이 없었기 때문이다. 그러나 애니슬리는 자신의 뜻을 굽히지 않았다. 그는 무굴 선단을 보호하는 것이 건스웨이호로 인한 위기의 단기적인 해결책일 뿐만 아니라, 회사에게는 새로운 사업 영역이라고 생각했다. 애니슬리는 회사가 바다에서 그런 지배력을 갖게 할 협의안까지 머릿속으로 준비하기 시작했다. 그는 '우리가 법과 호의로 항구를 지키듯이 우리 지휘하에 있는 모든 배들이 그 자체로 성(成)과 같은 것이 되어야 한다'고 생각했다. 인도양에서 법을 집행하는 합법적 권한을 영국인에게 부여하면, 그 지역에서 완전한 힘의 균형이 형성될 것이라고도 생각했다. 애니슬리도 동인도회사의 권한이 봄베이섬에 제한된 당시의 취약한 상황을 모르지는 않았다. 족쇄와 간수는, 수라트의 회사 무역 사무소 역내에서도 회사의 영향권이 너무도 협소하다는 걸 애니슬리에게 매일 떠올려줬을 것이다. 그러나 아우랑제브가 무슬림 보물선과 다른 상선을 해적들로부터 보호하는 권한을 동인도회사에 인정한다면, 회사의 지배력이 육지에서는 아니더라도 해상에서는 크게 확대될 수 있었다.

역사학자 필립 스턴이 설득력 있게 주장했듯이, 새뮤얼 애니슬리가 수라트 무역 사무소에 연금된 상태에서 처음 구상했던 이 전략은 인도와 영국 간의 관계에서 중대한 전환점이었다는 게 훗날 판명되었지만, 대영제국이 인도 아대륙을 지배하게 되는 과정에 대한 전통적인 해석에서는 거의 간과되었다. 스턴의 주장에 따르면, 일반적으로 동인도회사는 '로버트 클라이브(Robert Clive, 1725~1774)가 1757년 플라시전투에서 승리를 거둔 후에 회사가 벵골에서 널찍한 영토를 획득하고, 8년 후에는 독립 주의 수상으로 수입과 통치를 책임지게 되면서, 순전히 우연히 부지불식간에 자주권을 갖게 된 민간 기업'으로 여겨진다. 스턴은 이런 일반적 이야기를 수정하며, 자주권의 획득은 훨씬 깊은 뿌리가 있어, 애니슬리의 '바다의 파우지다르' 계획까지 거슬러 올라간다며 이렇게 설명했다. "해적과의 싸움은 정당한 폭력과 부당한 폭력, 공권과 사권, 명예로운 행동과 수치스런 행동을 근본적으로 구분짓겠다는 주장이었다. 또한 해상 교통로에서 그런 구분을 집행하고, 일정한 형태의 지배권을 행사하는 권리를 요구하는 것이기도 했다."

결국 게이어는 애니슬리의 전략이 옳다는 걸 인정하고, 아우랑제브에게 그런 해결책을 제안하기 위한 허락을 런던의 위원회 회의로부터 얻어냈다. 동인도회사가 무굴 황제에게 손실을 대신 보상하고, 향후에는 무굴제국의 상선들을 보호하는 책임을 떠맡겠다는 제안이었다. 1696년 새해를 맞아, 수라트 무역 사무소에 감금되었던 직원들이 금방이라도 풀려날 듯했지만, 아우랑제브 궁정과의 협상이 진척되지 않으면서 수개월 동안 이어졌다. 황제가 에브리의 신성모독적인 행위에 부글부글 끓었던 것도 적잖은 이유였다. 카피 칸에 따르면, 애니슬리의 손아귀에 있던 이티마드 칸이 결국 아우랑제브의 정의로운 분노를 이겨냈다. "이티마드 칸은 모든 가능성을 분석한 끝에 다른 해결책은 없고, 영국과 다투면 관세 수입에서만 큰 손실을 보게 될 거라는 결론에 도달했다." 한편 애니슬리의 전기를 쓴 아널드 라이트는 '회사와 전쟁을 시작하면 부담스런 전쟁을 하게 될 것이고, 결국에는 제국의 수입에 막대한 악영향을 미칠 것'이라 인정한 인도 정치인 아사드 칸(Asad Khan)의 공으로 돌렸다.[3] 결국 인도의 두 정치인은 게이어가 처음부터 내세운 주장, 즉 동인도회사는 무굴제국의 막대한 돈줄이기 때문에 결코 회사를 축출할 수 없을 것이라는 주장에 동조한 셈이었다. 라이트에 따르면, "잡다한 몇 번의 허위 경보 후, 항구를 다시 열라는 황제의 반가운 명령이 수라트에 도착한 때는 6월 27일이었다. 그날 이티마드 칸 총독은 연금된 사람들의 사슬을 풀어줬고, 경비병들을 철수시켰다.” 헨리 에브리가 건스웨이호를 공격하고 9개월이 지난 후에야 동인도회사는 사업을 정상적으로 재개할 수 있었다.

존 게이어가 봄베이캐슬에서 숙고를 거듭하고, 애니슬리가 수라트에서 족쇄를 질질 끌며 해방의 그날을 기다리던 수개월 동안, 동인도회사가 그로부터 60년 후에 인도 아대륙에서 제국적인 세력, 즉 1억이 넘는 백성을 지배하는 '회사 국가(company-state)'가 될 거라는 건 꿈에도 상상하지 못했다. 그러나 애니슬리의 비전과 게이어의 협상력이 위기를, 회사가 지배력을 확대하는 기회로 바꿔놓았다. 동인도회사에게 존립의 위기로 여겨졌던 상황이 온갖 역경을 이겨내고 제국을 잉태하는 첫 용틀임이 되었다.

당연한 말이겠지만, 대체 역사(alternate history)는 픽션과 구분되지 않는다. 대체 역사에서는 이야기의 흐름을 조금만 뒤틀어도 결과가 크게 달라진다. 건스웨이호로 인한 위기를 타결하기 위한 협상을 아우랑제브와의 시도하지 않았다면, 또 새뮤얼 애니슬리가 무굴 황제의 칙령에서 어떤 기회를 포착해내지 못했다면, 동인도회사는 어쩔 수 없이 수라트와 봄베이를 포기했을지도 모른다. 그럼 회사는 황금알을 낳던 거래처를 상실하고, 방직공과 보호무역주의자들에게 비난을 받으며, 국내외에서 밀어닥치는 압력의 무게를 견디지 못하고 붕괴되었을 것이다. 물론 수년 후에 다른 기업들이 느슨한 조직망을 결성해 수라트와 봄베이에서 사업을 재개하며, 네덜란드와 포르투갈 상인과 경쟁해야 했을 것이다. 그러나 수십 개의 작은 기업들이 영국의 경제를 잇는 통로 역할을 했더라도 영국이 인도를 궁극적으로 정복할 수 있었을까? 단언할 수는 없지만, 그 가능성이 무척 낮았을 것이다.

영국인들은 이상한 땅에서 때로는 환영받고, 때로는 추방 직전까지 내몰리며, 자한기르 황제가 영국인들에게 '마음껏 물건을 사고팔며 영국으로 운송해갈 권리'를 처음 승인한 이후로 80년 동안 무역상으로만 일했다. 그러나 이제부터 영국인들은 무슬림 보물선들이 메카로 순례를 떠날 때 그들을 보호하고, 바다를 해적으로부터 구해내는 역할을 위임받았다. 그 역할은 그들에게 전에는 허용되지 않았던 새로운 자산이었고, 그들과 인도 아대륙의 관계를 새롭게 규정하는 힘이었다. 곧, 법을 집행하는 권한이었다.

27

귀향

아일랜드 던파내기

1696년 6월 말

에브리와 선원들은 나소에 오랫동안 체류할 예정이 아니었다. 그런데 거주자가 60명에 불과하던 후미진 전초기지에서 이제 그들은 다수가 되었다. 그들은 생존을 위해 발버둥치는 작은 마을에 있던 두 곳의 여인숙 겸 선술집에서, 약탈한 돈의 극히 일부를 쓰며 시간을 보냈다. 부패한 영국인 총독의 호의 덕분에 그곳에 모였지만, 그들을 붙잡기 위한 저인망 수색이 세계 전역에서 시작되면 그곳도 안전하지 않을 것임을 알았을 것이다. 여하튼 니컬러스 트롯은 그들을 계속 붙잡아두려고 안간힘을 다했고, 미래의 바하마섬 주민들을 위해 자신의 집에서 연회를 베풀기도 했다. (훗날 필립 미들턴은 그때를 회상하며 "한 선원이 술잔을 깨뜨렸다. 그 때문에 여덟 개의 장식용 금속판을 배상금으로 지불해야 했다"라고 말했다.) 트롯은 그들을 정중히 대했지만, 팬시호 자체에 정성을 기울이지는 않았다. 트롯 총독은 에브리에게 팬시호를 인계받은 후, 거주민들에게 배의 관리와 운영을 맡겼다. 하지만 나중에 그가 상무원에 보낸 편지에서 말했듯이 "그들은 수에서나 능력에서나 배를 안전하게 관리하기에 부족했다." 제임스 후블론의 '쾌속 범선'은 짧지만 파란만장한 생애를 난파로 끝맺으며 다시는 항해할 수 없는 지경이 되었다. 모든 적선을 따돌리고, 1만 6,000킬로미터를 항해하며 그들을 안전하기 지켜줬던 배가 나소 항만의 얕은 앞바다에서 침몰한 모습을 훗날 떠올리며, 필립 미들턴은 '서글픈 장면'이었다고 아쉬워했다.

니컬러스 트롯의 호의에 감동해 예닐곱 명의 선원이 외딴 식민지 전초기지에 머물며 그들과 함께하며 잊혀지는 쪽을 선택했다. 물론 그런 결정을 내리는 데는 성적인 유혹도 한몫했을 것이다. 나소에 남은 사람들 중 상당수가 그곳 여인과 결혼했기 때문이다. (갑판장 애덤스는 며칠 만에 그곳의 여인과 결혼한 것으로 추정된다.) 그러나 나머지는 나소를 떠나 계속 이동했다.

해적왕의 향방

한두 주가 지나지 않아, 선원들은 탈출 방법에서 세 부류로 나뉘었다. 첫째로는 스물세 명이 외돛대 범선을 구입해 잉글랜드로 곧장 귀향하는 길을 선택했다. 체계적이지 못한 템스강 선창의 출입국 관리소를 슬그머니 통과해 가족과 사랑하는 사람들의 품에 돌아갈 수 있을 것이라 확신한 사람들이었다. 둘째로는 가장 많은 선원이 선택한 방법으로, 그들이 해적들의 피난처를 찾아 마다가스카르와 나소를 선택했던 전략과 똑같았다. 이번에는 그 목적지가 달랐을 뿐이다. 그들은 아메리카 식민지로 향했다.

아메리카 본토가 선택된 이유로는 지리적 인접성이 있었다. 500킬로미터도 떨어지지 않은 곳에 찰스턴이 있었다. 아메리카로 향한 데는 법적인 이유도 있었다. 아메리카 식민지는 해적을 양성하고 용인한다는 소문이 있었다. 로드아일랜드 출신인 토머스 튜가 1693년 홍해에서 엄청난 약탈에 성공한 이후로 그 소문이 더 널리 퍼졌다.

적어도 에브리 해적단에게 그 소문은 맞았다. 캐롤라이나로 항해한 50명 중 단 한 명도 건스웨이호와 관련된 범죄로 유죄 판결을 받지 않았다. 물론 법을 위반한 사람도 적지 않았지만, 다수는 감쪽같이 사라졌다. 여하튼 궁극적으로 그들 중 누구도 그 범죄로 처벌을 받지 않았다. 몇몇 보고서에 따르면, 에브리의 선원들은 인도양에서 보낸 멋진 날들을 공공연히 떠벌리고 다녔다. 1697년 초, 에브리의 선원들이 팬시호 선상에서 벌인 모험담으로 선술집의 술꾼들을 즐겁게 해주는 걸 엿들었다는 펜실베이니아 식민지 주민이 제임스 후블론에게 편지를 보냈다. 그 편지에 따르면, 분위기가 느슨해지면 해적들은 자신의 신분을 굳이 감추려고도 하지 않았고 "술잔을 기울이며 그때의 사건을 공공연히 자랑하고 떠벌렸다."[1]

아메리카 식민지는 그 해적들에게 또 다른 이점이 있었다. 바로 노예가 활발히 매매되는 시장이다. 십중팔구 그들은 기니에서 사로잡았거나 레위니옹섬에서 매입한 노예들 중 일부를 캐롤라이나까지 끌고 와서, 남은 보물들과 함께 매각했을 것이다. 필립 미들턴에 따르면, 적잖은 노예가 나소에서 트롯과 그곳 사람들에게 팔렸다. 그 노예들 중 일부가 그 섬에 남았다고 가정하면, 그들은 바하마제도의 인구통계 변화에 큰 역할을 했을 것이다. 오늘날 바하마는 인구의 80퍼센트가 아프리카계로, 노예제도가 빚어낸 거대한 디아스포라의 작은 부분이다.

헨리 에브리는 니컬러스 트롯의 허락을 받아 나소에 상륙하고, 두 달이 지난 후에 헨리 애덤스와 존 댄 등 처음부터 그를 따랐던 스무 명의 선원과 함께 그곳을 떠났다. 세계 최고의 지명수배자를 따랐던 까닭에 그들은 잉글랜드로 곧장 귀항하는 위험을 감수하지는 않았다. 그들은 '시플라워(Sea Flower)'라는 외돛대 범선을 구입해 북동쪽에 위치한 아일랜드로 향했다. 헨리 애덤스는 신부를 그 여정에 데려가며, 역사상 가장 험난한 신혼여행을 시작했다.

6월 말의 어느 날, 시플라워호는 던파내기라는 작은 항구로 들어갔다. 벨파스트에서 북서쪽으로 160킬로미터쯤 떨어진 시프헤

이븐만의 서쪽 끝에 자리 잡은 항구였다. 댄의 증언에 따르면, 그들이 항구에 입항하자마자 '하역 감시인', 즉 세관원이 들이닥쳤고, 1인당 3파운드의 뇌물을 받는 대가로 그들이 더블린 쪽으로 계속 여행하는 걸 허락했다. 여전히 벤저민 브리지먼이라는 가명을 사용하던 에브리는 일행과 함께 10킬로미터쯤 여행하다가 일행들에게 이제부터 헤어져 혼자만의 길을 가겠다고 선언했다. 훗날 댄은 당시를 회상하며 "그가 스코틀랜드 도나게디 쪽으로 갈 거라는 얘기를 들었다. 또 잉글랜드에 들어가면 플리머스 출신이니까 엑서터로 갈 거라고 말하는 것도 내 귀로 직접 들었다"라고 말했다.[2]

인간 사냥

에브리와 선원들이 영국제도 곳곳으로 흩어졌을 때쯤, 동인도회사의 런던 본사에서는 해적특별위원회가 인간 사냥을 위한 노력을 배가하고 있었다. 시플라워호가 아일랜드에 입항하고 서너 주가 지났을 때 에브리 체포에 포상금을 내건 법무성의 성명이 발표되었다. 동인도회사는 그 성명을 100부가량 인쇄해서 인도 곳곳의 무역 사무소에 보냈다. (동인도회사는 에브리의 행방을 알려주는 인도인 정보 제공자에게 4,000루피의 보상금을 추가로 내걸었다.) 7월 말쯤에는 아이자 후블론을 비롯한 특별위원회도 에브리가 나소에 상륙해 한 동안 체류했지만 일부 선원만을 데리고 잉글랜드와 아일랜드로 되돌아오고 있다는 소문이 나돈다는 걸 알게 되었다. 동인도회사의 총무 로버트 블랙본은 영국 내 모든 항구의 지역 당국에 즉각 편지를 보내, 에브리와 그 선원들을 추적해달라고 요청했다. "헨리 에브리 선장은 지금 브리지먼이라는 가명으로 행세하고 있습니다. 그들 중 누구라도 체포하려면 여러분의 도움이 절실히 필요하고, 왕국에도 큰 도움이 될 것입니다."[3] 새뮤얼 애니슬리의 계획 덕분에 에브리의 범죄를 통해 동인도회사는 인도양에서 해군력을 강화할 기회를 얻었고, 국내에서는 인간 사냥을 통해 회사 관계자들이 법 집행 당국과 밀접한 관계를 맺을 기회를 얻었다. 사실 블랙본은 이사회 회의록을 필사하고, 회사의 해외 대리인들에게 편지를 쓰는 총무에 불과했다. 그러나 에브리가 탈주 중이었기 때문에 그에게는 새로운 책무, 즉 전국적으로 에브리를 추적하는 지명수배령을 내리는 책무가 주어졌다. 동인도회사는 전국의 대리인들에게, 지역 법 집행기관이 용의자를 체포했다는 소식이 들리면 곧바로 달려가 그 용의자를 심문하고 런던으로 데려올 준비를 갖추라고 지시했다. 그 이전에는 정치적 갈등과 추문이 발생하면 정부와 동인도회사의 관계가 악화되었지만, 에브리와 그의 범죄가 제기한 위협적 상황에는 두 기관이 공동 전선을 펼치며 하나가 되었다. 일반적인 경우였다면 국가에 전적으로 위임했을 많은 일을 동인도회사가 떠안을 정도로 두 기관은 밀착되었다.

존 댄은 육로로 더블린까지 여행한 후, 그곳에서 배를 타고 웨일스의 홀리헤드로 향했다. 런던에 잠시 체류한 뒤, 댄은 고향 로체스터가 있는 북쪽으로 방향을 잡았다. 고향에 도착한 댄은 지역 여인숙에 방 하나를 구했다. 하지만 안타깝게도 그의 귀향은 파국을 초래하고 말았다. 댄은 역사상 최대의 약탈에 가담한 덕분에 얻은 상당한 수익을 재킷 안감 안쪽에 감추고, 1만 6,000킬로미터 이상을 여행한 터였다. 그러나 그가 로체스터에 도착한 그날, 방을 청소하던 하녀가 옷가지를 정리하다가 코트가 유난히 무겁다는 걸 눈치챘다. 하녀는 댄을 지역 당국에 고발했고, 당국은 '댄의 재킷 안감 안쪽에' 감춰진 1,000개의 터키 동전을 찾아냈다. 로체스터 시장은 동전을 압수하고, 댄을 절도 혐의로 감옥에 가뒀다.

댄 체포는 시작에 불과했다. 여름 동안 리버풀과 더블린, 뉴캐슬, 에브리의 고향 근처인 웨스트컨트리에서 일곱 명이 더 체포되었다. 해적특별위원회는 저인망 수색에 일조한 공무원들에게 조금씩 지급한 '포상금'과 현상금으로 1,000파운드가량을 썼다.[4] 특별위원회는 죄수들을 런던까지 압송하는 비용까지 부담했다. 죄수들에게는 최대한 공개된 상황에서 한꺼번에 재판이 시행될 예정이었다.[5] 해적들이 건스웨이호에서 저지른 잔혹상을 자세히 기록한 존 게이어의 편지가 1695년 말 런던에 도착한 이후로, 동인도회사와 영국 정부 내 그들의 협력자들은 그 해적들에게 법의 철퇴를 가할 수 있기를 간절히 바라던 터였다. 마침내 그들은 여덟 명의 해적을 체포했다. 그리하여 세계, 특히 아우랑제브는 해적 행위에 대한 영국의 진정성을 가늠할 수 있었다.

The Trial

재판

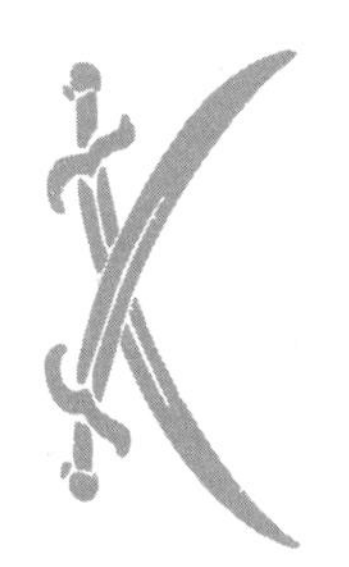

28

○

해적의 나라

런던

1696년 9월부터 10월까지

아우랑제브가 수라트 무역 사무소 직원들의 가택 연금을 풀어준 뒤, 동인도회사는 남동아시아 무역 업무를 다시 시작했다. 그로부터 수개월이 지나, 존 게이어는 건스웨이호 위기와 그 영향에 대해 분석한 편지를 런던에 보냈다. 그 편지에서 그는 영국 정부가 국내외에서 해적 행위에 단호히 대처할 필요성을 역설했다. 드레이크 시대, 즉 해적들이 해외에서 영국 이익의 비공식적인 대변자로 여겨지던 시대의 관습이, 적으로 선포된 국가들이나, 네덜란드인들이 거의 독점한 향료제도 같은 부족 사회를 상대할 때는 효과가 있었을지 모르지만, 인도 같은 진정한 무역 상대국에게는 드레이크 시대의 너그러움이 더는 타당하지 않다는 게 게이어의 주장이었다. 따라서 게이어는 아우랑제브가 '건스웨이' 협약에서 동인도회사에게 합법적으로 부여한 홍해 경찰권을 영국 정부도 똑같이 부여해야 한다고 주장했다. “인도에서 해적들을 진압하고, 그곳에 범한 잘못에 따라 해적들을 응징할 권한을 위임하는 조치가 취해지지 않는다면, 우리는 본국에 돌아갈 때마다 해적들에게 가한 행위로 인해 비난받을까 두려울 것이고, 해적들은 빈번한 손실을 복수하겠다며 시시때때로 우리 목을 따려고 할 것입니다.” 게이어는 동인도회사의 경제적 이익을 호소하며 그 편지를 끝맺었다. 특히 홍해 해적들을 눈감아주면 ‘인도와의 무역도 결국에는 완전히 잃고 말 것’이라고 예측했다.

공개재판의 시작

해적들과의 싸움은 애니슬리가 제안한 ‘바다의 파우지다르’의 영역 밖에서도 진행되었다. 에브리의 선원 중 여덟 명을 생포하자, 영국 정부는 그 인류 모두의 적들을 매섭게 응징하기 위한 공개재판을 시작했다. 이미 에브리 선장의 모험적이고 낭만적인 신화가 발라드몽거와 소책자 집필자에 의해 널리 퍼진 뒤였다. 하지만 정부에게는 그런 신생 출판물에는 없는 ‘형사재판’이라는 강력한 무기가 있었다.

물론 그런 대중 출판물이 번창했지만, 형사재판이 제공하는 극적이고 충격적인 사건들에 거의 기생해 존재한 것은 사실이었다. 엄격히 말하면, 발라드몽거들이 노래하는 많은 '발라드'는 실인 사건의 재판 기록에 음율을 붙인 것에 불과했다. 그렇다고 길모퉁이에서 목소리를 높여 출판물을 파는 호객꾼들과 원조 언론인들이 재판 자체에 영향을 줄 수는 없었다. 그들은 소비자의 입맛에 맞도록 사건을 선정적으로 꾸미고 왜곡하는 짓을 일삼았지만, 재판 과정을 전달하는 매개체일 뿐이었다. 공개재판은 정부에게 주어진 확성기와 같았다. 따라서 역사학자 더글러스 버제스가 '역사에서 큰 획을 그은 해적 이야기'라 칭한 사건의 재판이 처음부터 끝까지 더욱 주목받을 수 있었다.

> 정부와 상무원에게는 나쁜 이미지가 있었다. 잉글랜드는 '해적의 나라'로 인식되었고, 그때서야 그런 비난이 적어도 식민지에서는 사실이었다는 걸 알아가고 깨달아가고 있었다. 에브리의 선원들을 공정하게 심판하고, 무굴제국과의 관계를 재정립하는 크나큰 과제도 있었지만, '해적은 인류 모두의 적'이라 고 생각한다는 정부의 입장을 명확히 드러내보이는 수단으로 재판을 활용하는 것이 무엇보다 중요했다. …… 요컨대 해적은 잉글랜드만이 아니라 전 세계의 적이라는 입장을 표명함으로써 에브리 해적단은 최악의 국제범죄 조직이 되었고, 영국은 해적의 근절을 최우선적인 국가 과제로 삼아야 했다.[1]

형사재판은 그 '역사에서 큰 획을 그은 이야기'를 확고히 하는 데 '사형'이라는 또 하나의 중요한 수단을 국가에 제공해줬다. 에브리의 선원들이 해적 처형장에서 교수형에 처해진 모습은 잉글랜드가 건스웨이호 공격에 가담한 국제범죄자들에게 더는 너그럽지 않다는 걸 세계만방에 분명히 하는 메시지였다.

이 모든 것이 영국이라는 나라의 법정만이 아니라 더 넓게는 여론 재판에서 든든한 기준을 제시해줬다. 여론 법정은 독일 사회학자 위르겐 하버마스(Jürgen Habermas)가 훗날 공론장(Öffentlichkeit)이라 칭했던 것으로, 카페에서의 열띤 토론, 소책자 집필, 인도에서의 연설 등 당시에 잉태된 새로운 영역이었다. 이 공론장이 훗날 18세기 계몽시대의 문화를 결정하는 데 중요한 역할을 했다. 그러나 이런 도구들(형사재판이 진행된 공공 극장, 국가가 묵인하고 후원한 사형이라는 폭력)은 해적 사건에 적용된 사법 관할권의 변화에 크게 영향을 받았다. 해적들의 범죄는 거의 언제나 영국 법이 적용되는 지리적 영역 밖에서 행해졌기 때문에, 해사(海事)법원에서 재판하는 민사사건으로 취급하는 게 역사적인 관례였다. 또 민사재판은 대중에게 공개되지 않았고, 피고에게 법정대리권을 광범위하게 인정했다. 무엇보다, 해사법원에는 사형을 언도할 권한이 없었다. 그러나 17세기 말, 영국 관습법에 따른 형사재판은 힘의 균형추가 국가 쪽으로 크게 기울어 있었다. 따라서 형사재판에서는 사형이 언도되기도 했을 뿐만 아니라, 피고가 법적 조언을 받는 것도 허락되지 않았다. 기소자 측에서는 훈련된 전문가들이 사건을 담당한 반면에 피고 측에서는 피고 자신의 제한된 법적 지식에 의존하는 수밖에 없었다. 또한 형사재판에는 일반 대중이 참석할 수 있어, 그들이 비틀고 왜곡해 전한 진술들이 소책자 집필자와 발라드몽거에 의해 극적인 이야기로 탈바꿈되었다.

1600년대 동안 해적 사건에 대한 민사 판례가 해적들을 기소하려는 정부의 노력을 방해한다는 게 분명해지자, 법을 개정하려는 일련의 움직임이 시작되었다. 그 결과로 해적과 관련된 범죄가 특별한 범주로 분류되며 이중적 성격을 띠게 되었다. 다시 말하면, 해적 행위가 기술적으로는 해사법원 관할의 민사 범죄로 규정되지만, 영국의 안정과 무역 관계에 미치는 위협뿐만 아니라 해적 행위 자체의 극단적인 면을 고려해 관습법 법정으로 사법 관할권을 넘긴 것이었다. 에브리 해적단이 한 세기 전에 범죄를 저질렀다면 그 재판은 '큰 획을 그은 해적 이야기'가 되기에 턱없이 부족했을 것이고, 선원들도 사형을 당할지 모른다는 두려움이 없었을 것이다. 그러나 관습법으로 관할권이 이동했다고 해적들에게 전적으로 불리한 것만은 아니었다. 실낱 같은 이점도 있었다. 관습법 재판은 배심원단에 의해 결정됐다. 달리 말하면, 해적 행위 자체를 혐오하는 성향을 띠던 해군성의 연로한 정치인들이 아니라, 평범한 시민들로 구성된 배심원단이 해적들의 유무죄를 결정한다는 뜻이었다. 게다가 해적 행위에 대한 시민들의 생각은 '호스티스 후마니 제네리스(인류 모두의 적)'라는 법적인 규정보다 발라드몽거와 소책자 집필자에게 더 많은 영향을 받았다.

변절자의 등장

증인 문제도 있었다. 해적들이 건스웨이호를 공격했을 때 실제로 피해를 입은 사람이 법정에 출석해 증언할 가능성은 전혀 없었다. 더구나 1696년경 평범한 영국 시민들로 구성된 배심원단이 바다에서 약탈당한 무슬림 상인의 진술에 동조할 가능성도 거의 없었다. (건스웨이호에서 자행된 성폭력은 법정에 다툴 만한 문제가 아니었다. 강간 재판 자체가 17세기 잉글랜드에서는 거의 없었고, 피해자가 외국인인 경우는 실질적으로 존재하지 않았다.) 또한 기소 이후에 해적들을 처형하는 결정을 설득력 있게 끌어내려면, 해적들의 자백이 있어야 했다. 달리 말하면, 체포된 해적들 중 적어도 한 명이 잘못을 뉘우치며 당시 현장의 목격자로서 증언해야 했다.

다행스럽게도 정부는 그런 변절자를 찾아냈다. 처음으로 체포된 해적, 존 댄이었다. 당국이 로체스터의 해적 존 댄으로부터 자백을 끌어내기 위해 어떤 수단을 사용했는지는 분명하지 않지만, 재킷 안쪽에서 터키 동전이 발각되고 며칠이 지나지 않아 댄은 에브리 해적단의 약탈 과정을 처음부터 끝까지 자세히 털어놓았다. 8월 3

일, 댄은 선서를 하고, 스페인 앞바다에서 일으킨 선상 반란부터 인도양에서의 공격 및 니컬러스 트롯이 제공한 피난처까지 지난 2년의 시간을 빠짐없이 증언했다. 물론 에브리와 함께 아일랜드에 입항할 때까지의 이야기도 빼놓지 않았다. 바로 다음 날, 아일랜드 법무성은 필립 미들턴으로부터 유사한 증언을 끌어냈다. (그 이후에 동인도회사 본사에서 개최된 위원회 회의의 회의록에 따르면, 미들턴이 동료들에게 불리한 증언을 한 대가로 회사 측은 미들턴의 어머니에게 여러 차례에 걸쳐 보상금을 지급했다.[2]) 또 수십 년 전부터 법을 개혁하려고 노력한 덕분에 법체계가 확립되어, 영국 정부는 해적 행위가 영국의 가치관에 상반된다는 것을 세계만방에 입증할 수 있었다. 댄과 미들턴의 증언을 확보했으니 이제는 다른 것, 즉 증거가 필요했다.

핵심적인 증인들은 확보되었으니 이제 정부가 해결해야 할 최종적인 문제는 '죄수들을 어떤 죄로 기소해야 하는가?'였다. 그들이 범한 위법 행위는 한두 가지가 아니었다. 첫째로, 영국인 선장에 대항해 선상 반란을 일으킨 후에 런던 유력자들의 소유인 전함을 탈취했다. 또 파트마흐마마디호와 건스웨이호 선상에서 해적 행위를 저질렀고, 두 배에 탄 남자와 여자를 학대하고 강간했다. 1694년 여름에는 영국과 덴마크 사략선을 탈취했고, 마이드에서 모스크를 불태웠다.

영국 정부는 재판을 준비하며 수개월을 보냈고, 마침내 '해적의 나라'라는 오명을 씻어내겠다는 목표를 세웠다. 법무성, 해군성과

상의한 끝에 주임검사 헨리 뉴턴은 무굴제국 황제에게 범한 범죄를 중심으로 기소하기로 결정했다. 그 재판은 영국 정부가 더 이상 해적 행위를 두둔하지 않는다는 걸 전 세계에 과시할 기회를 영국과 동인도회사에게 부여해줬다. 다시 말하면, 전 세계인을 대상으로 영국에 호의적인 여론을 조성하려는 공개재판이었다.

1696년 10월에 재판에 회부된 여섯 명의 해적은 많은 범죄를 범했지만, 그들을 고발한 기소장에는 하나의 범죄, 즉 '건스웨이라는 선박에서 미상의 사람들로부터 흉포하고 악랄하게 탈취'한 죄만 언급되었다.

29

○

유령 재판

런던 올드베일리
1696년 10월 19일

시티 오브 런던(City of London, 과거의 런던으로 금융의 중심지 – 옮긴이)의 원래 경계지 안쪽에서 북쪽으로 뻗은 이른바 올드베일리(Old Bailey) 거리는 거의 1,000년 전부터 영국 사법제도와 밀접한 관계가 있었다. 로마인들은 이 도시에 들어서는 일곱 관문 중 하나를 그곳에 지었고, 12세기의 언젠가에는 그 관문을 개조해 채무자와 흉악범을 가둬두는 작은 감옥을 두었다. 시간이 지남에 따라 그 감옥은 뉴게이트 감옥(Newgate Prison)으로 알려지게 되었다. 다시 수세기가 지난 후에는 중세의 법원이 그 자리에 세워져, 피의자와 기결수를 재판정까지 데려가기가 한결 쉬워졌다. 이 법원은 그 관문에서 '올드베일리'라는 이름을 갖게 되었다. 베일리(baily)는 성이나 요새에서 외벽 안의 공간을 뜻한다. 원래의 법원은 1666년의 화재로 전소되었고, 7년 후에 이탈리아풍의 3층 건물이 그 자리에 다시 세워졌다. 1675년에 제작된 한 동판화에는 그 건물의 가장 뚜렷한 특징, 즉 1층의 주 법정이 동쪽으로 개방된 채 세션스하우스야드(Sessions House Yard)라 일컬어지는 야외 공간과 연결된 모습이 잘 묘사되어 있다. 법정은 위생을 이유로 항상 열려 있었다. 당시 발진티푸스가 '감옥 열병(gaol fever)'이라는 별명을 얻을 정도로 뉴게이트 감옥에 걷잡을 수 없이 확산되자, 법정에 맑은 공기를 계속 흐르게 하면 변호사와 치안판사를 그 질병으로부터 보호할 수 있을 것이라 생각한 때문이었다. 공중위생의 관점에서 보면, 이런 환기는 아무런 효과가 없다. (발진티푸스는 대개 이[虱]와 진드기에 의해 전염되기 때문이다.) 그러나 법원의 건축 구조가 재판과 대중의 관계에는 중대한 영향을 미쳤다. 법정이 바람에 노출된 때문에 구경꾼들과 기자들이 길에 모여 재판 과정을 지켜보며, 때때로 야유와 조롱을 퍼부을 수 있었다. 따라서 세션스하우스야드에 모인 군중들이 밖에서 내지르는 소리에 적잖은 배심원이 개인적인 판단에 영향을 받았을 것이다.

에브리 없는 에브리 재판

1696년 10월 19일 아침에도 많은 군중이 악명 높은 에브리 해적단을 힐끔이라도 보려고, 더 정확히 말하면, 그들의 증언을 멀리에서라도 들으려고 올드베일리 밖에 이른 시간부터 모여들었다. 법원 앞의 빈터에서는 증인 존 댄과 필립 미들턴이 구경꾼들과 법원 직원들과 뒤섞인 채 법정에 들어갈 차례를 기다렸고, 철못이 위쪽에 빼곡이 박힌 벽돌담이 댄과 미들턴을 여섯 명의 옛 동료들과 갈라놓고 있었다. 동료들이 있는 곳은 베일독(bail dock, 형사재판 과정에서 피고를 가둬두는 법정의 공간-옮긴이)이라 알려진 공간이었고, 그들도 벌써 한 달 전부터 감옥에 갇힌 채 재판을 기다리고 있던 터였다.

그들은 베일독에 서서, 법정 관리인을 통해 사건을 담당할 판사들의 이름과 지위를 들었을 것이다. 교육을 받지 못한 선원들에게는 그 이름들이 무의미하게 들렸겠지만, 당시 영국 사법계를 조금이라도 아는 사람이었다면 그 명단이 어마어마하다는 걸 즉각 알아차렸을 것이다. 고등해사법원 판사 찰스 헤지스(Charles Hedges, 1649~1714) 경이 주심판사였고, 영국의 사법 체계에서 국왕이 어떤 식으로든 관련된 사건을 전문적으로 다루던 법원의 수석재판관이던 존 홀트(John Holt, 1642~1710) 경이 배석판사였다. 절도를 비롯해 개인 재산과 관련된 민사사건을 주로 다루던 고등민사법원과 재무법원의 수석재판관들도 판사석에 앉아 있었다. 영국 사법계에서 가장 영향력 있고 뛰어난 판사들이 해적 사건을 심판하려고 올드베일리에 모인 셈이었다. 아이작과 제임스 후블론의 동생으로 런던 시장경을 지냈고 당시 잉글랜드은행의 초대 총재이던 존 후블론도 다른 고위 관리들과 함께 그 재판을 지켜봤다.

이런 강력한 재판진은 선원들을 공정하게 재판하기보다는 유죄를 확실히 끌어내기 위해 꾸려진 것이었다. 이 재판을 주도한 법무성은 에브리를 '영국 상인들에게 큰 피해를 가한 해적'이라고 비난하는 성명을 7월에 공포한 주체였다. 법무성은 아이작 후블론과 동인도회사의 특별위원회와 긴밀히 협력하며 영국 무역망을 통해 에브리에 대한 인간 사냥을 널리 알렸고, 에브리의 현상금으로 500파운드를 내건 회사의 결정을 쌍수를 들어 환영하기도 했다. (1696년 초, 헤지스 판사는 스페인 원정 해운에 참여했지만 급여를 받지 못한 선원들이 제기한 소송을 기각하며, 제임스 후블론을 비롯한 투자자들의 손을 들어준 적이 있었다.) 정확히 말하면 해적을 기소한 검사는 헨리 뉴턴이었지만, 헤지스 판사와 홀트 판사가 해적들의 심문에 적극적으로 참여하며 이 사건에 대한 개인적인 선입견을 숨기지 않았다. 요즘의 사건에 비교한다면, 연방대법원 판사들이 판사석에 앉아 검사처럼 피고를 직접 심문했던 O. J. 심슨(Orenthal James Simpson) 사건과 유사했다. 에브리 해적단은 그해 10월 아침에 올드베일리에서 그런 상황에 맞닥뜨린 것이었다.

헤지스 판사는 대배심원단에게 주의 사항을 알리는 것으로 재판을 시작했다. 대배심원단의 역할은 기소에 찬성하는 '빌라베라(billa vera, 기소가 옳다고 인정하는 문서 – 옮긴이)'를 발표하거나 보류하는 것이었다. 여섯 명의 피고가 베일독에 서 있는 동안, 일곱 명을 기소한다는 기소장이 낭송되었다. 중년의 급사장 윌리엄 메이, 19세의 존 스파크스, 에드워드 포사이스, 윌리엄 비숍, 조지프 도슨, 제임스 루이스, 그리고 헨리 에브리였다. (법정 자료에는 에브리가 올드베일리에 출석하지 않은 사실이 짤막하게 '궐석'이라고 기록되었다.) 헤지스 판사는 배심원단에게 사건의 개요를 말하고, 해적 행위에는 예외적으로 민사와 형사가 합동으로 진행된다고 설명한 후에 사건의 기소 타당성을 판단해달라고 부탁했다. 법정 기록에 따르면, 배심원단은 '금세' 돌아와 기소가 적법하다고 판단한다는 결정을 전해줬다. 헤지스의 지시에, 간수들이 여섯 명의 피고를 법정으로 데리고 들어왔다. 그리고 인류에 반한 그들의 범죄에 대한 재판이 시작되었다.

무죄 선언

법원의 건축 구조는 법정에 모든 권위가 수렴되고 집중되도록 설계된 것처럼 보였다. 법정의 장식이 국가의 권위를 한층 높여줬다. 특히 문장과 문양은 군주국의 위엄을 상징하기에 충분했다. 판사석 아래에 펼쳐진 태피스트리에 수놓아진 세 개의 닻은 해군성을 상징했다. 올드베일리 법정은 잿더미에서 재건된 지 수십 년밖에 지나지 않아, 그 피고들이 여지껏 들어갔던 어떤 공간보다 화려하게 장식된 방이었을 것이다. 그들이 그곳에 발을 들여놓았다는 사실만으로, 국외자라는 그들의 신분이 두드러질 뿐이었다. 판사들은 높은 연단에 앉아 죄수를 내려다봤다. 피고들 위로 매달린 거울에 세션스하우스야드에서 흘러드는 햇살이 반사되어 그들의 눈을 비췄다. 배심원들이 피고들의 얼굴 표정을 보고, 피고들이 정말 정직하게 말하고 참회하는지 정확히 판단할 수 있도록 거울을 그렇게 배치한 것이 분명했다. (피고들의 말을 증폭시키는 공명판도 있었다.) 런던에는 화창한 날이 드물어 그 효과가 의심스러울 수 있었다. 그러나 이런 음침한 날에도 그런 배치에 담긴 메시지는 명확했다. 피고들은 국가의 날카로운 눈과 조사를 결코 벗어나지 못할 것이라는 경고였다.

이제 법정에 선 해적들은 헤지스 판사가 기소장을 다시 읽는 걸 들어야 했다. 다섯 명은 무죄를 주장했고, 조지프 도슨만이 유죄를 인정했다.

배심원들의 선서가 있은 후, 흰 가발을 쓰고 주름 장식이 달린 흰 칼라를 목에 두른 주임검사 헨리 뉴턴이 일어나 모두진술을 시작했다. 기소장의 내용을 기본적으로 되풀이하며, 뉴턴은 피고들이 아우랑제브에게 저지른 범죄부터 설명하기 시작했다. "죄수들은 해적 행위로 기소되었습니다. 그들은 인도양에서 무굴 황제와 그 백성에게 속한 상선 건스웨이호에서 막대한 재물을 강탈하고 약탈했습니다." 그러고는 헨리 에브리가 해적으로 범한 범죄들, 예컨대 스페인 앞바다에서의 선상 반란, 대서양과 인도양에서 저지른 '많

은 잔혹한 해적 행위', 건스웨이호에 대한 공격까지 간략하게 요약했다.[1]

사건의 개요를 서술한 후, 뉴턴은 핵심적인 논점으로 넘어가, 영국은 해적 행위를 용납하지 않을 것이라 역설했다. 여기에서 뉴턴은 존 게이어가 한 해 전에 봄베이캐슬에서 전개한 논증을 전폭적으로 인용했다. 요컨대 영국이 인도와의 무역으로 이득을 얻고자 한다면, 또 전 세계의 어떤 국가와도 신뢰할 만한 상거래를 맺고 싶다면, 해적 행위를 강력히 규탄할 필요가 있다는 주장이었다. 뉴턴이 설명했듯이, "무굴 황제의 힘과 언제라도 복수하는 인도인의 생득적 성향을 고려할 때, 건스웨이호를 겨냥한 약탈은 무역에 치명적인 영향을 미칠 가능성이 컸다." 그는 배심원단에게 '그들의 범죄에 합당한 판단을 내려주시면 그 치명적인 영향'을 바로잡을 수 있을 것이라 역설했다. 뉴턴의 주장에 따르면, 문제의 범죄는 개인의 재산권만이 아니라 세계 무역망까지 침해했기 때문에 그 성격이 전통적인 강도 사건보다 훨씬 더 심각했다.

> 해적 행위는…… 육지의 절도나 강도보다 위험한 것입니다. 왕국과 국가의 이해관계는 개별적인 가문이나 특정한 개인의 이익보다 우위에 있기 때문입니다. 해적을 묵인하면, 우리나라가 적극적으로 참여해 많은 수익을 거두고 있는 세계 상거래는 중단될 것이 분명합니다. 해적들이 어떤 짓을 했는지 밝혀졌는데도 아무

런 벌을 받지 않는다면, 우리 국민이 전쟁에 휘말려 피를 흘리고, 해당 국가에 거주하는 무고한 영국인들이 죽임을 당하고, 인도와의 무역이 완전히 중단되는 결과를 맞을 수 있습니다. 그렇게 되면, 우리 왕국도 가난과 싸워야 할지 모릅니다.[2]

뉴턴의 모두진술에서 마지막 문장은, 게이어가 고뇌에 차서 런던의 동인도회사 이사들에게 보낸 편지를 그대로 인용한 것과 다를 바가 없었다. 배심원들이 선서한 의무를 제대로 수행하며 에브리 해적단에게 법의 심판을 내리지 않으면, 그 죄인들이 처벌을 받지 않는 데서 끝나지 않고 '우리 왕국이 가난과 싸워야' 하는 결과를 맞게 될 것이라는 주장이었다.

재판의 중대성을 그렇게 규정해두고, 검찰 측은 두 핵심 증인을 불렀다. 존 댄과 필립 미들턴이 법정 경위들의 호위를 받으며 증인석에 앉았다. 증인석은 법정에 서 있던 피고들의 맞은편에 있었다. 몇 달 전만 해도 열대 섬에서 약탈의 성공을 기원하며 건배하던 여덟 명이었다. 그런데 이제 그들은 올드베일리 법정에서 서로 적이 되어, 마주 보게 되었다. 지난 2년 동안 그들을 하나로 묶어주던 연대 의식이 템스강 변의 해적 처형장에 겁먹어 증기처럼 사라져버렸다. 그들은 이제 불구대천(不俱戴天)의 적이 되었다.

그 이후에 어떤 일이 벌어졌는지는 정확히 알 수 없다. 댄과 미들턴이 공해상에서 범한 해적 행위를 이야기하며 옛 동료들이 인륜에 반해 범죄를 저질렀다고 비난했고, 뉴턴이 피고들을 심문했다. 십중팔구 법정 대리인도 없이 법정에 서 있던 여섯 피고는 한정된 법 지식을 짜내며 나름대로 변론해보려 했을 것이다. 하지만 그 밖의 것은 전부 추측에 불과하다. 법정 기록은 여지껏 공개된 적이 없었다. 실제로 영국 정부는 재판 기록 공개를 오랫동안 금지했다. 헨리 에브리의 이력에서 이 공백, 즉 해적 재판에서의 궐석은 고문서 관리가 부실해서 신뢰할 수 없기 때문만은 아니다. 뉴턴의 모두진술 이후의 기록도 존재하지 않는다. 역사에서 큰 획을 그은 이야기의 탄생을 방해하며, 아우랑제브에게 영국인에 대한 자신의 의혹을 재확인해주는 메시지를 보내는 배심원단의 평결로 재판이 끝난 때문이었다. 윌리엄 메이, 존 스파크스, 에드워드 포사이스, 윌리엄 비숍, 조지프 도슨, 제임스 루이스 및 마지막 한 사람까지 모두 무죄 선고를 받았다.

여섯 명은 인륜에 반한 범죄와 인도 무굴 황제의 재산과 친척에 피해를 입힌 죄로 기소되었지만, 동포인 배심원들에게 모든 혐의에 대해 무죄 판결을 받았다. '궐석'이었지만 동일한 혐의로 기소되었던 헨리 에브리까지 혐의를 벗었다.

30

○

동의라는 게 무엇입니까?

런던 올드베일리
1696년 10월 31일

영국 정부가 에브리 해적단을 기소한 사건에서 패소한 이유가 무엇이었을까? 어떤 법적인 책략이 역효과를 낳았거나, 피고들이 한정된 지식으로도 자신들의 행위를 기막히게 변론했을 수도 있다. 그러나 이후의 사건들을 고려하면, 이런 두 가정은 설득력이 떨어진다. 그 사건을 주도한 해군성과 법무성이 헨리 에브리의 신화가 민중에게 파고들어 남긴 깊은 인상을 과소평가한 탓에 충격적인 무죄 선고가 내려졌다고 설명하는 편이 더 설득력이 있는 듯하다. 정부는 법정에 피고로 선 해적들이 무굴 황제와 인도라는 국가의 재산을 약탈했다는 사실을 설득력 있게 논증했다. 그러나 배심원들은 대담한 헨리 에브리와 무모한 모험가들의 영웅적인 이야기에 이미 길들여진 데다 8,000킬로미터나 떨어진 외국의 황제와 그 백성에게는 아무런 연민도 없었던 까닭에, 그런 행위로는 범죄가 성립되지 않고, 사형을 받을 만한 범죄는 더더욱 아니라고 생각했을 수 있다.

피해자 바꿔치기

어떤 이유에서든 배심원단의 평결은 영국에게 재앙이었다. 에브리와 그 선원들은 건스웨이호를 약탈하고 거의 1년 동안 발각되지 않았다. 그러나 여섯 명이 체포되고, 두 명의 증인이 그들에게 불리한 증언을 했는데도 그들은 무죄 판결을 받고 풀려났다. 무죄 평결은 영국 정부에 대한 모든 혐의(영국 정부는 해적이 '인류 모두의 적'이라며 독설을 퍼붓지만 암묵적으로 해적을 지원한다거나 해적에게 강력히 법을 집행하지 않는다는 혐의)를 확인해주는 결과였다. 하지만 해군성은 에브리 해적단을 기소한 사건을 여론 조작용 재판, 즉 영국 정부가 해적을 결코 용납하지 않는 새로운 정책을 세계에 선포하는 기회로 활용할 계획을 세운 터였다. 게다가 해군성은 세션스하우스야드까지 찾아오지 못한 대영제국의 모든 시민들에게 재판 기록을 알려주겠다며 존 에버링엄(John Everingham)이라는 출판업자를 고용하기도 했다. 굳이 말할 필요도 없겠지만, 에버링엄은 재판 기록을 출판하지 못했다. 런던의 한 정기간행물은 재판을 보도하지 못하는 걸 사과하며, 편집진의 이름으로 "우리는 해적 재판에 대해 많은 기사를 준비했지만, 당국의 금지에 따라 모든 기사를 빼버렸다"라고 말했다.

유죄를 인정하지 않은 다섯 명의 해적은, 올드베일리에서 맞닥뜨린 강력한 재판진을 고려하면, 무죄 평결이 거의 기적처럼 여겨졌을 것이다. 하지만 평결 후에도 법정 경위들이 그들을 풀어주지 않고 다시 뉴게이트 감옥으로 데려가자, 무척 당황했을 것이다. 그래도 그들은 무죄 판결을 받았으니 언젠가는 석방될 것이라 기대하며 감방에서 이틀을 보냈다. 그 48시간 동안 헤지스와 홀트, 뉴턴 검사, 해군성의 관계자들이 열띤 대화를 나누었다. 그들은 섣불리 재판을 재개할 수 없었다. 법 집행기관이 어떻게든 다른 해적이나 헨리 에브리를 체포할 수 있지만, 그렇더라도 첫 재판에 대한 소식이 필연적으로 아우랑제브에게 전달되어, 게이어가 무굴 황제와 새로 맺은 허술한 협력 관계를 위협할 가능성이 컸기 때문이다. 한편 영국이 해적의 강탈을 더는 눈감아주지 않을 것이라는 중대한 발표가 설득력을 얻으려면, 뉴게이트 감옥에서 석방되기를 기다리는 사람들에게 어떤 조치가 취해져야 했다.

이런 진퇴양난을 해결할 방책은 역사학자 더글러스 버제스가 '기발한 법적 조작'이라 칭한 것을 통해 찾을 수 있었다.[1] 멀리 떨어진 무굴제국의 황제가 특별히 동정심을 유발하는 피해자가 되지 못한다면, 영국인 배심원들에게 상당한 동정을 얻을 수 있는 피해자와 그 역할을 바꾸지 못할 이유가 없었다. 해적들은 아우랑제브의 재산을 훔쳤을 뿐만 아니라, 제임스 후블론을 비롯해 스페인 원정 해운에 투자한 사람들의 재산도 탈취했다. 따라서 건스웨이호를 강탈한 죄로 해적들을 기소하지 않고, 찰스2세호를 절도한 죄를 중점적으로 파고들면 어떻게 될까? 그들은 '해적 행위'에 대해 무죄 판결을 받았지만, 영국 정부는 '선상 반란'을 이유로 그들을 다시 기소했다.

10월 31일 토요일, 여섯 명의 죄수는 다시 올드베일리 법정에 서서 새로운 기소 이유를 들어야 했다. 새로 구성된 배심원단이 입장하자, 홀트 판사는 첫 번째 재판의 평결에 대한 불쾌감을 감추지 않으며 판사석에서 큰소리로 말했다. "여러분이 이전 배심원단이었다면 결코 그렇게 평결하지 않았을 것입니다. 그 평결은 국가에 대한 모욕이었습니다."

헤지스 판사도 배심원단을 향한 공식적인 모두진술에서 한층 신중한 어조로 발언하며, 찰스2세호의 선상 반란을 해적 행위라는 범죄와 교묘하게 연결했다. "해적 행위는 바다에게 행해진 강도짓에 불과합니다. 해적 행위도 결국에는 해군성의 관할권 내에서 저질러진 강도 짓이기 때문입니다. 그 관할권에서 누군가 공격을 받고, 합법적인 이유도 없이 배나 물건을 강제로 빼앗긴다면, 그 행위는 강도 짓이고 해적 행위입니다." 누군가 스페인 항구에서 배를 탈취했든 인도양에서 보물을 강탈했든 간에 결국에는 해적 행위에 가담한 것이라는 뜻이었다. 해적 행위와 선상 반란의 결합이 이번 기소의 주된 특징이었다. 피고들은 "드넓은 공해에서 아코루냐로부터 약 15킬로미터쯤 떨어진 어떤 곳, 영국 해군성의 관할권 내에서…… 찰스2세호라고 불리던 상선의 지휘관 찰스 깁슨을 약탈적이고 흉포하게 습격했습니다."

죄수들은 기소 이유를 들으며 당혹감을 감추지 못했다. 바로 며칠 전에 그들에게 씌워진 모든 혐의에 대해 무죄 판결을 받지 않았던가? 그런데 왜 다시 올드베일리에 끌려와, 판사와 배심원단 앞에서 있는 것일까?

법원 직원이 첫 번째 재판에서 유죄를 인정했던 에브리의 항해장을 시작으로, 그들에게 유죄를 인정하느냐고 물었다.

"조지프 도슨, 당신은 이번 해적 행위와 강도 사건에 대해 유죄라고 인정합니까, 아니면 무죄라고 주장합니까?"

도슨이 어리둥절한 표정으로 대답했다. "이번 재판이 무슨 재판인지를 모르겠습니다."

"도슨은 모르겠다고 대답합니다." 법원 직원이 이렇게 말하자, 법원 서기가 도슨에게 유죄를 인정하든 무죄를 주장하든 둘 중 하나를 선택해야 한다고 알려줬다.

"유죄입니다." 도슨은 첫 재판의 대답으로 되돌아갔다.

에드워드 포사이스와 윌리엄 메이는 무죄라고 대답했다. 그러나 법원 직원이 어린 윌리엄 비숍을 돌아보며 똑같이 질문했을 때, 법정의 분위기가 눈에 띄게 혼란스러워졌다.

"윌리엄 비숍, 당신은 유죄입니까, 무죄입니까?"

"저는 기소문 전체를 다시 듣고 싶습니다."

한 판사가 대답했다. "방금 들었습니다. 하지만 원하면 다시 들을 수 있습니다."

"예전 기소문을 다시 듣고 싶은 겁니다." 비숍이 어떤 기소문인지 명확히 밝혔다.

그 판사가 매섭게 대답했다. "그럴 이유가 없습니다. 이번 사건은 저번 사건과 완전히 별개입니다."

결국 다섯 피고는 첫 번째 재판에서 그랬듯이 무죄를 주장했다. 첫 번째 재판의 배심원단은 그들이 아우랑제브에게 가한 해적 행위를 무죄로 평결했다. 이번에는 그들이 제임스 후블론에게 저지른 행위의 유무죄를 따지는 재판이었다.

두 번째 재판

해군 법무감 토머스 리틀턴(Thomas Littleton)이 일어나 배심원들을 바라보며, 낭랑한 목소리로 피고들을 비난했다. "그들의 사악함은 그들이 범죄를 저지른 바다만큼이나 끝이 없고 무자비했습니다." 게다가 그들의 범죄는 세상의 눈에 영국의 명성에 먹칠을 해 보였고, 온 세상이 "그들의 흉포함과 야만성을 알게 되었습니다"라고 과장했다.

찰스2세호의 이등항해사이던 조지프 그라베트가 처음으로 증인석에 불려 나왔다. 그라베트는 선상 반란 과정을 자세히 진술하며, 에브리의 부하들이 그를 붙잡아 선실에 가둬두었다고 주장했다. 하지만 그가 찰스2세호를 떠나 롱보트를 타기로 결정했을 때 에브리가 '친절하게' 코트와 조끼를 챙겨줬다는 말도 잊지 않았다. 그러고는 중요한 증거가 된 진술을 덧붙였다. 그가 롱보트에 옮겨 탈 때, "윌리엄 메이가 내 손을 잡으며 무사히 귀국하기를 빌어줬고, 부인에게 안부를 전해달라고도 말했다"라는 진술이었다.

"그럼 원하면 누구라도 배에서 내릴 수 있었던 겁니까?" 한 검사가 물었다.

그라베트가 고개를 끄덕였다. "깁슨 선장이 나에게 그렇게 말했습니다. 열일곱 명 정도가 배에서 내려 상륙한 것으로 기억합니다."

"배에는 더 많은 사람이 남았고요?"

"그렇습니다."

제임스호의 일등항해사 토머스 드루이트가 두 번째 증인으로 불려 나왔다. 그는 선상 반란의 암호, '만취한 갑판장'이라는 말을 듣고 어리둥절했고, 선상 반란자들을 제임스호로 귀환시키려 했지만 실패했다고 진술했다.

"그들에게 달려가 돌아오라고 명령했지만 그들은 거부했습니다." 드루이트가 배심원단에게 말했다.

드루이트의 증언이 있은 후, 검찰 측은 찰스2세호의 이등항해사 데이비드 크리그를 증인석에 불렀다. 크리그도 에브리와 함께 달아나기를 거부한 선원이었다. 크리그는 스페인에서는 명예로운 길을 택했지만, 차후에 해적 행위에 가담한 까닭에 그 사건으로 유죄 판결을 받아 당시 뉴게이트 감옥에 갇혀 지내던 신세였다. 크리그는 팬시호 조타실에서 에브리와 나눈 대화를 거론하며, 에브리 선장이 그에게 '함께 가자'고 제안했지만 거부했다고 진술했다. 그러고는 윌리엄 메이의 무죄 주장을 반박하는 치명적인 증언을 남겼다. "선실로 내려가던 길에, 이 재판의 피고인 윌리엄 메이를 마주쳤습니다. 그가 '왜 여기서 빈둥대는 거야?'라고 빈정대더군요. 나는 대답하지 않고 내 선실로 내려갔습니다. 그런데 '빌어먹을 놈, 너 같은 놈은 머리에 구멍이 나도 싸'라고 소리치며 권총으로 내 뒤통수를 눌렀습니다."

크리그는 계속해서 에브리와 깁슨 선장 간의 대화, 깁슨 선장과 그 일행이 본토로 돌아가는 걸 허락하는 에브리의 명령에 대해 진술했다. "그들이 의사에게는 하선하지 말라고 소리치는 걸 들었습니다. 하지만 원했다면 더 많은 사람이 하선할 수 있었을 겁니다."

다시 검찰 측이 롱보트에 공간이 남았었느냐는 중대한 질문으로 돌아갔다. "배에는 더 많은 사람이 탈 만한 공간이 있었습니까?"

코니어스(Conniers) 검사가 물었다.

"예, 있었습니다." 크리그가 대답했다.

"그러니까, 누구든 원하면 자유롭게 하선할 수 있었지요?"

"그렇습니다."

크리그의 증언이 있은 후, 검찰 측은 두 명의 핵심적인 증인, 존 댄과 필립 미들턴을 증인석에 차례로 불렀다. 그 둘은 압박을 받았든 받지 않았든 간에 팬시호에 남는 쪽을 선택함으로써, 재판에서는 아코루냐에서의 선상 반란에 국한되었지만, 인류에 반한 에브리의 범죄를 낱낱이 말해줄 수 있는 증인들었다. 재판 기록에서 댄의 진술은 서너 페이지를 차지한다. 댄은 팬시호가 마다가스카르에 머물렀던 시간과 홍해 입구에서 겪은 작은 불운에 대해서도 자세히 언급했을 정도였다. 댄이 두 척의 인도 보물선을 약탈한 과정에 대한 진술을 끝내자, 홀트 판사가 끼어들어 약탈로 거둔 전리품의 분배에 대해 물었다.

"그럼 전리품이 상당했겠군요? 전 여정에서 노획물이 가장 많았겠습니다, 그렇지요?" 홀트가 물었다.

"그랬습니다, 재판관님." 댄이 대답했다.

"그럼 모두가 나눠 가졌습니까?"

"그랬습니다. 배에 있던 모두가 나눠 가졌습니다."

홀트는 댄에게 법정에 선 피고들도 각자의 몫을 받았느냐고 다시 물었다. 피고들이 건스웨이호의 약탈에도 연루되었음을 입증한 후, 검찰 측은 피고들에게 옛 동료의 증언에서 반박할 것이 있느냐고 물었다. 윌리엄 메이는 그 기회를 놓치지 않고, 그의 무죄를 입증하는 데 중대한 증거가 될 만한 사실을 진술하고 싶어 했다. 팬시호가 홍해로 최종적인 항해를 시작하기 직전에 병에 걸려 코모로제도에 남겨졌고, 나중에야 합류했기 때문에 건스웨이호 약탈에는 전혀 관여하지 않았다는 진술이었다.

"재판관님, 저에게 변론할 기회를 주시겠습니까?" 메이가 홀트에게 물었다.

"피고가 증인에게 할 질문이 있다면 할 수 있습니다. 하지만 피고가 자신을 변론할 기회는 나중에 주어질 겁니다." 홀트가 설명했다.

"재판관님, 그럼 재판관님이 그에게 물어봐주십시오. 배가 어디로 가는지 제가 알았다고 생각하느냐고 말입니다."

댄은 대답하기를 거부했다. "내가 그걸 어떻게 알겠습니까."

윌리엄 메이의 질문에 홀트 판사가 매섭게 면박을 줬다. "피고는 그곳에 있었고, 전리품의 몫도 챙겼습니다. 또 성공을 기원하는 건배도 했습니다."

메이는 홀트의 호통에 뒤로 물러섰다. "재판관님, 죄송합니다. 제가 한 질문에 화가 나지 않았기를 바랍니다."

홀트가 대답했다. "화가 난 게 아닙니다. 피고는 어떤 질문이든 할 수 있습니다."

이번에는 필립 미들턴이 증인석에 섰다. 미들턴은 거의 10분 동안 쉬지 않고 말하며, 댄이 증언한 이야기를 거의 그대로 되풀이했다. 특히 미들턴은 바하마제도에서 니컬러스 트롯과 맺은 협상, 그 소유자 겸 총독이 받아들인 뇌물에 대해 늘어놓았다. 그가 진술을 끝내자, 검찰 측은 다섯 명의 피고 모두가 에브리와 함께 나소까지 갔고, 그들 모두가 트롯에게 환영을 받았는지 미들턴에게 물었다. 홀트는 뉴턴 검사로부터 심문의 고삐를 이어받아, 미들턴에게 건스웨이호를 약탈해 얻은 전리품을 어떻게 분배했는지 물었다. 미들턴은 옛 동료들에게 등을 돌린 이유를 설명하려는 듯, 자신의 몫으로 100파운드를 받았지만 그 이후에 존 스파크스가 그 돈을 훔쳐갔다고 주장했다.

두 번째 재판에서는 영국 시민의 소유인 선박을 탈취한 사건이 주요 쟁점이었지만, 댄과 미들턴의 증언으로 영국 정부가 국제적인 해적 행위를 비난하는 무대로 그 재판을 활용하려는 의도가 분명히 드러났다. 엄밀히 말하면, 건스웨이호에 대한 공격과 트롯과의 불법적인 협상은, 피고들이 기소된 이유인 선상 반란과 아무런 관계가 없었다. 하지만 뉴턴과 재판진은 피고들이 인도양에서 저지른 범죄의 '흉포함과 야만성' 및 식민지 권력자의 부패함을 부각하는 데 많은 시간을 할애했다. 피고들에게 법정 대리인이 허용되었다면, 그들의 변호사는 인도양 사건과 관련된 모든 진술에 이의를 제기하며, 그 사건은 이미 무죄 판결을 받은 범죄라고 역설했을 것이다. 그러나 관습법 법정은 국가의 권위를 중요하게 여겼다. 게다가 법정에 선 다섯 피고에게는 법에 관련된 전문 지식이 없었다. 따라서 홀드와 뉴틴은 첫 재판의 결과에서 받은 모욕감을 이번 재판에서 마음껏 풀어내고 있었다.

미들턴의 증언이 끝나자, 홀트 판사가 피고들에게 말했다. "검찰 측의 심문이 끝났습니다. 이제 피고들이 변론할 시간입니다. 각자 변론할 것이 있으면 변론하십시오."

피고들 각자에게 개인적인 의견을 진술하고 조금 전에 증언한 증인들을 소환할 권리까지 주어졌다. 한 명씩, 피고들은 거의 똑같은 주장을 조금씩 다르게 반복했다. 타의에 의해 어쩔 수 없이 해적 행위에 가담했다는 주장이었다. 에드워드 포사이스는 제임스호의 일등항해사이던 토머스 드루이트에게 증인석에 서달라고 요청하고는 선상 반란이 있던 밤에 찰스2세호를 장악한 선상 반란자들을 진압할 목적에서 자기에게 롱보트에 타라고 명령하지 않았느냐고 물었다.

"그랬지, 자네에게 그렇게 명령했지." 드루이트는 인정했지만, 곧이어 덧붙여 말했다. "하지만 곧바로 돌아오라고 명령했고, 자네는 거부했지."

"나에게 돌아오라고 명령한 게 아니잖습니까." 포사이스가 반발했다.

"천만에, 분명히 자네에게 명령한 거였어. 자네를 겨냥해 총도 쐈으니까."

포사이스는 선상 반란에 가담한 선원들도 롱보트에 타고 있고, 그가 선택할 수 있는 폭은 제한적이었다고 반박했다. "나는 노를 저을 수밖에 없었습니다. 선택의 여지가 없었습니다."

홀트가 끼어들었다. "어쨌든 피고는 배를 구하지 않고, 그 배로 달아났습니다. 또 증인이 피고에게 돌아오라고 명령했지만 돌아오지 않았습니다."

"내가 어떻게 배를 되돌릴 수 있었겠습니까? 또 바다에 뛰어내리지 않는 한 돌아갈 수도 없었습니다."

홀트는 포사이스에게 달리 변론할 것이 있느냐고 물었다. 포사이스의 최종 변론은 다른 피고들에 의해서도 거의 똑같이 되풀이되었다. 그는 혼란스런 선상 반란에 휩쓸려 제임스호로 돌아갈 수 없었다고 항변했다.

포사이스는 최종 변론을 이렇게 시작했다. "재판관님, 제가 롱보트에 올라탔을 때, 누가 거기에 있고 몇 명이나 있는지도 몰랐습니다. 또 찰스2세호에 올라타자마자 저는 진퇴양난에 빠졌습니다. 그들이 롱보트의 끈을 끊어버려 롱보트가 표류 상태에 빠졌습니다. 그래서 저는 롱보트로 돌아갈 수 없었고, 롱보트는 곧바로 어둠 속으로 사라졌습니다. 저는 찰스2세호가 어느 방향으로 가고, 누가 선상 반란을 주도하는지도 몰랐습니다. 다음 날 두 시가 되어서야 어렴풋이 들었을 뿐입니다. 재판관님, 우리는 불쌍한 뱃놈일 뿐입니다. 법도 제대로 모릅니다. 부디 이런 점을 고려해주시기 바랍니다."

뱃사람은 순박하다는 포사이스의 변론에 홀트는 발끈하며 매섭게 반박했다. "뱃사람이라면, 해적 행위가 법에 저촉된다는 걸 누구나 알고 있습니다. 해적 행위를 저지르면 교수형에 처해진다는 걸 모르는 뱃사람은 없을 겁니다."

어린 윌리엄 비숍, 제임스 루이스, 존 스파크스도 거의 똑같이 진술했다. 토머스 드루이트의 명령을 받아 롱보트에 올라탔지만, 찰스2세호에 승선해 헨리 에브리의 편에 서서 선상 반란에 가담하려는 선원들에게 곧바로 압도되고 말았다는 변론이었다.

비숍은 첫 재판의 증언에서 유죄성을 강력히 시사하던 진술, 즉 에브리가 깁슨과 크리그를 비롯해 적잖은 선원들이 자유의지로 찰스2세호를 떠나는 걸 허락했고, 그들이 상륙에 사용한 배에 많은 공간이 남았다는 부인할 수 없는 사실을 뒤집으려고 애썼다.

"우리가 찰스2세호에 승선했을 때 그들은 권총과 단검으로 우리를 위협하며 그들의 뜻에 따르게 했습니다. 그들은 저를 화물창에 내려보내, 자기들의 지시에 따르게 했습니다. …… 그들의 마음에 드는 사람들, 그러니까 에브리와 그의 측근이 허락한 사람을 제외하고는 누구도 상륙하지 못했다는 말을 나중에야 들었습니다. 저는 아무것도 몰라 상륙할 수 없었습니다. 설령 알았더라도 상륙을 허락받지 못했을 겁니다."

그놈은 해적입니다

다섯 피고 중 중년의 급사 윌리엄 메이가 가장 열정적으로 자신을 변론하고 나섰다. 메이는 선상 반란 계획에 대해 아무것도 몰랐다는 주장으로 변론을 시작했다. "정말 선상 반란에 대해 아는 것이 거의 없었습니다. 선상 반란자가 아홉이나 열 명을 넘지 않을 거라고 생각했습니다."

홀트는 메이의 변명을 즉시 일축해버렸다. "피고가 주동자였다고 말하는 사람은 없습니다. 하지만 피고가 '빌어먹을 놈, 너 같은 놈은 머리에 구멍이 나도 싸'라고 소리치며 뒤통수에 권총을 겨누었다고 증언한 증인은 있습니다."

메이가 항의했다. "저는 하갑판 위로 올라간 적이 없습니다. 화물창 입구까지 올라간 것이 전부였고, 에브리 선장이 배를 지휘하는 것도 거기에서 봤습니다."

홀트가 다시 말을 끊고 나섰다. "에브리는 사관이 아니었습니다. 에브리에게는 지휘할 권한이 없었습니다. 에브리는 깁슨 선장 밑에 있었고, 깁슨 선장에게서 배를 탈취했던 겁니다."

"재판관님, 저는 그 배가 움직일지 정말 몰랐습니다."

"피고는 깁슨 선장의 편에 서서, 에브리의 월권을 진압하는 데 힘을 보탰어야 합니다. 깁슨 선장이 지휘관이었습니다. 피고는 깁슨 선장의 시시에 따랐어야 합니다. 깁슨 선장에게 서항하거나 선장을 무력으로 압박하는 사람이 있었다면, 더더욱 깁슨 선장의 곁을 지켜야 했습니다."

"저도 정말 놀랐습니다." 메이가 힘없이 대답했다.

그러고는 롱보트의 빈 자리에 대한 문제와, 그라베트에게 모호하게 던진 인사말에 대해 변론했다. 재판 기록을 보면, 제한된 법 지식에도 불구하고 법정이 허락하는 범위 내에서 미친 듯이 변론하며, 정부가 제시한 증거를 검찰 측에 불리한 방향으로 뒤집으려고 발버둥치는 사람의 절박함이 고스란히 느껴진다.

"화물창에서 다시 올라왔을 때, 사람들이 떠나려고 서두르기 시작했습니다. 이등항해사 그라베트 씨가 가까이 있었습니다. …… 그래서 집사람을 다시 만나지 못할 것 같아, 집사람에게 안부를 전해달라고 말했던 겁니다. 그들이 허락한 사람이 아니면 누구도 떠날 수 없었으니까요. 그들이 롱보트에 타자마자 양동이가 필요하다고 소리쳤습니다. 그렇지 않으면 배가 가라앉을 거라고 말입니다. 하기야 거의 10킬로미터를 가야 했으니까요. 사람이 그 정도밖에 타지 않았는데도 배가 가라앉을 뻔했습니다. 그런데 더 많은 사람이 탔다면 그 먼거리를 무사히 갈 수 있었을까요?"

이번에는 헤지스 판사가 끼어들었다. "피고는 압박을 받았고 두려움에 질려 있었다고 주장하는 것 같군요. 그럼 자유를 얻었을 때, 그러니까 국왕의 땅에 들어오자마자 항의하거나 폭로했습니까?"

메이는 잉글랜드에 들어오기 전에 로드아일랜드의 치안판사에게 사건의 전모를 '폭로'했고, 런던으로 돌아오던 길에 체포되었을 때도 모든 범죄를 자백했다고 대답했다. 그러고는 홍해로 항해하는 동안 일찌감치 병에 걸렸다는 긴 이야기를 다시 시작했고, 그 때문에 육지에서 건강을 회복하느라 항해에서 중대한 순간을 그들과 함께하지 못했다는 주장을 되풀이했다. 에브리가 그를 몇 번이고 팬시호에 데려오려고 시도했지만 병 때문에 에브리의 바람에 부응하지 못했다고도 주장했다.

메이는 항변하듯 말했다. "에브리 선장이 몇 번이고 데리러 왔지만 그때마다 나는 동행할 수 없었을 뿐만 아니라 아예 움직일 수도 없었습니다."

홀트가 버럭 소리를 질렀다. "그놈을 선장이라 부르지 마시오! 그놈은 해적입니다!"

피고들이 무죄를 주장하는 측은한 변론을 끝내자, 법무성 차관이 일어나 검찰 측을 대표해 최종 변론을 시작했다. 헨리 뉴턴이 첫 재판을 시작할 때 배심원의 평결이 세계에 미치는 영향에 대해 역설했듯이, 법무성 차관도 평결의 중요성을 다시 강조하는 것으로 최종 변론을 시작했다. "피고들은 세계 어디에서도 피신처를 구할 수 없을 것입니다. 그런 범죄가 이곳에서도 피신처를 구하지 못할 것이라는 걸 배심원 여러분이 보여주시길 바랍니다. …… 그 범죄는 국법 위반이고, 육지의 강도짓보다 더 사악합니다." 법부성 차관은 피고들이 선상 반란자들에게 압박을 받아 본의 아니게 어쩔 수 없이 협조한 것이라는 주장도 반박했다. "피고들은 압박을 받아 그렇게 행동할 수밖에 없었다고 말하지만, 순전히 변명에 불과합니다. 그들이 강요받지 않았다는 게 입증되었습니다. 누구든 원하면 떠날 수 있었다고 증언하지 않았습니까."

다음에는 홀트가 정부의 증거들을 다시 나열한 후에 배심원들에게 회의실에 들어가 평결을 내려달라고 요구했다. 몇 시간 후에 배심원단이 돌아와, 특히 존 스파크스가 주동자들과 함께 달아나는 걸 동의했다는 증거가 있느냐고 물었다.

홀트는 그 질문을 일축해버렸다. "그는 배를 강탈하고, 노략질하고, 심지어 전리품을 분배할 때도 그들과 함께했습니다. 동의라는 게 무엇입니까? 그들에게 동의했다는 걸 행동보다 확실히 보여줄 수 있는 게 있을까요?"

윌리엄 메이와 다른 피고들이 자발적으로 선상 반란에 가담했는가, 아니면 자신의 의지와 달리 마지못해 가담했는가? 동의라는 간단한 문제가 정말 중대한 의미를 띠었다. 그 문제는 해적들에게 사느냐 죽느냐의 문제만이 아니었다. 메이를 비롯한 피고들이 선상 반란에 반대했다는 게 진실이라고 배심원단이 평결한다면, 재판

전체의 목표, 즉 영국이 마침내 해적 행위를 근절하기로 결정했다는 사실을 세계만방에, 특히 아우랑제브에게 알리려는 목표가 무산되는 것이었다. 법무성이 올드베일리에서의 연이은 재판에서 유죄 판결을 받아내지 못한다면, 애니슬리와 게이어가 인도에서 세계의 정복자를 달래기 위해 세운 모든 계획이 일순간에 물거품이 될 수 있었다. 헤지스와 홀트 및 동인도회사 특별위원회의 협력자들은 공개재판을 통해, 해적 행위에 반대한다는 영국 정부의 입장을 세상에 알리려고 최선을 다했다. 그러나 그런 목적을 띤 공개재판이 예상치 못한 방향으로 전개되고 있었다. 이미 첫 번째 재판의 배심원단은 해적 행위를 대수롭지 않게 생각하며 무죄 평결을 내렸다. 두 번째 재판의 배심원단도 선상 반란 혐의를 똑같이 판단할 가능성이 없지 않았다.

배심원들은 회의실로 돌아가 '무척 짧은 시간' 동안 숙의했다. 배심원단이 법정에 들어와 배심원석에 앉았다. 법원 서기가 그들에게 일치된 평결에 도달했느냐고 물었고, 그들은 그렇다고 대답했다.

"에드워드 포사이스, 손을 들어주십시오." 법원 서기는 이렇게 말하고 배심원단을 돌아봤다. "피고를 보십시오. 에드워드 포사이스는 기소된 해적 행위와 강도 행위에 대해 유죄입니까, 무죄입니까?"

배심원단은 각 피고에 대해 개별적인 평결을 내렸다. 그들은 모두 기소된 대로 유죄였다.

법정 경위들이 유죄 판결을 받은 피고들을 끌고 나갔고, 이제 그들은 뉴게이트 감옥에서 최종 선고를 기다려야 했다. 홀트가 법무성을 대신해 재판의 종결을 알리고, 덧붙여 배심원들에게 말했다. "신사 여러분, 정말 현명한 판단을 내려주셨습니다. 영국과 런던이 명예를 되찾는 데 크나큰 역할을 하신 겁니다."

31

해적 처형장

런던 이스트엔드
1696년 11월 25일

두 번째 재판이 끝나고 며칠 후, 두 번이나 유죄를 인정한 조지프 도슨을 포함해 유죄 판결을 받은 여섯 명의 선상 반란자가 최종 선고를 받으려고 다시 올드베일리 법정에 섰다. 마지막으로 법정에 선 그들 각자에게, 법원 서기가 자신의 범죄에 대해 사형 선고를 받지 않아야 하는 이유를 물었다.

도슨이 체념한 듯한 표정으로 가장 먼저 대답했다. "그저 국왕 폐하와 재판관님들의 뜻에 따르겠습니다." 포사이스는 여전히 무죄를 주장했고, 재판 기록에는 "그는 결백하다는 주장을 되풀이했다"라고만 쓰여 있다. 헤지스 판사가 끼어들어 "피고들은 법정에서 공정한 재판을 받았고 자신을 충분히 변론할 기회를 보장받았습니다"라고 하며, 배심원단의 평결이 이미 내려졌다고 덧붙였다. 결국

남은 문제는 정부가 그들을 사형에 처하지 않아야 할 이유가 있느냐는 것이었다.

포사이스는 결국 최종 변론을 포기하며 푸념하듯 말했다. "차라리 인도에 보내져서 그곳에서 벌을 받고 싶습니다."

윌리엄 메이는 건강 문제를 다시 거론했고, 사형보다 해외로 보내달라고 간청했다. "재판관님, 저는 아파서 아무런 역할도 하지 못했습니다. 국왕 폐하와 조국을 위해 30년 동안 일했습니다. 이제는 동인도회사가 나를 어디로 보내든지 그곳에서 성심껏 일하며 살겠습니다. 존경하는 재판관님, 부디 제 입장을 헤아려주십시오. 제가 벌을 받아 마땅하다면 인도에 보내주십시오. 그곳에서 벌을 받겠습니다."

제임스 루이스는, "저는 무식한 사람입니다. 그저 국왕 폐하의 감형을 기대할 뿐입니다"라고 말하며 판결을 받아들였다. 존 스파크스도 국왕의 감형을 바랐다. 어린 윌리엄 비숍의 최후 진술은 가장 안쓰러웠다. "저는 강제로 끌려간 것입니다. 그때 저는 겨우 열여덟이었습니다. 지금도 스물한 살에 불과하고요. 국왕 폐하와 법정의 감형을 정말 간절히 바랍니다."

감형의 호소에는 응답이 없었다. 헤지스 판사는 첫 재판에서의 무죄 선고가 애초에 없었던 것처럼, 이전 재판에서 다룬 해적 행위라는 국제범죄까지 포괄해서 선고를 내렸다.

"피고들은 인도, 덴마크, 동포의 선박과 재물에 혐오스런 범죄를 범했으므로 세 건의 사건으로 기소되어 유죄 판결을 받았다. 피고들의 극악무도함에 대해 법은 불명예스런 죽음이라는 엄벌을 규정해두었다. 따라서 법이 내린 판결은 다음과 같다. 피고들은 왔던 곳으로 되돌아가고, 그곳에서 처형장으로 끌려가서 죽음이 확인될 때까지 목이 매달릴 것이다. 주님의 자비가 모두에게 있기를." 두 재판에서 유죄를 인정한 조지프 도슨만이 교수형을 면했다.

공개 처형

1696년 11월 25일, 다섯 남자가 자의였든 아니었든 간에 에브리 선장과 운명을 함께하기로 결심한 이후로 2년 반이 지났을 때였다. 그들은 뉴게이트 감옥에서 끌려 나와 몇 구역을 지나, 런던 이스트 엔드에 있는 와핑 구역의 부두까지 걸어갔다. 찰스2세호가 건조된 조선소에서 멀지 않은 곳이었다.

해적 처형장(Execution Dock)의 정확한 위치에 대해서는 런던 사학자들 사이에서도 논란이 분분하다. 오늘날 세 곳의 술집이 원래는 해적 처형장 터였다고 주장한다. 그러나 정확한 위치는 모호하더라도 당시의 타블로이드판 신문들이 공개 처형을 무척 자세히 다뤘기 때문에 처형장의 전반적인 장면은 상당히 구체적으로 상상해볼 수 있다. 에브리의 시대에 공개 교수형장은 음산한 분위기가 감돌았겠지만, 전체적으로는 요즘의 중요한 스포츠 경기 현장과 무척 유사했을 것이다. 현장에 나온 군중은 서로 몸을 부대끼며 그 물리적인 폭력을 생생하게 봤고, 더 많은 사람이 언론 보도를 읽으며 교수형 현장을 간접적으로 경험했다.

해적 처형장은 상징적인 이유에서 강을 마주보고 있었다. 그곳에서 교수형에 처해지고 때로는 며칠 동안 방치되어 썩어가던 해적들의 시신은, 바다의 무법자들에게 던져지는 '너희가 템스강 하구를 지나 공해로 빠져나갔다고 해서 법망을 벗어났다고 착각하지 말라!'라는 경고였다. 또 강가에 위치한 까닭에 많은 사람이 작은 보트를 타고 부두 앞에 모여들 수 있었다. 호기심 많은 구경꾼들이 템스강 위에서 몇 시간 동안 사형수가 나타나기를 기다리며, 인간을 제물로 바치는 희생 의례를 고대한다고 상상해보라. 또 와핑스트리트에서 강변까지 이어지는 계단에 늘어선 인파의 열기를 상상해보라. 다섯 죄수가 교수대를 향해 걸어갈 때, 그 인파가 발끝으로 곧추서서 환호성을 지르는 모습을 상상해보라.

대부분의 공개 처형장에서 그랬듯이, 그곳에서도 죄수들에게 최후의 말을 남길 기회가 주어졌다. 그러나 템스강은 부산스런 도심을 가로질렀고, 인간 성대의 한계를 넘어 발언을 울려퍼지게 해줄 만한 기계가 없었던 까닭에, 죄수들의 마지막 발언은 템스강 변에 모여든 군중의 소음에 묻혀버렸다. 그러나 그들의 최후 발언은 다행히 출판물을 통해 문자로 남았다. 한 달이 지나지 않아, '강도와 해적 행위 및 흉악 범죄로 해적 처형장에서 교수형에 처해진 윌리엄 메이, 존 스파크스, 윌리엄 비숍, 제임스 루이스, 애덤스 포사이스가 임종을 앞두고 남긴 발언, 그들의 행동과 처형'을 담은 소책자가 발간되었다.

대부분의 경우, '죄 짓고는 못 산다'라는 도덕극의 대사가 있은 후에 고해성사가 뒤따랐다. 예컨대 포사이스는 "인류에 대한 범죄로 사형 선고를 받았고, 강도짓을 하며 많은 위험과 어려움을 겪었지만, 지금까지 살았던 사악한 삶에 비춰보면 작은 처벌에 불과하다. …… 사악한 행위로 많은 사람에게 고통과 아픔을 주지 않았는가"라고 말했다.

젊은 존 스파크스가 남긴 최후의 말은 많은 사람의 기억에 깊이 새겨졌다. 스파크스는 무굴제국 보물선의 선상에서 벌어진 성폭력에 정말로 큰 충격을 받은 듯했다. 소책자 집필자의 기록에 따르면, "그는 자신의 사악했던 삶, 특히 앞서 언급한 불쌍한 인도인들, 즉 이교도와 불신자를 비인간적으로 강탈하고 무자비하게 대했던, 지독스레 야만적이었던 행위를 후회한다고 말했다. 그도 자신이 저지른 범죄를 용납할 수 없다며, 영국 배를 탈취해 도주하며 행한 부당한 강도짓보다 그런 반인륜적인 행위만으로 사형 선고를 받아 마땅하다며 회한의 눈물을 흘렸다."

엄밀히 말하면 존 스파크스는 찰스2세호에서의 선상 반란죄로 유죄 선고를 받았는데, 간지이사와이호에서 범한 야만적인 범죄를 속죄하며 교수대에 올랐던 것이다.

다섯 명의 죄수는 최후의 말을 남긴 후에 교수대에 올랐고, 올가미가 그들의 목에 씌워졌다. 부두에서 처형되는 해적들에게는 일반적인 경우보다 짧은 올가미를 사용하는 무척 잔혹한 방식의 교수형이 시행되었다. 올가미 길이가 짧아지면, 죄수의 발을 떠받치던 받침이 치워져도 목이 부러지지 않는다. 인류 모두의 적에게는 척수가 끊어지며 순식간에 죽을 자격도 없었다. 대신 그들은 질식해 죽었다. 다섯 해적도 순식간에 죽는 죽음의 특권을 빼앗긴 채 올가미에 매달렸고, 조롱을 퍼붓는 군중 앞에서 경련을 일으키며 서서히 숨이 막혀 죽어갔다.

유죄 평결과 공개 처형으로 영국 정부와 동인도회사는 여론 조작 재판을 처음의 계획대로 무사히 끝냈고, 역사에 큰 획을 그을 만한 이야기도 멋지게 마무리지었다. 존 에버링엄과 계약을 다시 맺어, 처형 후 수 주 만에 28페이지로 정리한 재판 기록이 출간되었다. 실패한 첫 번째 재판에 대해서는 간략하게만 언급되었다. 그 재판 기록은 다양한 형태로 재출간되었고, 대영제국 전역에서 읽혔다. 그 기록의 마지막 구절은 해적 행위라는 범죄에 대한 영국 정부의 입장을 압축적으로 보여주기에 조금의 부족함도 없었다.

사형 선고에 따라, 에드워드 포사이스를 비롯한 해적들은 1696

년 11월 25일 수요일, 해적을 처형하는 데 주로 사용되던 곳, 이른바 해적 처형장에서 처형되었다.

에필로그

○

리베르탈리아

재킷 안감 안쪽에서 훔친 동전이 발견되기 며칠 전, 존 댄은 런던 교외에 있는 세인트올번스에서 헨리 애덤스의 새색시를 우연히 마주쳤다. 그 만남이 옛 다섯 동료가 해적 처형장에서 교수형에 처해지는 사건으로 이어진 불행의 시작이었다. 그녀는 혼자 어딘가에 가려고 합승마차를 기다리고 있었다. 댄은 그녀와 잠시 대화를 나눴고, 옛 항해장의 아내는 헨리 에브리를 만나러 간다는 걸 슬그머니 흘렸다.

댄과 애덤스 부인이 우연히 만났다는 이야기의 출처는 댄의 첫 진술, 즉 댄이 체포된 직후에 당국이 기록한 증언이다. 그의 진술이 사실이라면, 또 댄이 그런 이야기를 굳이 지어낼 이유가 없었다면, 헨리 애덤스 새색시의 진짜 정체가 궁금해진다. 다수의 증언에 따르면, 애덤스는 팬시호에 남은 선원들과 함께 바하마제도에 도착했고, 몇 주가 지나지 않아 우리에게 애덤스 부인으로만 알려진 여자를 만나 결혼했다. 그녀는 애덤스의 설득에 넘어갔던지, 애덤스와 다른 열아홉 명의 선원과 함께 작은 외돛대 범선을 타고 3,200킬로미터나 떨어진 아일랜드까지 왔다. 온갖 역경을 이겨내고 그들은 안전한 항구에 입항했고, 던파내기의 하역 감시인에게 뇌물을 주기는 했지만 원래의 몫을 별로 축내지 않고 영국 땅을 다시 밟았다.

여하튼 상륙 직후에 헨리 애덤스와 헤어졌는지, 그녀는 혼자 합승마차를 타고 미지의 장소로 에브리 선장을 만나러 갔다. 댄이 세인트올번스에서 그녀와 화기애애하게 대화를 나눴다는 사실로 볼 때, 그녀가 자발적으로 아일랜드까지 함께 왔고, 헨리 애덤스와도 자의로 결혼한 것으로 추정된다. 그러나 아일랜드에 상륙하고 몇 주밖에 지나지 않은 시점에 그녀가 남편의 상관을 비밀리에 만나러 갔다는 일련의 상황들을 곧이곧대로 받아들이기는 어렵다.

좋게 설명할 수 있는 여지는 많다. 첫째, 애덤스와 에브리가 함께 있었지만, 그녀가 그곳에서 남편도 함께 만날 거라는 걸 깜빡 잊고 말하지 않았을 수 있다. 둘째, 치안판사가 주로 에브리에게만 관심을 보였기 때문에 댄이 자신을 심문하던 치안판사에게 번거롭게 애덤스를 언급하지 않았을 가능성이 있다. 어쩌면 댄이 영국 정부에 에브리의 은신처 방향을 알렸다는 공적을 인정받으려고 그런 이야기를 꾸몄을 가능성도 배제할 수 없다. 그러나 댄의 전략이 정말 그랬다면, 왜 이야기를 더 정교하게 꾸미지 않았을까? 또 왜 그녀와 에브리가 만나는 곳을 구체적으로 말하지 않았을까?

이런 식의 '가정과 추정'은 몇 시간이고 계속할 수 있다. 그러나 댄의 증언을 단순하게 해석하면, 1696년 영국의 관습을 고려할 때 헨리 애덤스의 아내가 결혼하고 한 달도 지나지 않아 혼자 에브리를 만나러 간다는 사실 자체가 도덕적으로 의심스럽다. 따라서 '복잡하게 얽힌 사랑 때문에 애덤스 부인이 에브리 선장을 찾아가는 것이 아닐까?'라는 의문이 자연스레 제기된다. 그렇다면, 에브리가 항해장의 아내를 가로챈 것일까?

에브리 해적단 내 남녀 관계를 짐작할 만한 자료도 거의 없지만, 댄이 애덤스 부인을 만났다는 증언에는 해적들의 사랑 이야기를 넘어서는 중요한 의미가 있다. 애덤스 부인이 합승마차를 기다리는 동안 흘린 말은 헨리 에브리의 존재가 역사 기록에 마지막으로 남겨진 적법한 흔적이다. 1696년 8월 초, 세계 최악의 지명수배자는 아일랜드에 상륙한 지 한 달 만에 흔적도 없이 사라졌고, 그때

댄과 미들턴은 체포되어 심문을 받고 있었다. 그에게 어떤 일이 있었는지는 오늘날까지도 밝혀진 것이 없다.

인간 헨리 에브리는 1696년 8월쯤 사라졌을지 모르지만, 신화 속의 헨리 에브리는 그 후로도 수십 년 동안 더욱더 두각을 나타냈다. 1709년 아드리안 판 브루크는 에브리의 짤막한 전기 《존 에이버리의 삶과 모험(*The Life and Advantures of Captain John Avery*)》을 발표했다. 에브리와 함께 항해하던 선원의 시점에서 쓰인 것으로, 허구임이 거의 확실하다. 판 브루크의 전기는 에브리를 아우랑제브의 아름다운 손녀에게 마음을 빼앗긴 낭만적인 구혼자로 묘사한 최초의 출판물이다. 그 전기는 에브리와 신부가 마다가스카르에 행복하게 정착하고, 그 섬에서 에브리가 해적 왕국을 세운다는 이야기로 끝을 맺는다. 판 브루크의 전기에 따르면, 40척의 전함과 1만 5,000명의 선원을 거느리게 되자, 에브리 선장은 도시 설계자로서 삶의 제2막을 살았다. "여러 마을이 세워졌고, 여러 공동체가 형성되었다. 또 요새들도 건설되었고, 참호도 파였다. 그의 영토는 바다와 육지 어디에서도 접근하기 힘든 난공불락의 장소였다."

판 브루크의 전기에서, 에브리는 자수성가한 전통적인 해적을 넘어 훨씬 더 뛰어난 존재로 그려졌다. 판 브루크의 표현을 빌리면, 그는 '급사에서 해적왕'까지 올라선 남자였다. 이 전설과 관련된 유토피아적 이상 두 가지는 영국 평민들의 마음을 사로잡기에 충분했다. 첫째는 극단적인 계급 이동이다. 에브리는 데번셔의 노동자 집안에서 태어났지만 대담한 성격과 카리스마를 최대한 발휘해 막대한 재산을 축적했을 뿐만 아니라 해적왕이 되었다. 예컨대 수천 명의 충직한 부하를 두었고, 세계에서 가장 부유한 황제의 손녀를 신부로 맞아들였다. (하지만 처가 식구들과는 긴장 관계에 있었다.) 둘째는 해적선의 평등주의 정신이 육지에 올라와 훨씬 더 큰 규모로 실현된 해적 왕국이라는 유토피아적 이상이다.

해적 유토피아

해적 유토피아라는 환상은 널리 확산되어, 해적 이야기는 1700년대 초에 다양한 형태로 재현되었다. 런던의 시어터로열(Theatre Royal)은 〈성공한 해적(The Successful Pyrate)〉이라는 제목의 희곡을 무대에 올렸다. 에브리의 삶을 약간 익살스럽게 표현하며, 마다가스카르에서 불량하게 지내던 때를 집중적으로 조명한 희곡이었다. 한편 찰스 존슨의 베스트셀러 《해적의 보편적 역사》를 보면, 바다에서 다른 배를 대담하게 공격하는 일반적인 해적 이야기보다 마다가스카르에서 개최된 해적 헌법 회의가 놀라울 정도로 자세히 설명된다. "다음 날, 구성원 전체가 모였다. 세 지휘관이 공동체의 보존을 위해 필요하다고 생각되는 새로운 형태의 정부를 제안했다. …… 그들은 다수의 동의를 얻어 구성원이 직접 법을 만들고 집행하는 민주적 형태의 정부를 고려했다. …… 구성원에게 보물과 가축은 공평하게 분배되어야 했다."[1] 헨리 뉴턴은 에브리 해적단에 대한 재판에서, 해적이 인류 모두의 적이라고 주장했다. 그러나 존슨의 책에서 해적은 정반대의 이미지, 즉 '바다의 영웅, 폭군과 탐욕자의 골칫거리, 자유의 대담한 수호자'로 그려졌다. 마다가스카르에 정착한 한 해적의 표현을 빌리면, "그들은 해적이 아니었다. 신과 자연이 그들에게 부여한 자유, 즉 누구에게도 종속되지 않고 모두의 공통된 이익을 위한 자유를 향유하기로 다짐한 사람들이었다. …… 그들은 인간다운 권리와 자유를 지키고, 정의가 공평하게 분배되어야 한다고 생각하는 자경단이었다."[2] 존슨의 결론에 따르면, 해적들은 자신들의 '민주적인' 국가를 리베르탈리아(Libertalia)로 칭했고, 그 이름은 훗날 유럽에서 급진적인 사상가들의 머릿속에 울려 퍼졌다.

에브리가 인도양에서 자행한 범죄는 훗날 근대 세계를 지배하게 된 상황들을 앞당기고 제도적으로 강화하는 데 큰 역할을 했다. 새뮤얼 애니슬리의 독창적 발상 덕분에 건스웨이호 사건를 통해 얻은 새로운 권한을 바탕으로, 동인도회사는 결국 인도 아대륙을 지배하게 되었다. 또 아우랑제브와의 갈등을 피하기 위해, 영국 정부는 공해상의 해적 행위에 대해 오랫동안 모호하게 유지하던 법적인 태도를 명확히 할 수밖에 없었다. 중앙 정부와 다국적기업 같은 제도적 기관들은 그들이 차지한 건물만큼이나 대단하고 위압적으로 보인다. 그러나 그런 기관들 자체와 그들이 휘두르는 권력은 경계지의 작은 사건에 영향을 받고, 거기에서 그들이 지닌 권한의 한계가 드러난다. 1600년대에는 해적이 경계지에서 중앙정부와 다국적기업을 괴롭히는 역할을 했다. 하지만 에브리의 이야기는 다른 도화선에도 불을 붙였다. 계급화된 부와 특권이 한층 공평한 사회조직으로 대체될 수 있다는, 대중 영합적인 비전이라는 도화선이었다. 이제 이 비전은 해적과 선상 반란자, 물론 헨리 에브리와도 아무런 관련이 없어 보인다. 해적은 순화되어, 어린이 책과 테마파크 놀이 기구의 재미있는 소재가 되었다. 그러나 경제와 정치로부터의 해방을 지향하던 해적 공동체의 꿈은 앞으로 다가올 시대에 채택할 만한 새로운 기준이 될 수 있을 것이다.

에브리와 그 세대의 해적은 바다에서의 극한적인 조건 때문에, 당시 새롭게 형성되던 정치 구조에 상당히 의존할 수밖에 없었을 것이다. 대항해시대(Age of Exploration) 초기에 바다는 끊임없이 실험을 요구하는 곳이었다. 어떤 의미에서, 해상 생활은 인간에게 가장 극단적인 환경이었다. 인간의 생물학적 특성 때문에 바다에서는 끊임없이 존재론적 위협을 가하는 문제들, 예컨대 물 문제와 갈증과 굶주림에 맞닥뜨리게 된다. 하지만 인간은 그런 적대적인 환경에서도 창의력을 발휘해 살아남았고, 심지어 그런 환경을 이용해 살아가기도 했다. 그러나 그런 인상적인 성과를 이뤄내기 위해서는 새로운 것을 고안해내야 했다. 더 정교한 지도, 나침반과 시계

같은 기구의 발명도 필요했지만, 정치적인 아이디어도 필요했다. 예컨대 지배 구조를 가다듬고, 부를 분배하는 새로운 방식을 생각해내야 했다.

그렇다고 해서 해적 에브리의 삶에 가득한 대중 영합적인 면모를 이상화해서는 안 된다. 그 이후로 정치적 진보주의자들과 혁명가들이 끊임없이 주장하던 미토스(mythos, 어떤 집단의 고유한 가치관을 뜻하지만 여기에서는 한층 공정한 사회를 쟁취하기 위해 싸우는 하층 계급)를 구축하는 데 해적들이 일조하기는 했다. 그러나 해적들은 가증스런 성범죄자이기도 했다. 해적들은 순전히 돈만을 목적으로 다른 인간을 학대하고 괴롭혔다. 또 무의미한 보복을 하겠다며 모스크를 불태웠다. 노예를 사로잡아, 인간으로 대하지 않고 현금화하기 쉬운 재물로 취급했다. 종교적 순례자들을 강간하며 선상에서 몇 날 며칠을 보냈다. 카를 마르크스(Karl Marx, 1818~1883)는 언젠가 자본주의에 대해, 인간 사회에 존재하는 가장 좋은 것인 동시에 가장 나쁜 것으로 생각해야 한다고 말했다. 해적, 특히 헨리 에브리를 올바로 이해하려면, 이와 유사한 분열된 의식(split consciousness)을 가져야 한다. 해적들은 일반 대중에게 영웅이었고, 더 공정하고 민주적인 사회를 추구한 선구자였다. 그러나 그들은 살인자였고 성폭행범이었으며 도둑이었다. 즉, 인류 모두의 적이기도 했다.

건스웨이호의 위기는 다른 면에서도 시대를 앞선 사건이었다. 핵심 인물들의 관계가 비대칭적이었고, 그 사건이 궁극적으로 세계 전역에 영향을 미쳤다는 점에서 그렇다. 에브리 해적단의 이야기에서 가장 눈에 띄는 부분은, 공식적인 권력기관과 전혀 무관한 소수의 집단도 세계 전역에 파장을 일으킬 수 있는 사건을 촉발할 수 있다는 것이다. 에브리가 세계인의 마음속에 심어준 공포와 동경과 과도한 영향이 뒤범벅되며, 세계 체제가 변화하는 전환점이 마련되었다. 알카에다와 이라크 · 시리아이슬람국(Islamic State of Iraq and Syria, ISIS)의 시대에 우리가 맞이한 상황도 비슷하다. 전통적인 국민국가의 울타리 밖에 있는 불량한 조직들이 폭력적 행위를 이용해 지정학적 위기를 촉발하며, 스스로 범세계적인 지명수배자가 되지 않았는가. 그러나 이런 식의 대본은 300년 전 에브리 해적단이 처음 썼다.

이런 전환점의 주역은 헨리 에브리가 아니라, 1600년대 말에 구체화되던 '새로운 세계 질서'였다. 에브리와 관련된 사건들이 큰 반향을 불러일으킨 이유는 한 사람의 영향력이나 뛰어난 능력 때문이 아니었다. 1695년 9월의 그날, 두 배가 맞닥뜨릴 수밖에 없었던 복잡한 관계망(무굴제국의 막대한 부, 영국의 제국주의적인 야심, 새롭게 부각되던 국민국가의 중요성, 점점 중요해지던 세계무역망, 국경과 주권에 대한 해적의 도전) 때문이었다. 국제 관계가 덜 밀접한 시대였다면, 그 200명이 일으킨 사건은 적어도 세 대륙에 명백한 영향을 미친 세계적인 위기를 촉발하지 않았을 것이다. 헨리 에브리는 그런 관계망에 우연히 처음으로 불을 붙인 사람이었을 뿐이다. 또 에브리 해적단이 그렇게 불을 붙인 까닭에, 전체 시스템이 무척 상호의존적이고, 외견상 하찮은 사람에 의해 시스템 전체가 쉽게 흔들릴 수 있다는 사실이 명백히 드러났을 뿐이다. 하나의 폭력 행위가 세계를 불구덩이에 던져 넣을 수 있다는 점에서, 대포 폭발과 주 돛대 붕괴는 프란츠 페르디난트 대공(Franz Ferdinand, 1863~1914)이 사라예보에서 총탄에 맞은 사건의 미리 보기였다.

낭만적인 시나리오

처형이 있고 두 달 후, 제임스 후블론은 필라델피아 사람으로부터 한 통의 편지를 받았다. 에브리와 함께 범죄를 저지른 해적들이 아메리카 식민지에 공공연히 정착해 살고 있다고 불평하는 편지였다. 그 편지는 17세기 말의 여러 식민지에서 법이 해적에게 느슨하게 적용되었다는 증거라는 점에서 역사적 의의가 있다. 그러나 그 편지는 헨리 에브리의 삶에서 다른 단면을 엿보게도 해준다. 그 편지를 보낸 사람에 따르면, "[에브리의 선원들이] 인도 공주를 사로잡았고, 에브리가 그 공주에게 마음을 빼앗겨, 서너 개의 황금 주머니를 챙겨 선원들을 떠났다."

어쩌면 그들은 지역민들에게 깊은 인상을 주려고 에브리 해적단의 일원인 척하고, 해묵은 신화를 끌어들여 자신들의 이야기를 더 자극적으로 꾸몄을 수도 있다. 그러나 1696년 11월에 해적 처형장에서 처형이 시행되고 몇 주밖에 지나지 않았던 1696년 말, 술집에서 그런 대화가 있었고, 편지를 보낸 사람이 그 대화를 우연히 엿들었다. 그때는 대체로 허구이기는 하더라도 에브리의 영웅적인 전기가 출간되기 훨씬 전이었다. 그럼 에브리와 그의 무슬림 신부에 대한 신화가 입에서 입으로 어느새 필라델피아까지 전해졌던 것일까? 아니면 필라델피아에 정착한 선원들이 진실을 말한 것일까? 그들은 1695년 9월에 수라트 앞바다에 있었고, 에브리 선장이 인도 공주에게 마음을 빼앗긴 모습을 두 눈으로 직접 봤던 것일까? 그들의 말이 진실이라면, 더욱더 흥미로운 의문이 제기된다. 대체 인도 공주는 어디로 갔을까?

혹시 애덤스 부인이 아일랜드에 들어오기 위해 어떤 이유로든 변장한 인도 공주가 아니었을까? 영국 정부가 에브리를 생포한다면, 그녀와 아우랑제브의 관계는 말할 것도 없고, 자신과의 관계 때문에도 그녀의 몸에 현상금이 걸리는 걸 에브리가 걱정했을 수 있다. 따라서 그녀는 새로운 신분으로 위장해 항해장의 신부인 척했고, 아일랜드에서 세관을 통과한 후에도 그런 착각을 주변에 계속 심어주려고 에브리와 헤어져서, 에브리가 자신의 곁으로 오라는 신호를 보낼 때까지 기다렸던 것이 아닐까?

이런 시나리오를 인정하려면, 에브리를 낭만적인 구혼자로 묘사한 판 브루크의 허구적 전기를 적잖게 사실로 받아들여야 한다. 하지만 에브리가 연애를 좋아하는 낭만주의자였을 개연성은 거의 없다. 또 이런 시나리오가 성립하려면, 공주가 포로로서가 아니라 자발적으로 항해에 참여했어야 한다. 그런데 1695년경의 현실을 고려할 때, 부유한 무슬림 여인이 해적들과 함께하는 삶이야말로, 델리에서 그녀를 기다리는 하렘의 삶으로부터 탈출할 기회라고 생각하는 게 가능했을까? 그럼 에브리가 공주에게 즉각적으로 청혼해서 어떻게든 짝이 맺어졌다며, 판 브루크의 전기를 더 그럴듯하게 꾸민 신화는 없었을까? 이런 시나리오를 상상해보자. 선원들이 그녀의 신분을 알아낸 뒤, 선장이 그녀를 성적인 정복 대상으로 원할 것이라 생각하며 선장에게 데려갔다. 처음 만난 순간부터 그녀의 신분이 에브리보다 더 높다는 게 역력히 보였다. 그녀는 옷차림만큼이나 세련된 여인이었지, '고결한 야만인'은 아니었을 테니까. 에브리도 그들을 갈라놓은 신분의 차이를 인정했다. 따라서 선원들의 위험한 '굶주림'을 염려한 에브리는 그 만남을 선원들에게 뭔가를 가르쳐줄 기회로 삼았고, 정중하게 행동하며 선원들에게 은밀한 메시지를 던졌다. 한편 공주에게도 나름의 불만이었다. 공주의 할아버지는 400년 동안 이어지던 무굴 왕조에서 가장 원리주의적인 무슬림 황제였다. 따라서 에브리와 팬시호가 그녀에게는 과보호적 억압에서 벗어날 기회로 보였을 것이다. 말하자면 첫눈에 반한 사랑이 아니라, 차악을 선택한 것이었다. 여하튼 처음에는 미약한 연결 고리에 불과했지만, 둘 사이에 점점 강한 유대가 형성되었다. 공주는 애덤스 부인으로 위장해 신분을 낮춘 채 런던으로 향했고, 그러던 어느날 편지를 받고서 에브리와 재회하려고 합승마차에 올라탔다.

그러나 현실은 해적왕이나 위대한 낭만주의자라는 흥미로운 이야기보다 훨씬 더 음울하고 어두웠다. 팬시호의 선원들이 실제로 에브리에게 인도 공주를 끌고 갔다면 범죄적 의미의 '강간'을 했을 수 있다. 그녀는 영어를 전혀 몰랐을 것이 거의 확실하기 때문에 둘 사이의 대화는 무척 제한적이었을 것이다. 설령 그녀가 자유의지로 팬시호에 남았더라도 바하마제도까지의 긴 여정 중에 죽었을 가능성 역시 배제할 수 없다. 우리가 그녀에 대해 확실히 아는 것은 해적왕과 그의 무슬림 신부라는 전설에 불과하다. 그 전설 자체는 역사적으로 흥미롭다. 노동자 계급의 영웅에 대한 그 흥미진진한 이야기가 무슬림 성직자의 주재로 타 종족과 결혼하는 것으로 끝맺기 때문이고, 또 대중매체에 의해 처음으로 널리 확산된 이야기들 중 하나이기 때문이다. 물론 오늘날에는 노동자계급에서 태어난 영국인 남자가 남아시아의 부유한 가문 출신 여성과 결혼하는 것이 특별한 사건은 아니다. 에브리 시대에 처음으로 형성되기 시작한 범세계적인 네트워크 덕분이며, 인종주의와 종교적 불관용에 맞서 오랫동안 투쟁해 얻은 성과다. 그러나 에브리의 시대에 인종과 문화의 경계를 초월한 다문화적인 사랑은 실질적으로 전례가 없었다. 따라서 그녀의 존재 자체가 모호하다는 점을 고려해도, 인도 공주라는 추측은 현실과 거리가 멀고 희망 사항에 가깝다. 17세기가 끝나갈 무렵, 무슬림 공주가 영국인 평민과 눈이 맞아 달아나서 행복하게 살았을 가능성은 거의 없다. 그러나 독자들이 그런 결과를 원했고, 그런 결합이 회피되지 않고 축하받는 세상을 상상했을 수는 있다.

헨리 에브리의 생애, 특히 그가 해적으로 지낸 2년의 시간은 인도 공주의 생애보다 훨씬 자세히 기록되었다. 그러나 그의 말년은 인도 공주의 존재만큼이나 분명하지 않다. 에브리가 마다가스카르로 돌아갔다는 그럴듯한 증거는 없다. 리베르탈리아도 계층화된 런던에서 더 나은 사회를 꿈꾸던 발라드몽거와 작가가 지어낸 환상이었던 듯하다. 우즈 로저스(Woodes Rogers, 1679~1732)가 마다가스카르의 해적 공동체를 방문했던 1710년, "그곳 주민 수는 60~70명으로 줄어들었고, 대부분이 무척 가난하고 비루했다. 또 그들 중에는 원주민과 결혼한 사람도 많았다." 찰스 존슨에 따르면, 에브리는 고향에 돌아온 직후에 전리품을 세탁하는 과정에서 대부분의 재물을 잃었다. 이 신화에서 에브리는 고향에 돌아와 20년 후에 데번셔에서 가난하게, 세상에 잊혀진 채 죽었다.[3]

그러나 사실, 헨리 에브리가 어떻게 살았는지는 누구도 모른다. 에브리는 수년 동안 세계적인 주목을 받았지만, 어떤 이유로든 어둠 속에 숨어버렸다.

'바다의 파우지다르'라는 새뮤얼 애니슬리의 계획은 시행 초기에 몇 차례의 중대한 차질을 겪었다. 동인도회사가 무굴제국의 상선을 보호하려고 처음에 고용한 선장들 중 하나가 윌리엄 키드(William Kidd, 1655~1701)였다. 그는 34문의 대포를 설치한 최신형 범선 어드벤처갤리(Adventure Galley)호의 선장으로 1696년에 인도양으로 향했다. 키드는 공식적으로 부여받은 임무가 애초에 기대했던 것보다 힘들고 까다로웠는지, 인도양에 들어서자마자 해적으로 돌변하여 퀴다흐머천트(Quedagh Merchant)호라는 인도계 아르메니아 상선을 공격해, 건스웨이호 사건에 못지않은 분란을 불러일으켰다. 하지만 헨리 에브리보다 도주하는 솜씨가 뛰어나지는 않았던 듯하다. 그는 수년 후에 보스턴에서 체포되었고, 영국으로 압송되어 재판을 받았다. 키드는 1701년 5월, 해적 처형장에서 교수형에 처해졌다. 에브리 해적단원들이 똑같은 운명을 맞은 지 5년 만이었다.

키드는 대체로 '최후의 홍해 해적'으로 여겨진다. 영국계 파우지다르가 무굴제국 상선들을 점점 더 효율적으로 보호하자, 해적들은 카리브해로 무대를 옮기거나 합법적인 무역상이 되었다. (올드베일리 법정에서 옛 동료들에게 불리한 증언을 했던 필립 미들턴은 벵골에서 동인도회사를 위해 일하는 무역상이 되었다.) 그 이후로 수십 년 동안, 애니슬리가 수라트 무역 사무소에서 연금된 동안 처음 상상했던 군대는 인도에서 빼놓을 수 없는 동인도회사의 자산이 되었다. 1750년대쯤 동인도회사는 인도 아대륙에서 3,000명가량의 군대를 운영했고, 1800년대에는 그 수가 수십만으로 늘어났다.

세계의 정복자 아우랑제브는 그의 자손들보다 오래 살다가 1707년에 89세로 세상을 떠났다. 말년에 아우랑제브는 무굴 왕조가 위기에 봉착했음을 직감했는지 '자기 이후에는 혼돈의 시대'가 닥칠 거라고 예언했다고 전해진다. 그 예측이 정확했음이 입증되었다. 그가 세상을 떠나고 50년이 지난 후의 인도를 요약하면 '유약한 황제들, 연이은 승계 전쟁, 귀족들의 쿠데타'가 끊이지 않는 제국이었다. 그 사이에 동인도회사는 그 지역에 대한 지배력을 강화했고, 1757년 플라시전투에서 승리하며 인도 아대륙을 공식적으로 지배하는 기업이 되었다. 동인도회사의 행정적 지배는 100년 동안 지속되었다.

새뮤얼 애니슬리는 성인이 되자마자 수십 년의 시간을 동인도회사에 바쳤고, 회사가 인도를 장악하는 데 중요한 역할을 했지만, 회사는 그의 기여를 인정해주지 않았다. 오히려 에브리 사건 직후, 애니슬리는 수라트 무역 사무소의 장부를 잘못 관리했다는 이유로 해고되었다. 그 후에도 애니슬리는 수라트에 머물며 개인 무역상으로 활동했고, 많은 성공을 거두었다. 향년 77세를 일기로 사망했으니 당시로서는 장수한 셈이었다. 그는 말년에 힘든 시기가 계속

되자 잉글랜드로 돌아갈 계획을 세우기도 했는데, 한 편지에서 "건강에 좋지 않은 기후에, 골칫거리가 끊이지 않는군. 인도에 계속 머무는 것보다 고향 땅에 돌아가 조용히 은둔하고 싶구먼"이라고 말했다. 그러나 귀향을 준비하기에는 너무 늦었고, 1732년 수라트에서 세상을 떠났다. 애니슬리는 19세에 인도에 첫발을 내딛은 이후로 사망할 때까지 귀향한 적이 없었다.

첫 재판에서는 패소했지만, 해적 행위를 단죄하겠다는 영국의 공식적인 결정을 세계만방에 알리겠다던 헨리 뉴턴의 계획이 결국 성공한 것일까? 장기적으로 보면, 그렇다. 에브리가 1700년대 초에 카리브해를 공포에 떨게 했던 해적의 황금시대에 큰 영향을 준 것은 분명하지만, 올드베일리 재판 이후로 영국 정부는 해적의 법적 지위에 대해 일관된 입장을 취했다. 뉴턴이 첫 재판에서 모두진술을 시작하며 언급한 첫 문장, "해적을 묵인하면 세상의 상거래가 중단될 것입니다"가 핵심 원칙이 되었다. 존 게이어가 봄베이캐슬에서 보낸 탄원도 공식적인 국가정책이 되었다. 동인도회사와 무굴제국, 또 수라트 상인들의 교역이 다시 시작되었고, 특히 윌리엄 키드의 처형 이후에 더욱 활발해졌다. 동인도회사가 인도양과 홍해를 순찰하기 시작하자, 홍해에서 해적 행위가 크게 줄었고, 하즈에는 순례선들이 아무런 방해를 받지 않고 다닐 수 있게 되었다. 그리하여 영국과 영국 식민지들은 '해적의 나라'라는 오명을 서서히 탈피했다.

1701년 3월, 윌리엄 3세는 '해적 소탕령'을 내렸다. 영국 정부가 올드베일리 재판에서 보여줬던 반(反)해적 입장을 확고히 재확인하고, 헨리 에브리를 체포하려고 할 때 사용한 포상금 기법을 부분적으로 인용한 포고령이었다. 과거에 해적이었더라도 이제는 손을 씻고 당국에 과거의 동료들을 고발하는 사람에게는 '과거에 범한 해적 행위에 대해 광범위한 사면'이 주어질 것이고, 그 정보에 기초해 정부가 압류한 재물의 3분의 1을 포상으로 받게 될 것이라는 약속도 덧붙였다. 영국 시민이라면 영국 법 관할권 밖에서 살아가는 해적이라 해도 다른 해적을 고발하면 관대한 처분과 유의미한 보상을 받을 수 있었다.

그 포고령은 서너 페이지에 달했고, 그런 문서가 흔히 그렇듯이 온갖 미사여구와 현란한 문장으로 채워졌다. 그러나 마지막 문장에는 섬뜩한 단서가 달려 있었다. 해적이 되었던 모든 영국 시민에게 관용과 자비가 베풀어지겠지만, 단 한 사람은 제외되었다. 헨리 에브리!

거의 15년 전, 나는 《감염 도시(*The Ghost Map*)》라는 책을 발표했다. 1854년 런던을 휩쓴 콜레라를 다룬 책이었다. 내가 지금까지 발표한 책들은 미생물학부터 도시계획과 사회학까지 여러 학문의 경계를 넘나들었다. 그러나 그런 책들과 달리, 이 책에는 할리우드에서 '스루라인(through-line)'이라 칭하는 것이 있었다. 달리 말하면, 이야기의 전개 과정에서 어떤 경우에도 멀리 벗어나지 않는 중심축이 있었다. 요컨대 런던의 거리를 어슬렁거리는 살인적인 전염병과 그 살인 사건을 추적하는 의사가 있었다. 독자는 그 책에서 어디를 펴더라도 그 중심축에서 결코 멀리 벗어나지 않았다.

음산한 주제에도 불구하고, 어쩌면 그런 성격을 띤 주제 때문인지 《감염 도시》는 폭발적으로 팔리지는 않았지만, 출간된 이후로 꾸준히 팔렸다. 그때 나는 《감염 도시》의 독자들과 많은 대화를 나눴고, 그 과정에서 이 책의 아이디어를 처음 떠올렸다. 《감염 도시》의 구조에는 독자를 끌어들이는 것, 즉 독자에게 책장을 끊임없이 넘기게 하는 것이 있었다. 이번에는 주인공이 공해를 헤집고 다니던 한 해적과, 그를 찾아내려던 전 세계의 추적자들이었지만, 이 책에 정말 오랜만에 그 구조를 재사용했다. 따라서 주제에서 멀리 벗어나지 않고 일관된 방향으로 책 한 권을 쓰는 게 무척 재밌는 작업이라는 걸 나에게 떠올려줬던 《감염 도시》의 독자들에게 고마워하는 것으로 감사의 말을 시작하는 것이 당연한 듯하다.

헨리 에브리의 이야기는 학문적 연구의 대상이었지만 여전히 일반 독자에게 알려진 것이 거의 없다는 점에서 《감염 도시》의 이야기와 유사하다. 따라서 헨리 에브리와 팬시호를 연구하고 토론한 학자들과 그들의 연구에 경의를 표하고 싶다. 특히 선구적 연구와 제안 및 면밀한 조사로 이 책을 가능하게 해준 학자들과 친구들, 예컨대 필립 스턴, 더글러스 버제스, 데이비드 올루소가, 조엘 베어, 소마 무케르지, 크리스 하임스(Chris Himes), 마크 베일리(Mark Bailey), 스튜어트 브랜드(Stewart Brand), 애덤 피셔(Adam Fisher)에게 감사의 말을 전하고 싶다. 또 내가 대학원에 재학 중일 때 멘토로서, 서구의 많은 제도가 동양을 만나며 큰 영향을 받았다는 걸 처음으로 깨닫게 해줬던 에드워드 사이드(Edward Said)에게도 감사하고 싶다. 그가 지금까지 살아서 이 책을 읽었으면 좋았을 것이라는 생각을 떨칠 수 없다. 당시에 그가 무척이나 혐오하던 후기구조주의적 어법을 내가 마침내 거의 떨쳐낸 듯하기 때문이다.

런던의 어둑한 서고들에서 최종적인 자료 조사에 도움을 줬던 조 데이비스(Joe Davies)에게도 고맙다는 말을 전하고 싶다. 이 책을 쓰는 데 필수적이었던 자료들의 보관 기관들, 즉 영국국립도서관의 인도 사무국 기록물, 영국국립공문서관, 국립해양박물관, 도크랜즈박물관, 뉴욕공립도서관에도 감사드린다.

편집자 커트니 영(Courtney Young)은 이 책의 가독성을 높이는 편집 구조를 짜내기 위해 작업 공간을 영화 〈유주얼 서스펙트(The Usual Suspects)〉처럼 '광적인 벽'으로 바꿔놓으며, 각 장의 적절한 구조를 찾아내려고 혼신을 다했다. 또 각 주제에서 제기되는 까다로운 쟁점을 해결하는 데도 많은 도움을 줬다. 난삽한 초고를 읽기 편하게 다듬어준 케빈 머피(Kevin Murphy)에게도 감사하고 싶다. 오래전부터 인연을 맺은 출판인 제프리 클로스키(Geoffrey Kloske)는 이 책이 인쇄되는 순간까지 창의력과 융통성을 발휘해줬다. 내가 글을 쓰기 시작한 이후로 제프리와는 어떤 출판인보다 오랜 관계를 맺었다. 앞으로도 더 생산적인 시간을 함께할 수 있기를 바란다.

저작권 대리인 리디아 윌스(Lydia Wills)는 함께 일한 지 어느새 25년이 되었고, 이 책은 우리가 함께 만들어낸 열세 번째 책이다. 그 숫자는 많은 것을 뜻하지만, 그녀는 작가로서의 내 이력을 처음부터 이끌어준 빛이었고, 나에게 처음으로 '이력'을 장기적 안목에서 생각하게 해줬던 사람이다. 물론 이번 프로젝트의 여러 작업에 도움을 줬던 인데버(Endeavor) 에이전시의 좋은 사람들, 특히 아리 이매뉴얼(Ari Emmanuel), 제이 맨델(Jay Mandel), 실비 라비노(Sylvie Rabineau), 라이언 맥닐리(Ryan McNeily)에게도 고맙다는 말을 전하고 싶다.

저녁 식사 자리에서 17세기 해적에 대한 지루하고 때로는 재밌던 이야기를 끈질기게 들어준 가족에게도 고마울 뿐이다. 특히 장 제목으로 '리베르탈리아'를 제안해준 아들 딘(Dean)에게 특별히 고맙다는 말을 전하고 싶다. 이 책을 아내 알렉사 로빈슨(Alexa Robinson)에게 바친다. 오래전부터 해양의 역사에 관심을 가졌던 아내는 이 책을 위한 자료 조사에서 누구보다 중요한 역할을 해줬다. 항상 그랬듯이 알렉사는 종종 내 어리숙한 표현을 놀리는 걸 즐겼지만, 뛰어난 교열자 역할을 해냈다. 이 책은 당신을 위한 것이오, 알렉사.

2019년 7월

캘리포니아 마린카운티에서

역사를 보는 눈

누군가 헨리 에브리라는 해적이 인도양에서 무굴제국의 보물선을 약탈한 사건이 다국적기업과 대영제국의 탄생을 재촉했다고 주장한다면 믿겠는가? 대부분이 "정말?"이라며 의심할지도 모르겠다. 그러나 그렇게 주장한 사람이 스티븐 존슨이라면, 신빙성이 크게 올라간다. 그의 표현을 빌리면, 역사의 긴 안목에서 볼 때 대부분의 대치는 사소한 충돌, 즉 금세 꺼져버리는 불꽃에 불과하지만 때로는 누군가가 그은 성냥불이 온 세상을 밝히기도 하기 때문이다.

여기에서 존슨은 해적 행위라는 성냥불이 다국적기업의 탄생으로 이어지는 과정을 흥미진진하게 풀어냈다. 주인공은 출생부터 마지막 순간까지 미스터리인 해적, 헨리 에브리다. 이야기의 중심축은 에브리가 영국 배를 탈취하는 순간부터 인도양에서 무굴제국의 배를 약탈한 후에 탈출하기까지의 과정이다. 헨리 에브리의 범죄를 영국 정부는 '해적의 나라'라는 오명을 벗을 기회로 삼았고, 동인도회사는 인도 지사장의 천재적인 발상으로 이 위기를 기회로 삼아 결국 인도 전역을 지배하는 기업으로 발돋움할 수 있었다.

그러나 딱딱한 역사책은 결코 아니다. 거듭 말하지만, 이 책의 주인공은 헨리 에브리와 그를 따르는 해적들이다. 그렇다고 아동 소설이나 영화 속의 해적처럼, 에브리의 해적단이 낭만적으로 그려지지는 않는다. 해적 사회가 흥미롭게도 분배에서는 지금의 사회보다 더 공정하고 민주적이었지만, 그들은 철저히 일확천금을 꿈꾸고 달려든 범죄자들이었다. 그들은 순전히 돈만을 목적으로 다른 인간을 괴롭혔고, 노예를 사로잡아 인간으로 대하지 않고 현금화하기 쉬운 재물로 취급했다. 게다가 그들은 종교적 순례자들을 강간하며 선상에서 몇 날 며칠을 보냈다. 이 때문에 존슨은 그들을 '가증스런 성범죄자'로도 규정했다. 요컨대 카를 마르크스가 자본주의에 대해 '인간 사회에 존재하는 가장 좋은 것인 동시에 가장 나쁜 것으로 생각해야 할 것'이라고 말했듯이, 해적들은 더 공정하고 민주적인 사회를 추구한 선구자였지만 명백한 살인자였고 성폭행범이었으며 '인류 모두의 적'이기도 했다.

도대체 어떻게 한 명의 해적과 그의 악명 높은 해적 행위가 다국적 자본주의의 탄생에 핵심적인 역할을 해냈던 것일까? 성냥불 하나가 온 세상을 뜨겁게 달군 화재로 발전한 과정을 흥미진진하게 추적한 이야기에서 그 해답을 찾아보기 바란다.

충주에서
강주헌

주

프롤로그

1 Parker, Barry. *The Physics of War: From Arrows to Atoms*. Amherst, NY: Prometheus Books, 2014, p. 63. Kindle Edition.

2 Steele, Brett D. "Muskets and Pendulums: Benjamin Robins, Leonhard Euler, and the Ballistics Revolution." *Technology and Culture* 35, no. 2 (1994), p. 360.

1. 주인공에 대하여

1 Turley, Hans. *Rum, Sodomy, and the Lash: Piracy, Sexuality, and Masculine Identity*. New York: New York University Press, 1999, p. 23. Kindle Edition.

2 Dean, Mitchell. *The Constitution of Poverty: Towards a Genealogy of Liberal Governance*. London: Routledge, 2013, p. 60.

3 Defoe, Daniel. *The King of Pirates: Being an Account of the Famous Enterprises of Captain Avery, the Mock King of Madagascar*, loc. 65–67. Kindle Edition.

2. 공포의 용도

1 D'Amato, Raffaele. *Sea Peoples of the Bronze Age Mediterranean c.1400 BC—1000 BC*. London: Bloomsbury Publishing, 2015, loc. 1095–1097. Kindle Edition.

2 Edgerton, William F. and John A. Wilson. *Historical Records of Ramses III: The Texts in Medinet Habu, volumes I and II*. Chicago: University of Chicago Press, 1936, plates 37-39, lines 8-23.

3 바다 민족과 '황금시대'의 해적에 대한 비교로는 Hitchcock, Louise and Maeir, Aren. "Yo-ho, yo-ho, a seren's life for me!" *World Archaeology* 46, no. 4 (June 2014), 624–64를 참조할 것.

4 https://founders.archives.gov/documents/Jefferson/01-28-02-0305 에서 인용.

5 테러의 뜻이 변한 과정에 대해 알고 싶으면 https://www.merriam-webster.com/words-at-play/history-of-the-word-terrorism을 참조할 것.

6 Leeson, Peter T. *The Invisible Hook: The Hidden Economics of Pirates*. Princeton, NJ: Princeton University Press, 2009, pp. 113-14. Kindle Edition.

7 앞의 책, p. 112.

8 외견상 불필요한 폭력에 대한 이야기에도 오랜 역사가 있다는 걸 현대 독자에게 떠올려주기 위해서라도 그 이야기 전체를 여기에 소개할 필요가 있을 듯하다.

"소년을 매질한 후, 선장은 소년을 소금물에 담갔다. 또 소년의 팔다리를 쭉 편 채 돛대에 밤낮으로 아흐레 동안 묶어뒀다. 이런 학대에도 만족하지 못했는지 선장은 소년을 돛대에서 풀어준 뒤에는 통로에 눕혀놓고 지근지근 밟았다. 선원들에게도 똑같이 하라고 명령했지만 선원들은 거부했다. 당연한 말이지만, 선장은 선원들이 소년을 불쌍히 생각하며 그의 명령을 거부한 데 격분했다. 선장은 쓰러져 일어서지도 못하는 소년을 발로 찼고, 심지어 소년의 가슴을 심하게 짓밟았다. 그 때문에 소년의 항문에서 배설물이 흘러나왔다. 거기에 그치지 않고 선장은 소년의 목을 몇 번이고 짓눌렀다. 그 불쌍한 소년은 18일째 되던 날 죽었다. 그동안 겨우 목숨을 부지할 정도만 먹을 것이 주어졌고, 끝없이 학대를 당했다. 하루도 빠짐없이 심한 매질을 당했고, 죽던 날에서는 유난히 심하게 맞았다. 소년이 말없이 죽음의 고통과 싸우고 있을 때도 그 냉혹한 선장은 소년에게 열여덟 번의 채찍질을 가했다. 소년이 임종을 앞두고 숨을 헐떡이며 손가락을 입에 넣어, 무엇인가를 마시고 싶다는 시늉을 해 보이자, 그 야만적인 선장은 끝까지 비인간적인 짓을 계속했다. 선실에 들어가 잔을 갖고 나와 자신의 오줌으로 채운 후에 소년에게 건네줬다. 믿기지 않겠지만, 오줌이 조금씩 소년의 목구멍으로 흘러들었다. 그리고 소년은 잔을 밀어내고는 마지막 숨을 내쉬었다. 선장은 더 이상 학대할 수 없어 불만이었겠지만 자비로운 하느님이 소년의 고통을 끝내주신 것이었다." Turley, pp. 10-11에서 인용.

9 Leeson, pp. 111-12.

3. 무굴제국의 기원

1 작자 미상, "The Bolan Pass." *Journal of the Royal Geographical Society of London* 12 (1842), pp. 109-12.

2 Maddison, Angus. *Contours of the World Economy 1-2030 AD: Essays in Macro-Economic History*. Oxford, UK: Oxford University Press, 2007, loc. 7583-7584. Kindle Edition.

3 Yafa, Stephen. *Cotton: The Biography of a Revolutionary Fiber*. New York: Penguin, 2006에서 인용.

4 염색된 직물은 미학적인 속성 때문에도 소중하게 여겨졌다. 염색된 직물이 세계사에 미친 영향에 대해서는 Johnson, Steven. *Wonderland: How Play Made the Modern World*. New York: Riverhead, 2016, pp. 17-30(한국어판: 스티븐 존슨, 《원더랜드》, 프런티어, 2017)을 참조할 것.

5 Yafa, p. 28.

6 인도에 대한 스트라본의 글은 https://www.ibiblio.org/britishraj/Jackson9/chapter01.html에서 발췌했다.

7 "포도주, 청동와 주석 등 다양한 물건이 나일강을 따라 콥토스까지 운송되

고, 다시 육로로 홍해 변의 항구, 미오스호로모스나 베레니케까지 옮겨졌다. 이집트계 그리스인들이 운항하는 무역선들이 아덴만을 지나 인도까지 항해했다. 이때 북쪽으로는 구라자트 부근, 남서쪽 해안으로는 케랄라나 더 남쪽으로 실론섬까지 내려가는 두 항로가 주로 이용되었다(Casson, 1989을 참조). 돌아올 때는 향료와 후추, 보석류와 면제품을 가져왔다. 그들은 중국산 명주, 거울 등 육로로 인도에 유입된 물건들도 가져와 팔았다. 인도에서 수입하는 물건들의 비용은 주로 음과 금을 수출해 충당했다. 인도에서 발견되는 로마 주화의 양과 주조 시기에서 인도가 무역의 중심지였다는 걸 간접적으로 확인할 수 있다." Maddison, loc. 3884-3891.

8 Gopalakrishnan, Vrindavanam S. "Crossing the Ocean." *Hinduism Today*. July 2008. https://www.hinduismtoday.com/modules/smartsection/item.php? itemid= 3065에서 인용.

9 Al-Biruni. *India*. New Delhi: National Book Trust, 2015, pp. 10-11.

10 "1012년에는 하르샤(Harsha) 군주 시대의 최초 수도이던 타네사르를 공격했다. 타네사르는 델리의 정북에 위치한 곳이었다. 당시 아난다팔라(Anandapala) 군주는 왕국이 동펀자브의 한 구석으로 쪼그라들고 위상도 가즈나 왕국의 한 영지보다 나을 것이 없었던 까닭에, 선처를 호소하며 코끼리와 보석 등 매년 일정한 조공을 바치겠다고 제안하며 마흐무드의 마음을 사려고 애썼다. 그러나 그 제안은 거절되었고, 타네사르는 함락되었다. 알우트비(Al-Utbi)는 '술탄은 헤아리기 힘들 정도로 많은 전리품을 끌고 귀국했다'라며 '세계의 보호자이신 하느님을 찬양하라. 이슬람교와 무슬림에게 무한한 영광을 베풀어주셨다!'라고 썼다." Keay, John. *India: A History*. New York: HarperCollins Publishers, 2010, loc. 4472-4476. Kindle Edition.

11 1018년 마흐무드 군대는 마투르의 신전까지 치달았고, 지체 없이 그 신전을 완전히 불태워버렸다. 사우라슈트라반도 해안 근처에 있던 솜나트(Somnath) 신전은 훨씬 더 참혹한 운명을 맞아야 했다. 역사학자 존 킬리(John Kealy)는 "마흐무드는 그 신전에서 황금을 탈취한 후, '칼'을 쥐고 직

접 신전을 때려부수기 시작했다. '칼'이라 표현했지만 커다란 망치에 더 가까웠다. 그 조각들을 가즈니 왕국을 가져가, 자미 마스지드(Jami Masjid, 금요일 모스크)의 계단을 짓는 데 사용했다. 무슬림의 발에 굴욕적으로 짓밟히며 영원히 더럽혀지라는 의도였다"라고 썼다. Kealy, loc. 4456.

12 Braudel, Fernand. *A History of Civilizations*. New York: Penguin, 1988, p. 232.

4. 인류 모두의 적

1 Van Broeck, Adrian. *The Life and Adventures of Captain John Avery*. Los Angeles: The Augustan Reprint Society, 1980, pp. 3-4.

2 Konstam, Angus. *Pirates: The Complete History from 1300 BC to the Present Day*. Guilford, CT: Lyons Press, 2008, loc. 553-558. Kindle Edition.

3 Johnson, Charles. *A General History of the Pyrates*. Manuel Schonhorn, ed. Mineola, NY: Dover, 1999, p. 2.

4 Burgess Jr., Douglas R. *The Pirates' Pact: The Secret Alliances Between History's Most Notorious Buccaneers and Colonial America*. New York: McGraw-Hill Education, 2008, pp. 21-22. Kindle Edition.

5 앞의 책, pp. 27-28.

5. 두 종류의 보물

1 Foster, William, Sir. *Early Travels in India, 1583-1619*. London: Oxford University Press, 1921, p. 61.

2 앞의 책, p. 82.

3 앞의 책. p. 102.

4 앞의 책, p. 104.

5 Keay, loc. 6673–6684.

6 Baladouni, Vahe. "Accounting in the Early Years of the East India Company." *The Accounting Historians Journal* 10, no. 2 (Fall 1983), p. 66.

6. 스페인 원정 해운

1 Charles River Editors. *Legendary Pirates: The Life and Legacy of Henry Every*. Charles River Editors, 2013, loc. 28. Kindle Edition.

2 원정대가 잉글랜드를 출발한 때와 장소에 대한 역사적 기록에는 약간의 논란이 있다. 예컨대 해적을 전공한 역사학자 앵거스 콘스탐은 런던에서 8월이 아니라, 브리스톨에서 6월에 출발했다고 주장한다. Konstam, loc. 4290-4291를 참조할 것.

3 "마커스 레디커가 169명의 18세기 해적들을 정리한 결과에 따르면, 해적의 평균 연령은 28.2세였다. 그 표본에서 가장 어린 해적은 겨우 14세였고, 가장 나이가 많은 해적은 50세로 18세기 뱃사람 기준에서 보면 무척 높은 연령이었다. 그러나 대부분의 해적은 20대 중반이었다. 레디커의 표본에서는 57퍼센트가 20세와 30세 사이였다. 이 자료에 기초해 해석하면, 해적 사회는 대체로 젊었으며, 경험이 많아 상대적으로 현명할 듯한 장년들과 어린 풋내기들이 섞여 있었다. 해적 사회는 젊기도 했지만 무척 남성적이었다. 현재까지 알려진 바에 따르면, 18세기 해적 중에 여성은 네 명뿐이었다." Leeson, p. 10.

7. 세계의 정복자

1 Keay, p. 214.

2 Richard, John F. *The Mughal Empire*. Cambridge University Press,

1993, p. 152.

3 Keay, p. 223.

4 앞의 책, p. 224.

5 앞의 책, p. 244.

8. 원정대의 발을 묶은 관료주의

1 Turley, p. 16.

2 앞의 책, pp. 17-18.

3 Preston, Diana. *A Pirate of Exquisite Mind: The Life of William Dampier: Explorer, Naturalist, and Buccaneer*. New York: Berkley, 2005, pp. 29-30.

4 Turley, p. 14.

9. 만취한 갑판장

1 선상 폭동에 대한 모든 직접 인용글은 에브리 사건의 재판 기록(*The Trials of Joseph Dawson, William Bishop, Edward Forseth, James Lewis, William May, and John Sparkes for Several Piracies and Robberies by Them Committed*. London: John Everingham, 1696)에 근거한다.

10. 팬시호

1 Johnson, *A General History of the Pyrates*, p. 116.

2 Leeson, p. 29.

3 Johnson, *A General History of the Pyrates*, p. 213.

4 Leeson, pp. 59-60.

5 Baer, Joel. "Bold Captain Avery in the Privy Council: Variants of a

Broadside Ballad from the Pepys Collection." *Folk Music Journal* 7, no. 1 (1995), p. 13.

6 Rediker, Marcus. *Between the Devil and the Deep Blue Sea: Merchant Seamen, Pirates and the Anglo-American Maritime World, 1700-1750*. Cambridge: Cambridge University Press, 1989, p. 286.

7 이런 평등주의 가치는 선상에서는 일상적인 관계에도 확대 적용되었다. 존슨의 《해적의 보편적 역사》에 따르면, "누구나 불만이 있으면 선장실에 들어가 선장을 욕할 수 있었고, 원하면 선장이 먹고 마시는 걸 가져올 수 있었다. 그렇다고 선장이 그런 행위를 나무라거나 항의하지는 않았다." Johnson, *A General History of the Pyrates*, p. 180.

11. 해적의 노래

1 이 글은 English Broadside Ballad Archive(http://ebba.english.ucsb.edu.)에서 인용했다. 〈살인자의 애가〉는 제목 자체가 중세 영어로 쓰였지만, 읽기 쉽도록 내가 현대 영어로 철자를 바꿨다.

2 13연 전체를 소개하면 다음과 같다.

용감한 젊은이여, 담대한 용기를 지닌 젊은이여, 모두 오라
나와 함께 모험하지 않겠는가? 너희에게 금을 잔뜩 안겨주겠노라!
서둘러 아코루냐로 오라, 그럼 너희 마음에 쏙 드는
'팬시'라고 불리는 배를 볼 수 있으리라

에브리 선장이 그곳에서 그 배를 지휘하며
뭔가를 행하기 전에 자주 방향을 바꾸어 항해하리라
프랑스인, 스페인인, 포르투갈인, 또 이방인
그는 그들과 전쟁을 했노라, 죽을 때까지

팬시는 차고 기우는 달과 같아, 바람처럼 항해하고
팬시는 온갖 삭구를 갖추고, 기묘하게 다듬어지고
그의 설계에 따라 모든 것이 편리하게 꾸며지고
신이시여, 팬시를 축복하소서! 보물을 찾아 나서는 팬시를!

안녕, 아름다운 플리머스여, 귀여운 고양이여,
한때 나는 그 땅의 대부분을 공유한 지주였건만,
이제는 모든 인연을 끊고, 내 위치를 포기하고
새로운 운명을 찾아 잉글랜드를 떠나리라

그리고 이곳의 기후대와 온대권을 떠나
몹시 더운 곳을 향하리라. 내가 이 시대의 반짝이는
150명의 용사와 함께 떠났다는 소식을 듣게 되리라
적과 싸우겠다고 다짐한 용사들과 함께!

이 북쪽 지역도 내 수중을 벗어나지 못하리라
나는 앤터하이스를 일으키리라. 결국 사람들은 알게 되리라
내가 남쪽 바다와 페르시아로 간다는 것을
세상이 알게 되는 걸 두려워하지 않는다는 것을

우리 이름은 하늘에서 밝게 빛나고 퍼지리라
아직까지 한 명의 프랑스인도 있었던 적이 없고
오만한 네덜란드인도 보았다고 말할 수 없는
많은 곳을 대담하게 찾아내기를 기대하노라

나는 큰 범죄를 범했고, 내가 직접 범했노라
이제 돛을 더욱더 활짝 펴리라
내 친구들아, 믿으라. 모든 것은 아코루냐에서 시작되었다

93년부터 세상이 끝날 때까지

내가 성 조지를 공경하고 그의 깃발을 치켜든다면
내가 많은 사람을 살리고 어떤 나라도 해치지 않는다면
내가 원하는 것으로 세상이 나를 지원해야 하리라
내 돈이 마를 때에야 세상에 청구서를 내밀리라

이제 이렇게 말하리라, 엄숙히 맹세하리라
성 조지를 위해 싸우는 사람은 더 잘 지내겠지만
거부하는 사람은, 내 팬시의 선상에
이상한 깃발이 휘날리는 걸 보게 되리라

피로 물든 들판에 네 명의 황금 기사,
푸른빛에 둘러싸이고, 이제는 내 방패로다
하지만 자비를 구하라, 우리 상징인
핏빛 깃발이 내걸리는 걸 보기 전에

줄 것도 없고, 취할 것도 없다
하나도 살려두지 않으리라, 아 이제는 너무 늦었다
우리는 빵과 포도주로 맹세한 까닭에
어느 신보다 진실되고 진실하리라

내가 가려는 길이 그렇노라
배신의 국가여, 너에게 선언하노라
아무런 잘못도 하지 않은 나를 용서해야 하리라
내가 살아 있는 한 칼이 나를 지켜주리라

12. 조사이아 경의 조작

1 Baer, "Bold Captain Avery in the Privy Council: Variants of a Broadside Ballad from the Pepys Collection." p. 12.

2 Robins, Nick. *The Corporation That Changed the World: How the East India Company Shaped the Modern Multinational*. London: Pluto Press, 2012, pp. 48-49. Kindle Edition.

3 Defoe, Daniel. *Anatomy of Exchange Alley: or A System of Stock-Jobbing*. London: E. Smith, 1719, p. 14.

4 Wright, Arnold. *Annesley of Surat and His Times*. London: Melrose, 1918, p. 38.

5 앞의 책, p. 101.

6 앞의 책, p. 112.

7 Keay, John. *The Honorable Company: A History of the East India Company*. New York: Harper Collins, 2014, loc. 2627-2629. Kindle Edition.

8 Wright, p. 103.

9 Keay, *The Honourable Company*, loc. 2713.

10 Robins, p. 54.

13. 서풍해류

1 Baer, Joel. *Pirates of the British Isles*. Stroud UK: Tempus, 2005, pp. 86-97.

15. 애머티호의 귀환

1 Leeson, p. 9.

16. 누가 쫓아와도 두려워하지 않은 배

1 Earle, Peter. *The Pirate Wars*. New York: Macmillan, 2013, p. 129.

2 Baer, *Pirates of the British Isles*, p. 98.

17. 공주

1 Bernier, François. *Travels in the Mogul Empire (1656-1668)*. New Dehli: Oriental Books Reprint Corporation, 1983, pp. 13-14.

2 Mukherjee, Soma. *Royal Mughal Ladies: And Their Contribution*. New Dehli: Gyan Publishing House, 2001, p. 19. Kindle Edition.

3 앞의 책, p. 1.

18. 파트마흐마마디호

1 Charles River Editors, loc. 280-284.

2 판 브루크는 에브리의 대담함을 다소 낭만적으로 해석했다. "에브리는 승리의 보상이 가장 깨끗하고 매력적인 섹스, 그리고 어떤 것으로도 평가할 수 없는 소중한 것이어야 한다는 걸 예언적으로 알고 있는 것처럼 대담무쌍한 용기를 발휘했다." Van Broeck, p. 29.

19. 넘치는 보물

1 Johnson, *A General History of the Pyrates*, p. 12.

2 판 브루크의 전기에서는 다른 선원들도 반듯하게 행동했다는 점이 강조된다. "선원들도 제비를 뽑아 그녀의 하녀들을 차지했고, 선장의 선례를 따라, 같은 성직자가 그들을 축복해줄 때까지 욕정을 억눌렀다." Van Broeck, p. 29.

3 Defoe, *The King of Pirates*, loc. 723-726.

4 앞의 책, loc. 733-737.

5 Wright, p. 160.

6 Defoe, *The King of Pirates*, loc. 912-914.

20. 대항 담론

1 Charles River Editors, loc. 311-316.

2 Grey, Charles. *Pirates of the Eastern Seas*. London: S. Low, Marston, and Co., 1933, p. 45에서 인용.

21. 복수

1 Stern, Philip J. *The Company-State: Corporate Sovereignty and the Early Modern Foundations of the British Empire in India*. Oxford: Oxford University Press, 2012, p. 134.

2 앞의 책, p. 135.

3 Keay, *The Honourable Company*, loc. 3485.

4 Wright, p. 168에서 인용.

5 Elliot, H. M. *The History of India, as Told by Its Own Historians. The Muhammadan Period*, Vol. 7. London: Trubner & Co., 1871, p. 354.

6 Wright, p. 174.

22. 전쟁하는 회사

1 Robins, p. 55에서 인용.

2 해적을 체포하기 위한 성명, 1696년 7월 17일, H/36 ff. 201-3.

23. 도주

1 Baer, p. 103.

2 Narrative of Philip Middleton, 4 August 1696, TNA/PRO/CO, CO323/3.

3 Examination of John Dann, August 1696, The National Archives (TNA): Public Record Office Colonial Office (CO) 323/2/24.

25. 추측은 증거가 아니다

1 Fortescue, J. W., *Calendar of State Papers, Colonial Series*. London: Mackie and Co., 1905, p. 507.

26. 바다의 파우지다르

1 Govil, Aditi. "Mughal Perception of English Piracy: Khafi Khan's Account of the Plunder of 'Ganj-i-Sawai' and the Negotiations at Bombay." *Proceedings of the Indian History Congress* 61, Part One: Millennium (2000-2001), p. 410.

2 Wright, p. 178.

3 앞의 책, p. 176.

27. 귀향

1 Burgess, p. 911.

2 댄의 증언 녹취록은 3인칭으로 기록되었지만, 독자의 이해를 돕기 위해 1인칭으로 바꿨다. Examination of John Dann, TNA/ CO 323/ 2/ 24.

3 Blackbourne to Chester, IOR H/36 f. 195-96.

4 Stern, *The Company-State*, pp. 138-39.

5 Court Minutes, 19 IOR B/41 ff. 86, 97, 252.

28. 해적의 나라

1 Burgess, p. 894.

2 Court Minutes, IOR B/41 f. 105, 143.

29. 유령 재판

1 뉴턴의 모두진술은 깊이 살펴볼 가치가 있다.

"지금과 같은 끝은 그들의 시작부터 예고된 것이었습니다. 그들은 가장 먼저 동포, 즉 영국인에게 범죄를 저질렀고, 그 마음에는 생면부지와 외국인을 상대로 범죄를 범했습니다. 그 불법 행위가 범해진 배는 찰스2세호라는 영국 배로, 이 도시에서 일하는 몇몇 상인들의 소유였고 다른 목적을 띠고 멀리까지 항해할 예정이었습니다. 이 범죄자들은 선장이던 에브리라는 자를 도와, 1694년 5월 스페인의 아코루냐 근처에서 그 배를 장악했습니다. 그들은 원래 선장이던 깁슨을 강제로 그곳에 내려놓은 후에 수년 동안 그 배를 타고 다니며, 세상에 알려진 대부분의 지역에서 국적과 종교를 가리지 않고 잔혹한 해적 행위를 많이 저질렀습니다. 이에 대한 증거는 앞으로 제시할 것입니다."

2 두 번의 재판에서 인용된 모든 글은 1696년 말 에브리 해적단의 처형이 있은 직후에 발표된 존 에버링엄의 기록을 근거로 한 것이다. 몇몇 경우에는 가독성을 높이기 위해 현대 어법에 맞게 수정했다.

30. 동의라는 게 무엇입니까?

1 Burgess, p. 901.

에필로그

1 Johnson, *A General History of the Pyrates*, p. 432.

2 앞의 책, p. 389.

3 "그가 그런 위협에 두려움을 느꼈는지, 그를 안다고 생각하는 누군가의 눈에 띄었는지는 분명하지 않다. 그러나 그는 지체 없이 아일랜드로 향했다. 그곳에서 상인들과 접촉하며 전리품을 돈으로 바꾸려 했지만 아무런 성과가 없었고, 거의 빈털터리로 전락했다. 그런 극단적인 상황에 내몰리자, 결과는 하늘의 뜻에 맡기고 고향에 돌아가기로 결심했다. 그는 무역선에 몸을 실었고, 플리머스에서 내렸다. 그곳부터는 걸어서 비디퍼드까지 갔다. 그는 비디퍼드에 도착하고 며칠이 지나지 않아 병에 걸려 죽었는데, 그에게는 관을 살 돈도 없었다." Johnson, *A General History of the Pyrates*, p. 15.

작자 미상, "The Bolan Pass." *Journal of the Royal Geographical Society of London* 12 (1842), pp. 109 – 12.

Al-Biruni. *India*. New Delhi: National Book Trust, 2015.

Baer, Joel. *Pirates of the British Isles*. Stroud UK: Tempus, 2005.

———. "Bold Captain Avery in the Privy Council: Variants of a Broadside Ballad from the Pepys Collection." *Folk Music Journal* 7, no. 1 (1995), pp. 4 – 26.

———. "William Dampier at the Crossroads." *International Journal of Maritime History* VIII, no. 2 (December 1996), pp. 97 – 117.

Baladouni, Vahé. "Accounting in the Early Years of the East India Company." *The Accounting Historians Journal* 10, no. 2 (Fall 1983), pp. 64 – 68.

Bernier, François. *Travels in the Mogul Empire (1656 – 1668)*. New Dehli: Oriental Books Reprint Corporation, 1983.

Best, Thomas. *The Voyage of Thomas Best to the East Indies* (1612 – 1614). William Foster, ed. London: The Hakluyt Society, 1934.

Bialuschewski, Arne. "Black People under the Black Flag: Piracy and the Slave Trade on the West Coast of Africa, 1718 – 1723." *Slavery and Abolition* 29, no. 4, pp. 461 – 75.

Braudel, Fernand. *A History of Civilizations*. New York: Penguin, 1988.

Burgess Jr., Douglas R. "Piracy in the Public Sphere: The Henry Every Trials and the Battle for Meaning in Seventeenth-Century Print

Culture." *Journal of British Studies* 48, no. 4 (Oct. 2009), pp. 887-913.

———. *The Pirates' Pact: The Secret Alliances Between History's Most Notorious Buccaneers and Colonial America*. New York: McGraw-Hill Education, 2008. Kindle Edition.

Casey, Lee A. "Pirate Constitutionalism: An Essay in Self-Government." *Journal of Law and Politics* 8 (1992), p. 477.

Charles River Editors. *Legendary Pirates: The Life and Legacy of Henry Every*. Charles River Editors, 2013. Kindle Edition.

Cordingly, David. *Under the Black Flag: The Romance and the Reality of Life Among the Pirates*. New York: Random House, 2013.

D'Amato, Raffaele. *Sea Peoples of the Bronze Age Mediterranean c.1400 BC—1000 BC*. London: Bloomsbury Publishing, 2015. Kindle Edition.

Dean, Mitchell. *The Constitution of Poverty: Towards a Genealogy of Liberal Governance*. London: Routledge, 2013.

Defoe, Daniel. *Anatomy of Exchange Alley: or A System of Stock-Jobbing*. London: E. Smith, 1719.

———. *The King of Pirates: Being an Account of the Famous Enterprises of Captain Avery, the Mock King of Madagascar*. Kindle Edition.

Earle, Peter. *The Pirate Wars*. New York: Macmillan, 2013.

Edgerton, William F. and John A. Wilson. *Historical Records of Ramses III: The Texts in Medinet Habu, volumes I and II*. Chicago: University of Chicago Press, 1936.

Elliot, H. M. *The History of India, as Told by Its Own Historians. The Muhammadan Period, Vol. 7*. London: Trübner & Co., 1871.

Emsley, Clive, et al. "Historical Background—History of The Old Bailey Courthouse." Old Bailey Proceedings Online, www.oldbaileyonline.org.

Examination of John Dann, 10 August 1696, The National Archives (TNA): Public Record Office (PRO) Colonial Office (CO) 323/ 2/ 24.

Findly, Ellison B. "The Capture of Maryam-uz-Zamānī's Ship: Mughal Women and European Traders." *Journal of the American Oriental Society* 108, no. 2 (Apr.-Jun. 1988), pp. 227-38.

Fortescue, J. W., ed. *Calendar of State Papers, Colonial Series.* London: Mackie and Co., 1905.

Foster, William, Sir. *Early Travels in India, 1583-1619.* London: Oxford University Press, 1921.

Gopalakrishnan, Vrindavanam S. "Crossing the Ocean." *Hinduism Today.* July 2008. https://www.hinduismtoday.com/modules/smartsection/item.php?itemid=3065.

Gosse, Philip. *The History of Piracy.* Mineola, NY: Dover Maritime, 2012. Kindle Edition.

Govil, Aditi. "Mughal Perception of English Piracy: Khafi Khan's Account of the Plunder of 'Ganj-i-Sawai' and the Negotiations at Bombay." *Proceedings of the Indian History Congress* 61, Part One: Millennium (2000-2001), pp. 407-12.

Grey, Charles. *Pirates of the Eastern Seas.* London: S. Low, Marston, and Co., 1933.

Hanna, Mark G. *Pirate Nests and the Rise of the British Empire, 1570-1740.* Chapel Hill: Omohundro Institute and University of North Carolina Press, 2017. Kindle Edition.

Hitchcock, Louise and Maeir, Aren. "Yo-ho, yo-ho, a seren's life for me!" *World Archaeology* 46, no. 4 (June 2014), pp. 624-64.

Houblon, Lady Alice Archer. *The Houblon Family: Its Story and Times.* London: Archibald Constable and Company, 1907.

John, Ian S. *The Making of the Raj: India Under the East India Company.*

Santa Barbara: ABC- CLIO, 2012.

Johnson, Charles. *A General History of the Pyrates.* Manuel Schonhorn, ed. Mineola, NY: Dover, 1999.

Johnson, Steven. *Wonderland: How Play Made the Modern World.* New York: Riverhead, 2016(한국어판: 스티븐 존슨, 《원더랜드》, 프런티어, 2017).

Keay, John. *India: A History.* New York: HarperCollins Publishers, 2010. Kindle Edition.

———. *The Honorable Company: A History of the East India Company*. New York: HarperCollins, 2014. Kindle Edition.

Khan, Iftikhar Ahmad. "The Indian Ship-Owners of Surat in the Seventeenth Century." *Journal of the Pakistan Historical Society* 61, no. 2 (April 2013).

Konstam, Angus. *Pirates: The Complete History from 1300 BC to the Present Day.* Guilford, CT: Lyons Press, 2008. Kindle Edition.

Lane, Kris. *Pillaging the Empire: Global Piracy on the High Seas, 1500–1750.* London: Routledge, 1998. Kindle Edition.

Leeson, Peter T. *The Invisible Hook: The Hidden Economics of Pirates.* Princeton, NJ: Princeton University Press, 2009. Kindle Edition.

Maddison, Angus. *Class Structure and Economic Growth: India and Pakistan Since the Moghuls.* London: Routledge, 2013.

———. *Contours of the World Economy 1–2030 AD: Essays in Macro-Economic History.* Oxford, UK: Oxford University Press, 2007. Kindle Edition.

Mukherjee, Soma. *Royal Mughal Ladies: And Their Contribution.* New Dehli: Gyan Publishing House, 2001. Kindle Edition.

Narrative of Philip Middleton, 4 August 1696, TNA/ PRO/ CO, CO323/ 3 f. 114.

Nutting, P. Bradley. "The Madagascar Connection: Parliament and Piracy,

1690–1701." *American Journal of Legal History* 22, no. 202 (1978).

O'Malley, Gregory. *Final Passages: The Intercolonial Slave Trade of British America, 1619–1807*. Chapel Hill: University of North Carolina Press, 2011. Kindle Edition.

Parker, Barry. *The Physics of War: From Arrows to Atoms*. Amherst, NY: Prometheus Books, 2014. Kindle Edition.

Preston, Diana. *A Pirate of Exquisite Mind: The Life of William Dampier: Explorer, Naturalist, and Buccaneer*. New York: Berkley, 2005.

Qaisar, Ahsan J. *The Indian Response to European Technology and Culture (A.D. 1498–1707)*. New York: Oxford University Press, 1982.

Rediker, Marcus. *Between the Devil and the Deep Blue Sea: Merchant Seamen, Pirates and the Anglo-American Maritime World, 1700–1750*. Cambridge: Cambridge University Press, 1989.

Robins, Nick. *The Corporation That Changed the World: How the East India Company Shaped the Modern Multinational*. London: Pluto Press, 2012. Kindle Edition.

Rodger, N. A. *The Command of the Ocean: A Naval History of Britain, 1649–1815*. New York: W. W. Norton & Company, 2005.

Steele, Brett D. "Muskets and Pendulums: Benjamin Robins, Leonhard Euler, and the Ballistics Revolution." *Technology and Culture* 35, no. 2 (1994), pp. 348–82.

Stern, Philip J. *The Company-State: Corporate Sovereignty and the Early Modern Foundations of the British Empire in India*. Oxford: Oxford University Press, 2012.

———. "A Politie of Civill & Military Power: Political Thought and the Late Seventeenth-Century Foundations of the East India Company-State." *Journal of British Studies* 47, no. 2 (2008), pp. 253–83.

Subrahmanyam, Sanjay. "Persians, Pilgrims and Portuguese: The Travails of Masulipatnam Shipping in the Western Indian Ocean, 1590–1665." *Modern Asian Studies* 22, no. 3 (1988), p. 503.

The Trials of Joseph Dawson, William Bishop, Edward Forseth, James Lewis, William May, and John Sparkes for Several Piracies and Robberies by Them Committed. London: John Everingham, 1696.

Thomas, James H. "Merchants and Maritime Marauders." *The Great Circle* 36, no. 1 (2014), pp. 83–107.

Truschke, Audrey. *Aurangzeb: The Life and Legacy of India's Most Controversial King.* Stanford, CA: Stanford University Press, 2017.

Turley, Hans. *Rum, Sodomy, and the Lash: Piracy, Sexuality, and Masculine Identity.* New York: New York University Press, 1999. Kindle Edition.

Van Broeck, Adrian. *The Life and Adventures of Captain John Avery.* Los Angeles: The Augustan Reprint Society, 1980.

Various. *Privateering and Piracy in the Colonial Period: Illustrative Documents.* Kindle Edition.

Woodard, Colin. *The Republic of Pirates: Being the True and Surprising Story of the Caribbean Pirates and the Man Who Brought Them Down.* New York: Houghton Mifflin Harcourt, 2007. Kindle Edition.

Wright, Arnold. *Annesley of Surat and His Times.* London: Melrose, 1918.

Yafa, Stephen. *Cotton: The Biography of a Revolutionary Fiber.* New York: Penguin, 2006.

Zacks, Richard. *The Pirate Hunter: The True Story of Captain Kidd.* New York: Hachette Books, 2003.

해적 한 명이 바꿔놓은 세계사의 결정적 장면
인류 모두의 적

제1판 1쇄 인쇄 | 2021년 6월 10일
제1판 1쇄 발행 | 2021년 6월 15일

지은이 | 스티븐 존슨
옮긴이 | 강주헌
펴낸이 | 윤성민
펴낸곳 | 한국경제신문 한경BP
책임편집 | 김정희
교정교열 | 박서운
저작권 | 백상아
홍보 | 서은실 · 이여진 · 박도현
마케팅 | 배한일 · 김규형
디자인 | 지소영
본문디자인 | 디자인 현

주소 | 서울특별시 중구 청파로 463
기획출판팀 | 02-3604-590, 584
영업마케팅팀 | 02-3604-595, 583 FAX | 02-3604-599
H | http://bp.hankyung.com E | bp@hankyung.com
F | www.facebook.com/hankyungbp
등록 | 제 2-315(1967. 5. 15)

ISBN 978-89-475-4723-9 03900

책값은 뒤표지에 있습니다.
잘못 만들어진 책은 구입처에서 바꿔드립니다.